Weimarer Kino
neu gesehen

Weimarer Kino
neu gesehen

Herausgegeben von Karin Herbst-Meßlinger,
Rainer Rother, Annika Schaefer

BERTZ+FISCHER

Deutsche Kinemathek – Museum für Film und Fernsehen
und
Internationale Filmfestspiele Berlin
Ein Geschäftsbereich der Kulturveranstaltungen
des Bundes in Berlin GmbH

KBE

Retrospektive 2018
© 2018 by Stiftung Deutsche Kinemathek, Berlin
und Bertz + Fischer Verlag, Berlin
ISBN 978-3-86505-256-8

Herausgeber: Karin Herbst-Meßlinger,
    Rainer Rother, Annika Schaefer
Redaktion: Karin Herbst-Meßlinger
Bildredaktion: Julia Pattis, Karin Herbst-Meßlinger
Redaktionelle Mitarbeit: Anna Bitter, Christina Walker
Korrektorat: Hartmut Schönfuß
Gestaltung: werk3, Berlin | Hannah Jennewein & Reinhard Köster
Cover: Pentagram Design, Berlin
Cover-Motiv: Setfoto zu DER KATZENSTEG (1927, Regie:
    Gerhard Lamprecht), Foto: Walter Limot / Lichtenstein,
    Rudolf Krabe, Quelle: Deutsche Kinemathek
Druck und Bindung: Druckhaus Köthen, Köthen

Leitung der Retrospektive: Rainer Rother
Co-Kuratorinnen: Connie Betz, Karin Herbst-Meßlinger,
    Kristina Jaspers, Annika Schaefer
Beratung: Martin Koerber, Peter Mänz, Gerlinde Waz
Programmkoordination: Connie Betz
Programmorganisation: Anke Hartwig, Johanna Muth

Mit Unterstützung von
Förderkreis des Museums für Film und Fernsehen e. V.
Bundesarchiv-Filmarchiv, Deutsches Filminstitut –
    DIF, Filmmuseum München, Friedrich-Wilhelm-Murnau-Stiftung

Unser besonderer Dank gilt den Hauptpartnern
der 68. Internationalen Filmfestspiele Berlin
Audi, Glashütte Original, L'Oréal Paris, ZDF

Inhalt

Connie Betz, Karin Herbst-Meßlinger, Rainer Rother, Annika Schaefer
6 Vorwort

Jörg Schöning
12 Von Danton zu Hindenburg
Revolution und Restauration in historischen Spielfilmen des Weimarer Kinos

Andres Veiel
42 Zwischenzonen der Ambiguität
Über Gerhard Lamprechts DER KATZENSTEG (1927)

Philipp Stiasny
48 Zwischen den Welten
Die lebenden Toten, Verlorenen und Heimkehrer des Weimarer Kinos

Wim Wenders
74 Kino als Zeitraffer
Über HEIMKEHR (1928) und SONG (1928)

Annika Schaefer
88 »Jetzt hüpfen die Schwerarbeiter dahin«
Arbeitswelten im Weimarer Spielfilm

Dietrich Brüggemann
114 Das Glück vor unserer Nase
Über IHRE MAJESTÄT DIE LIEBE (1931)

Ioana Crăciun
120 »Möchte doch wissen, wozu wir eigentlich auf der Welt sind!«
Zur Inszenierung von Kindheit und Jugend im Weimarer Kino

Philipp Stölzl
144 Auf den zweiten Blick modern
Gedanken zu DER FAVORIT DER KÖNIGIN (1922)

Tobias Nagl
150 Mit dem Kurbelkasten um die Welt
Orientalismus und (Post-)Kolonialismus im Weimarer Kino

Ulrike Ottinger
178 Adler ohne Flügel
Über IM AUTO DURCH ZWEI WELTEN (1927–1931)

Thomas Tode
186 Aufbruch und Experiment in der Weimarer Filmkultur
Ein Streifzug durch eine erfindungsreiche Zeit

Jutta Brückner
208 Kunst und Leben
Filme von Ella Bergmann-Michel

Kai Nowak
214 Umkämpfte Filme
Skandal und Zensur im Kino der Weimarer Republik

238 Anhang
240 Autor/-innen und Herausgeber/-innen
244 Personenregister
250 Filmregister
252 Bildnachweis, Dank

Vorwort

Connie Betz, Karin Herbst-Meßlinger,
Rainer Rother, Annika Schaefer

Seite 6:
Conrad Veidt in der Titelrolle von CHRISTIAN WAHNSCHAFFE, TEIL 1: WELTBRAND (1920, Regie: Urban Gad)

Die zwischen 1918 und 1933 liegenden knapp fünfzehn Jahre der Weimarer Republik sind die Periode, in welcher der deutsche Film zum ersten Mal internationale Ausstrahlung gewann, ja, in denen er die Kinematografie anderer Länder vielleicht stärker inspirierte, als dies jemals zuvor oder danach geschah. Nicht nur die spektakulären Großproduktionen, die in den Zwanzigerjahren entstanden und mit denen der größte deutsche Filmkonzern, die Ufa, auf einen internationalen Markt zielte, gehören zu diesen innovativ wirkenden Filmen. Auch die von vielen Firmen ab 1930 hergestellten mehrsprachigen Versionen trugen zur Ausstrahlung des deutschen Films jener Jahre bei. Mehr noch vielleicht aber taten dies die schon zu Beginn der 1920er-Jahre auftretenden experimentellen Formen des absoluten Films, dokumentarische Filme wie Walther Ruttmanns BERLIN. DIE SINFONIE DER GROẞSTADT (1927) oder einige radikale Werke des sozialkritischen Kinos, die erkennbar vom sowjetischen Kino inspiriert waren. All diese Werke gehören zu den in den Publikationen zur Filmgeschichte prominent erwähnten Titeln jener Zeit. Ein weiteres Indiz für die besondere Wertschätzung des Films der Weimarer Republik erbrachte seinerzeit auch die vom deutschen Kinemathekenverbund anlässlich des hundertjährigen Jubiläums des neuen Mediums durchgeführte Umfrage unter mehreren Hundert Experten. Die dabei benannten hundert wichtigsten deutschen Filme ließen eine klare Präferenz erkennen: Über ein Drittel der ausgewählten Werke stammen aus der Produktion der Weimarer Republik.

Doch dieses Kino, das mit vielen seiner Leistungen weltweiten Einfluss ausübte, war überaus vielfältig und durchaus reicher, als es die Konzentration auf die bekanntesten Werke ahnen lässt. Besonders strahlend erscheint diese Periode in der Filmgeschichte, isoliert jedoch ist sie nicht. Vielfältige Verbindungen reichen vom Film des Kaiserreichs in diese Jahre hinein. Das lässt sich an Arbeiten von Regisseuren wie Joe May, Richard Oswald oder Franz Seitz sen. festmachen, die, ebenso wie einige Stars – darunter Lil Dagover, Henny Porten, Emil Jannings, Conrad Veidt oder Werner Krauß – ihre Karriere bereits in den Zehnerjahren des letzten Jahrhunderts begonnen hatten, mochten sie auch in vielen Fällen ihre bedeutendsten Werke erst nach 1918 realisieren.

Produzenten wie Erich Pommer, Richard Eichberg und Robert Reinert – Letztere in der Doppelfunktion als Regisseur und Produzent – begannen ihre Tätigkeit schon vor dem Ersten Weltkrieg und wurden später prägend für das Weimarer Kino. Etliche Entwicklungen, die schon im Kaiserreich eingesetzt hatten, kamen in den Jahren der Weimarer Republik zur Blüte. Sicherlich hatte die 1917 erfolgte Gründung des vertikal strukturierten Konzerns der Ufa für die deutsche Filmindustrie eine besondere Bedeutung; doch daneben existierten auch weiterhin viele kleine und auch kleinste Produktionsfirmen, deren Werke jenen des Kanons an Bedeutung nicht nachstehen. Das Weimarer Kino faszinierte zudem Filmschaffende aus dem Ausland: Regisseure und Kameraleute kamen nach Deutschland, um die dortige Arbeitsweise zu studieren und sich von ihr inspirieren zu lassen. Auch verpflichteten deutsche Firmen ausländische Regisseure, um ihrerseits von deren Expertise zu profitieren. Der Italiener Mario Bonnard bereicherte gar das »typisch deutsche« Genre des Bergfilms mit mehreren herausragenden Spielfilmen.

Das Weimarer Kino und seine Qualitäten verschwanden schon bald nach der Machtübernahme der Nationalsozialisten fast vollständig. Nun zwang die Diktatur den Film in eine Richtung: Homogenität, Konzentration und Kontrolle waren die Stichworte. Homogenität bedeutet zunächst die eilends vollzogene Gleichschaltung mit dem Ausschluss jüdischer Künstler aus der Produktion, dann aber auch das Unterbinden von »Experimenten«, formalen Wagnissen, realistischer Narration. Aus der unüberschaubar scheinenden Produktionslandschaft der Weimarer Republik wurde binnen Kurzem eine auf wenigen großen Konzernen ruhende Struktur, schließlich ein Staatskonzern. Die Kontrolle erstreckte sich tendenziell auf alle Bereiche und alle Filme, wenn sich auch gelegentlich Spielräume für Regisseure und Autoren ergaben. So lassen sich selbst in den ersten Jahren der nationalsozialistischen Gewaltherrschaft in manchen Produktionen unter der Diktatur noch Spuren finden, die auf die Qualitäten des Weimarer Kinos zurückverweisen – wie bei Werner Hochbaums MORGEN BEGINNT DAS LEBEN (1933).

Die Filme der von der Deutschen Kinemathek verantworteten Retrospektive der 68. Internationalen Filmfestspiele Berlin sollten nicht als Titel »unterhalb« des vermeintlich festen Kanons des Weimarer Kinos wahrgenommen werden, sondern als solche, die neben dem Bekannteren bestehen können. Preußenfilme gehören zu diesem Erbe – kaum ein anderer Titel ist gegenüber Heroisierung und Verklärung vermeintlicher Tugenden dabei so skeptisch wie Gerhard Lamprechts DER KATZENSTEG (1927). Historienfilme, ein mit Ausstattung und Massenszenen prunkendes Genre, sind reich vertreten in der Produktion zwischen 1919 und 1933. Franz Seitz sen. inszenierte 1922 mit DER FAVORIT DER KÖNIGIN in Geiselgasteig dabei ein überraschendes Beispiel. Die kleine Georg Witt-Film GmbH begann ihre Tätigkeit 1932 mit einer flotten Komödie, inszeniert von Hermann Kosterlitz, in der Lil Dagover in dem für sie untypischen Genre der Liebeskomödie brilliert: DAS ABENTEUER EINER SCHÖNEN FRAU. Ebenso beschwingt kommt Joe Mays IHRE MAJESTÄT DIE LIEBE (1931) daher. Wenige Beispiele nur – für eine Vielfalt, die zu entdecken ist. Sie wird hier unter drei Themen erschlossen: Geschichte, Alltag und Exotik. Sie stehen für Tendenzen des Weimarer Kinos, die mit großer Kontinuität in zahlreichen Filmen aufgegriffen wurde. Dieses Kino neu zu sehen, führt auf eine sehr lohnende Reise durch ein bisher nur scheinbar gut erschlossenes Territorium.

Der vorliegende Band versammelt sieben ausführliche Beiträge, die sich vor dem Hintergrund der drei oben genannten Hauptaspekte der Filmauswahl spezifischen Themen des Weimarer Kinos widmen. Ergänzt werden sie von sechs Essays, in denen das Thema »Weimarer Kino – neu gesehen« am Beispiel einzelner Filme, die für das Programm der Retrospektive ausgewählt wurden, behandelt wird: Aus individueller Perspektive betrachten hier bekannte Filmemacher/-innen und Regisseure die Werke von Filmschaffenden der Weimarer Republik.

Jörg Schöning eröffnet mit seiner Darstellung von Revolution und Restauration in historischen Spielfilmen der Weimarer Republik den Themenkomplex Geschichte. Er schildert, wie Historienfilme das damalige tagespolitische Geschehen verarbeiten. Der Revolutionsfilm MADAME DUBARRY (1919) von Ernst Lubitsch stellt dabei »nichts weniger als de[n] Gründungsakt des Weimarer Kinos« dar. Neben der Französischen Revolution waren es vor allem die Befreiungskriege gegen die napoleonischen Truppen zu Beginn des 19. Jahrhunderts, die die Produktionsrichtung der Historienfilme bestimmten. Zu diesen Werken zählt auch Gerhard Lamprechts Spielfilm DER KATZENSTEG (1927), dessen Erzähldichte und Figurengestaltung Andres Veiel in seinem Text über die »Zwischenzonen der Ambiguität« erstaunliche Modernität bescheinigt.

Philipp Stiasny beschäftigt sich mit der bisher von der Filmforschung wenig beachteten Figur des Heimkehrers im Weimarer Film, die gleichsam »zwischen zwei Welten« ein »Kino der Überlebenden« bevölkert. Die Erinnerung an den Ersten Weltkrieg ist den Produktionen des Weimarer Kinos deutlich eingeschrieben; um Heimkehrer geht es beispielsweise in Carl Boeses DAS FLOß DER TOTEN (1921) oder auch in Johannes Guters DER TURM DES SCHWEIGENS (1925). Wim Wenders vertieft in seinem Aufsatz das Thema und schildert seine Eindrücke von Joe Mays HEIMKEHR (1928). Die zweite Grundlage für seine »erstaunlichen Stummfilmerlebnisse« mit Werken, deren Erzählstil gekennzeichnet ist von »märchenhafter Sprunghaftigkeit [...] jenseits aller unserer heutigen Plausibilitätsnormen«, bildet die deutsch-britische Koproduktion SONG. DIE LIEBE EINES ARMEN MENSCHENKINDES (1928), bei der Richard Eichberg Regie führte.

Mit »hüpfenden Schwerarbeitern«, tüchtigen Ingenieuren und arbeitslosen Proletariern befasst sich Annika Schaefer in ihrem Beitrag über Arbeitswelten im Weimarer Spielfilm. Die Darstellung zeitgenössischer Erwerbsarbeit ist darin ebenso breit gefächert und vielfältig wie die Inszenierung von Freizeit und Müßiggang. Dietrich Brüggemann widmet sich nachfolgend dem »federleichte[n] Lustspiel« IHRE MAJESTÄT DIE LIEBE von 1931. Die Tonfilmoperette von Joe May stellt eine jener Komödien dar, »wie man sie heute im deutschen Film kaum mehr hat«, so Brüggemann. Als eines ihrer zentralen Elemente identifiziert er die Leichtigkeit, »die in den Abgrund geschaut hat«.

Ioana Crăciun untersucht im Folgenden die in der filmwissenschaftlichen Forschung bislang kaum untersuchte Inszenierung von Kindheit und Jugend im Weimarer Kino. Die Filme, die wie etwa Gerhard Lamprechts DIE UNEHELICHEN (1926) und Richard Oswalds FRÜHLINGS ERWACHEN. EINE KINDERTRAGÖDIE (1929) Kinderschicksale erzählen, betrachtet die Autorin als »gesellschaftliche Seismografen«; häufig treten die Kinder und Jugendliche darin »als Opfer inhumaner Erziehungsmethoden und ideologischer Manipulationen auf, als Opfer sexueller Gewalt und tief sitzender Vorurteile«. Philipp Stölzl beschreibt seine Gedanken zu der im 16. Jahrhundert angesiedelten, handlungsreichen Großproduktion DER FAVORIT DER KÖNIGIN, die 1922 unter der Regie von Franz Seitz sen. entstand. Stölzl begegnet hier einer »Mixtur aus Soap und prächtigem Historienpanorama«, die hinsichtlich ihrer kompakten Erzählweise »an heutiges horizontal-serielles Erzählen« erinnert.

Um die exotischen Welten, die bereits in SONG thematisiert werden, geht es in Tobias Nagls Ausführungen zu Orientalismus und (Post-)Kolonialismus im Kino der Weimarer Zeit. Er skizziert die Entwicklungen des ethnografischen Kultur- und Expeditionsfilms, des Reisefilms sowie jener deutschen Großproduktionen, die in ihren filmischen Abenteuergeschichten Bilder des Exotischen verhandeln. Zu dem in den 1920er-Jahren beliebten Genre des Reisefilms zählt auch IM AUTO DURCH ZWEI WELTEN von Clärenore Stinnes und Carl-Axel Söderström. Ulrike Ottinger setzt sich in ihrem Essay mit dem zwischen 1927 und 1931 entstandenen Film über eine Weltumrundung per Automobil »im Stil der damaligen Wochenschauen« auseinander und stellt ihn in den Kontext historischer Expeditionen und Forschungsreisen.

Thomas Tode erweitert mit seinem Beitrag zum Experiment im Weimarer Film die oben ausgeführten Themenschwerpunkte um einen weiteren Aspekt: Vor dem Hintergrund der veränderten gesellschaftlichen Verhältnisse nach dem Ende des Ersten Weltkriegs und der Kaiserzeit brach für die filmische Avantgarde im damaligen Deutschland eine Zeit des Aufbruchs und Experiments an. Tode macht die Wechselwirkungen von Politik und Kunst anhand der wichtigsten Strömungen im experimentellen Weimarer Film nachvollziehbar, zu denen auch der »demokratisierende Vorgang« gehörte, dass »der Zuschauer zunehmend eingeladen [wurde], selbst zu sehen«. Jutta Brückner gibt in ihrem Essay einen Einblick in die Schaffenszeit der Filmkünstlerin Ella Bergmann-Michel. Deren dokumentarisch-experimentelle Werke wie FISCHFANG IN DER RHÖN oder WO WOHNEN ALTE LEUTE?, beide von 1932, bekunden ihr Talent »zu einer großen Dokumentarfilmerin«, dessen Entfaltung nach 1933 durch die neuen Machthaber unterbunden wurde.

Kai Nowaks Beitrag über »umkämpfte Filme« reflektiert die zeitgenössische Rezeption der Weimarer Kinokultur, die auch eine Kultur des Konflikts und der Auseinandersetzung war, anhand von Filmskandalen und Zensurfällen. Die durch Filme ausgelösten Debatten wertet Nowak weniger als Krisensymptom eines dysfunktionalen Systems denn als »Zeichen von Offenheit und Pluralität«, als Verständigungsprozess innerhalb einer demokratischen Republik, in dem gesellschaftliche Werte und Normen verhandelt werden.

Im Rahmen der *Retrospektive* werden dank der Unterstützung von und in Kooperation mit wichtigen deutschen Archiven und Filminstitutionen acht Filme in neu restaurierten Fassungen aufgeführt, einige davon als Erstaufführung. Eine Entdeckung ist der lange Zeit als verschollen geltende zweiteilige Film des dänischen Regisseurs Urban Gad, der auf Jakob Wassermanns literarischer Vorlage *Christian Wahnschaffe* (1919) basiert (Teil 1: WELTBRAND, 1920, Teil 2: DIE FLUCHT AUS DEM GOLDENEN KERKER, 1921).

Die Friedrich-Wilhelm-Murnau-Stiftung rekonstruierte den ersten Teil auf Basis einer eingefärbten Verleihkopie mit deutschen Zwischentiteln, die sich in starker chemischer Zersetzung befindet, sowie eines schwarz-weißen Duplikats einer Exportfassung. Sie wurden in 2K-Auflösung digitalisiert und zu einer weitgehend vollständigen Fassung kombiniert. Vorlage für Teil 2 ist eine eingefärbte Verleihkopie mit niederländischen Zwischentiteln. Szenen, die in der deutschen Fassung zensiert wurden, konnten weitgehend ergänzt werden.

Spektakuläre Kameraarbeit an Originalschauplätzen in den Alpen ist in zwei Bergfilmen zu bewundern: DER KAMPF UMS MATTERHORN (1928, Regie: Mario Bonnard, Nunzio Malasomma) inszeniert die Konkurrenz zwischen dem Engländer Edward Whymper und dem Italiener Anton Carrel bei der Erstbesteigung des Matterhorns von 1865. Der Kameramann Sepp Allgeier zeigt hier die Bergwelt in aufsehenerregenden Perspektiven. Das Deutsche Filminstitut – DIF verantwortet die digitale Restaurierung des Films in 4K. Weder das Kameranegativ noch die deutsche Erstaufführungsfassung des Films sind überliefert. Als Vorlage für die Rekonstruktion dienten zwei Exportfassungen des Films sowie eine in Fragmenten überlieferte 16mm-Kopie aus den 1930er-Jahren.

Leni Riefenstahls Debütfilm DAS BLAUE LICHT wird erstmals in der digital restaurierten Premierenfassung von 1932 auf der großen Leinwand zu sehen sein. Kameramann Hans Schneeberger, der sein Handwerk – wie Allgeier – bei Arnold Fanck gelernt hatte, war ebenfalls ein Meister darin, die Bergwelt als »Mitspieler« zu inszenieren. Eine sehr gut erhaltene Nitrokopie, die von der Regisseurin aufbewahrt wurde, wurde für die Restaurierung gescannt und digital bearbeitet.

Von Robert Reinerts Monumentalfilmproduktion OPIUM (1919) hingegen ist weder die Premierenfassung noch das Drehbuch überliefert. Die 2018 vom Filmmuseum München und Filmmuseum Düsseldorf abgeschlossene digitale Rekonstruktion des Films ist vollständiger als alle bisher bekannten Überlieferungen des Films. Dafür wurden die erhaltenen originalen Nitrofilmelemente aus dem Filmmuseum München, dem Filmmuseum Düsseldorf und dem Filmarchiv Austria verglichen. Sie wiesen in der Montage und bei den verwendeten Aufnahmen allerdings deutliche Unterschiede auf. Es galt, Alternativaufnahmen zu identifizieren und die besseren Einstellungen sowie Einfärbungen im Filmpositivmaterial nach Handlungslogik zu sortieren.

Auch bekanntere Werke wie Georg Wilhelm Pabsts ABWEGE (1928) und sein früher Tonfilm KAMERADSCHAFT (D/F 1931) sind neu zu sehen: ABWEGE restaurierte das Filmmuseum München in Zusammenarbeit mit dem Filmarchiv Austria. Letzteres bewahrt das Kameranegativ des Films und scannte es für die Restaurierung in 2K. Erstmals ist der Film in einer eingefärbten Fassung zu sehen. Für diese orientierten sich die Restauratoren an den zeitgenössischen Konventionen. Pabsts pazifistischen Klassiker KAMERADSCHAFT (1931) restaurierte die Deutsche Kinemathek 2015 in einem 2K-Workflow.

Weitere Filme sind in restaurierten Fassungen zu sehen, die bereits vor einigen Jahren entstanden sind, darunter Gerhard Lamprechts DIE UNEHELICHEN (digital restaurierte und rekonstruierte Fassung der Deutschen Kinemathek von 2013) und der DER HIMMEL AUF ERDEN (1927, Regie: Reinhold Schünzel, Alfred Schirokauer) in einer analogen Restaurierung des Bundesarchivs-Filmarchivs von 2013.

Die Retrospektive »Weimarer Kino – neu gesehen« stellt aktuelle Restaurierungsprojekte vor und gibt dem heutigen Publikum die Gelegenheit, fast ein Drittel des Programms in neu restaurierten Fassungen auf der großen Leinwand zu erleben. Viele Filme sind nicht in idealem Zustand überliefert. Nach der digitalen Bearbeitung stellen sie jedoch Annäherungen an die jeweiligen Premierenfassungen dar, die das Publikum vor fast hundert Jahren gesehen hat.

Berlin, Januar 2018

Von Danton zu Hindenburg

Revolution und Restauration in historischen Spielfilmen des Weimarer Kinos

Jörg Schöning

Seite 12: Harry Liedtke (Armand de Foix) und Pola Negri (Jeanne Vaubernier, später Madame Dubarry) in MADAME DUBARRY (1919, Regie: Ernst Lubitsch)

Knapp fünfzehn Jahre liegen zwischen der Novemberrevolution von 1918 und dem 21. März 1933, jenem »Tag von Potsdam«, an dem sich bei einem Festakt in der Garnisonkirche das »Dritte Reich« unter Adolf Hitler vor dem in der Uniform des kaiserlichen Generalfeldmarschalls erschienenen Reichspräsidenten Paul von Hindenburg als legitimer Erbe der 1918 gestürzten Hohenzollern-Monarchie präsentierte. In jenen fünfzehn Jahren entstanden in Deutschland zahlreiche Filme über die Epoche zwischen dem Sturm auf die Bastille 1789 und dem Wiener Kongress, der 1814/15, nach den antinapoleonischen Kriegen, die alte Ordnung der europäischen Monarchien wiederherstellen sollte. Diese Filme kommentierten im historischen Gewand die fortschreitende Rechtsentwicklung der Weimarer Republik, gaben Auskunft über Einstellungswechsel innerhalb der Filmindustrie und im Publikum. Gräben und Brüche, die sich durch soziale Schichten und politische Lager zogen, wurden auch auf der Kinoleinwand deutlich. In den Auseinandersetzungen zwischen loyalen Republikanern, konservativen Monarchisten und radikaleren Kräften diente nicht zuletzt auch »Geschichte als Waffe«.[1]

Solch eine Funktionalisierung der Geschichtsschreibung zum Zweck der jeweils eigenen ideologischen Legitimierung und Durchsetzung ließ – vorgeblich zu Unterhaltungszwecken – Filme mit besonderen Vorlieben für spezifische Stoffe und Epochen, Protagonisten und Genres entstehen. Von Geschichte handelten die historischen Spielfilme des Weimarer Kinos freilich auch, doch spielten Gegenwartsfragen eine mal mehr, mal weniger offensichtliche Rolle. Dabei ist es für die damalige politische Stimmungslage bezeichnend, dass die Filme zur Französischen Revolution mehrheitlich zwischen 1919 und 1922 in die Kinos kamen, während die Produktionen zu den Befreiungskriegen die Kinoleinwände in den letzten Jahren der Weimarer Republik dominierten.

Vorspiel auf der Guillotine: Das Ladenmädchen an der Macht

Am 14. Juli 1789 stürmte das Volk von Paris die Bastille. Einer, der zwar nicht dabei gewesen war, wusste dennoch einen detaillierten Augenzeugenbericht von dem epochalen Ereignis zu geben:

»Auf dem freien Platz vor dem Gebäude steht eine unschlüssige Menge. Drohende Stimmung. Jetzt beginnt die Menge heranzurücken, stockend und drängend. Man hat alte Kanonen aufgefahren, die man auf das Gemäuer richtet. Die ersten Schüsse krachen. Mit gewaltiger Detonation fällt ein Vorbau der Bastille zusammen. Ein Soldat wird getroffen und rollt herab. Er überschlägt sich, greift mit den Armen um sich, zuckt und liegt schließlich da. Die Menge rast heran. Man erreicht die Mauer. ›Vorwärts, vorwärts!‹ Jetzt schießen die Schweizer Garden. Man schlägt das Tor ein. Die Menge dringt herein. Jetzt sieht man Kämpfe auf den Zinnen. Soldaten fallen herab. Hoch oben erscheinen Sanskulotten. Da, mit einem Male flattert eine riesige Trikolore über das Gemäuer. Die Gefangenen werden herausgetragen, Flammen schlagen aus dem Dach ... Die Bastille ist genommen!«[2]

Hundertdreißig Jahre später, am 18. September 1919, stürmte das Volk von Berlin den neu eröffneten Ufa-Palast am Zoo. Wer es sich finanziell leisten konnte, verfolgte – einen Monat nach Inkrafttreten der Weimarer Verfassung – gebannt die beschriebenen Szenen, deren Entstehung der Filmjournalist B. E. Lüthge bei den Dreharbeiten zu Ernst Lubitschs »Ufa-Großfilm« MADAME DUBARRY miterlebt hatte. Während sich auf der Leinwand das Spektakel der bürgerlichen Revolution in Frankreich entrollte, waren die sogenannten Märzkämpfe in Berlin, bei denen wenige Monate zuvor der radikale Teil der Arbeiterschaft unter kommunistischer Führung zum Generalstreik aufgerufen hatte und bei dessen gewaltsamer Niederschlagung mehr als eintausendzweihundert Menschen ums Leben kamen, noch in frischer Erinnerung. Vom blutigen Ernst der Straßengefechte ließ

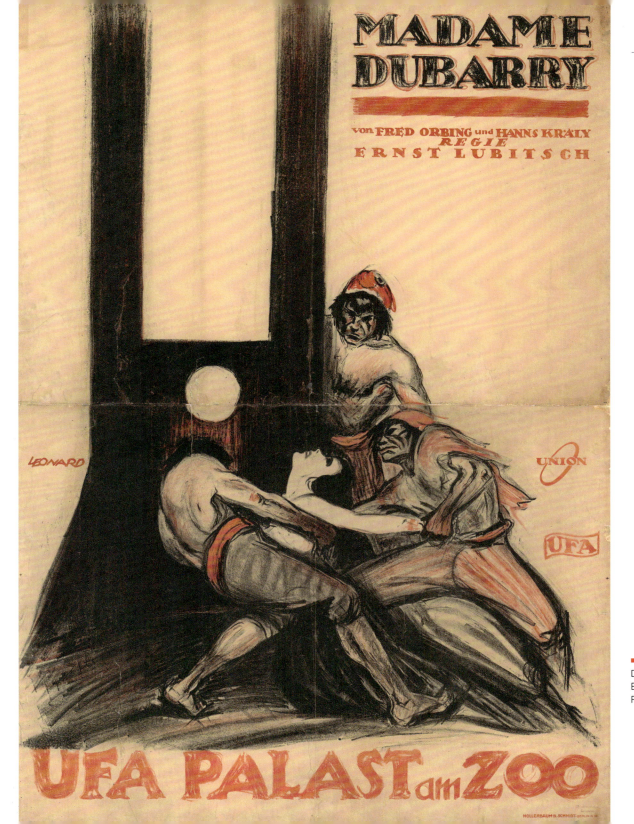

Plakat zu MADAME DUBARRY (1919, Regie: Ernst Lubitsch), Grafik: Robert L. Leonard

■ MADAME DUBARRY (1919, Regie: Ernst Lubitsch), Pola Negri (Madame Dubarry)

sich das Großstadtpublikum in seinem Wunsch nach Unterhaltung jedoch nicht irritieren. 1917 hatte die Operette *Schwarzwaldmädel* ihre Premiere gehabt. Im Juli 1919 feierte man bereits die 700. Aufführung: »[...] in der Revolution standen zwei Kanonen vor dem Theater, aus den Fenstern der Komischen Oper blickten Maschinengewehre nach dem Norden Berlins, aber im ausverkauften Hause ließ sich das Publikum alle Nummern der Operette drei- bis viermal wiederholen.«³ Nun aber wurde das provinzielle, süddeutsche »Bärbele«, das unverhofft zu Reichtum und Glück in der Liebe gelangt, durch eine ungleich weltläufigere Aufsteigerin als Publikumsliebling abgelöst: durch die junge Pariserin Jeanne Vaubernier, verheiratete Dubarry (Pola Negri).

Auch Lubitschs Film liegt – neben der historischen Madame du Barry, der Mätresse König Ludwigs XV. – ein Operettenstoff zugrunde. Carl Millöckers Singspiel *Gräfin Dubarry* (1879) schildert allerdings nur den Aufstieg der lebenslustigen Putzmacherin zur einflussreichsten Frau Frankreichs. Im Film geht ihr Untergang schon in den Anfängen der Französischen Revolution – verursacht durch die umstürzlerischen Umtriebe ihres betrogenen Liebhabers, des ehemaligen Studenten Armand (Harry Liedtke) – ganz auf das Konto des am tatsächlichen Verlauf der Historie nicht sonderlich interessierten Regisseurs und seiner Drehbuchautoren Hanns Kräly und Norbert Falk (Pseudonym: Fred Orbing). Für diese Ignoranz wurde Lubitsch heftig gescholten. Am schärfsten von Siegfried Kracauer mit dem bekannten Verdikt: »Anstatt alle revolutionären Ereignisse auf ihre ökonomischen und ideellen Ursachen zurückzuführen, stellt er sie hartnäckig als Ergebnis psychologischer Konflikte dar. [...] Der Film geht nicht von Leidenschaften aus, die der Revolution innewohnen, sondern beschneidet die Revolution auf einen Auswuchs privater Leidenschaften.«⁴

Für Lubitsch Partei ergriffen hätte gewiss der deutsche Jakobiner Georg Forster, obwohl nach eigenem Bekenntnis »der Revolution [...] auf keine Weise abgeneigt«⁵ und in der Pariser Emigration ebenso wenig reaktionär wie der auch im amerikanischen Exil marxistisch gestimmte Kracauer. Forster, Augenzeuge der *Terreur* (Schrecken) genannten Phase der Revolution und womöglich sogar der Hinrichtung der Comtesse du Barry am 8. Dezember 1793 auf der Place de la Révolution durch die Guillotine, nannte im privaten Briefverkehr die Revolution »eine Sache [...], womit es sonst niemand aufrichtig meint, sondern die ein bloßer Deckmantel der rasendsten Leidenschaften ist«.⁶ Als entscheidendes Charakteristikum hatte Forster der Revolution zudem eine »neue unaufhaltsame Schwungkraft« zugeschrieben.⁷

Thomas Elsaessers These, dass Lubitschs Film mit seinem doppelten Bezug – Geschichte und Operette – »ein wichtiges Element im Verhältnis zwischen Film und gesellschaftlicher Realität neu definierte«,⁸ legt die Vermutung nahe, dass Kracauer MADAME DUBARRY womöglich leichter zugänglich gewesen wäre, wenn die Kinomusik von Jacques Offenbach statt vom Kapellmeister des Ufa-Palasts,

■ MADAME DUBARRY (1919, Regie: Ernst Lubitsch), Dritter von rechts: Harry Liedtke (Armand de Foix)

Pola Negri (Madame Dubarry) und Marga Köhler (Madame Labille) in MADAME DUBARRY (1919, Regie: Ernst Lubitsch)

Alexander Schirmann, gestammt hätte. So aber entgingen ihm, der in seiner »Gesellschaftsbiografie« *Jacques Offenbach und das Paris seiner Zeit* (1937) noch das revolutionäre Potenzial in dessen frivolen Singspielen offenbart hatte, jene Subtöne in Lubitschs wegweisender »Filmoperette«, die eine radikale Veränderung der Geschlechterrollen wie des sozialen Gefüges in der deutschen Nachkriegsgesellschaft signalisierten.

Lubitsch, der von Ladenmädchen offenkundig eine höhere Meinung hatte als Siegfried Kracauer, bringt mit Jeanne Vaubernier ein ebensolches an die Macht. Pola Negri wirkt als Hutverkäuferin wie die etwas ältere Schwester der görenhaften Ossi Oswalda aus Lubitschs SCHUHPALAST PINKUS (1916): »a typical twenties flapper in historical disguise«.[9] Ihr Ende auf der Guillotine machte die Ladenmädchen im Kinosaal nur gewitzter. Für sie hielt MADAME DUBARRY am Beginn der sich in den Goldenen Zwanzigerjahren formierenden Gesellschaft des Spektakels die Erkenntnis bereit, dass hinsichtlich einer in ihr Gültigkeit gewinnenden Ökonomie der Aufmerksamkeit Jeanne Vaubernier maximale Werte akkumuliert hatte. Insofern ist MADAME DUBARRY nichts weniger als der Gründungsakt des Weimarer Kinos und bereits die Blaupause für ein originäres, in den besten Ausprägungen frivoles, subversives und antiautoritäres Genre: die Tonfilmoperette.

Zugleich hatte in MADAME DUBARRY die moderne Masse ihren ersten, folgenreichen Filmauftritt – am eindrücklichsten beim Sturm auf die Bastille: »Das sind keine hilflosen Statisten, sondern sorgfältig durchinszenierte Figuren, jede einzelne, auch bei Szenen, in denen Hunderte vorkommen«, bemerkte Helma Sanders-Brahms.[10] Solch ein diverser, ungebändigter, noch nicht in die grafische Formation einer übergestülpten Parteiideologie gepresster Volkshaufen ist ein bezeichnendes Stilmittel dieser frühen, »revolutionären« Phase im Weimarer Kino – und eine Art Fortschreibung von Max Reinhardts »Theater der Fünftausend« im neuen Medium. Solcherart entfesselt werden die Massen zum im Kino ganz entscheidenden Akteur: »They are too formless to acquire real significance within the narrative, but also too differentiated to function merely as an ornament. [...] The narrative and visual function of the masses must be sharply distinguished from each other. Only the spectacle of the movement counts. Not their origin or direction.«[11] Von der Schwungkraft des Kinoprojektors in Bewegung versetzt, würden die Massen nun nicht mehr aufzuhalten sein.

Politik des Frivolen: Die Französische Revolution im Weimarer Kino

»Auch sie will Schokolade.« – Mit diesem Zwischentitel findet der Anspruch der Ladenmädchen, am gesellschaftlichen Wohlstand teilzuhaben, in DANTON (1921, Regie: Dimitri Buchowetzki) seinen Ausdruck. Babette, »ein Mädchen aus dem Volk« (Hilde Wörner), auf die sich der Titel bezieht, ist die heimliche Heldin des Films, in dessen Zentrum der Machtkampf zwischen Danton (Emil Jannings) und seinem Widersa-

cher Robespierre (Werner Krauß) steht. Dabei trifft der Hedonist auf einen strengen Tugendwächter. Dantons Maxime »Mir reicht die höllische Politik. Jetzt will ich das Leben genießen!« charakterisiert einen sinnenfrohen Lebemann, der mit Straßenmädchen vertrauten Umgang pflegt und sich mit seinen Bundesgenossen dem süßen Leben hingibt: mit dem satirischen Dichter Camille Desmoulins (Ossip Runitsch) und dem Grafen Hérault de Séchelles (Ferdinand von Alten), der im Film als »letzter Vertreter des ancien régime« dem Kreis der »Konterrevolutionäre« zugetan ist. Robespierre hingegen ist ein verklemmter Doktrinär – die Routine, mit der er die Todesurteile des Revolutionstribunals unterschreibt, charakterisiert ihn eher als einen beflissenen wilhelminischen Verwaltungsbeamten denn als einen revolutionären Vorreiter.

Bei ihrem Konflikt geht es für sie buchstäblich um Kopf und Kragen. Das heißt für die Darstellung im Bild: ungekämmte Haarpracht gegen gewachste Perücke, offenes Hemd gegen hochgeschlossenes Jabot. Die Rivalität, die zwischen Danton und Robespierre besteht, kommt auf der Leinwand in solchen Äußerlichkeiten zum Ausdruck – es ist ein Kampf der Lebensstile. Hier steht ein Vertreter der zivilen Bürgergesellschaft gegen einen schon äußerlich als antiquiert definierten Tugendwächter, der den Sittenkodex einer inzwischen überlebten Epoche repräsentiert: »Wer sich mit verdächtigen Frauen abgibt, beleidigt das Volk!« Angesichts solcher Alternativen fiel es einem liberalen Kritiker wie Willy Haas nicht schwer, in DANTON eine klare Parteinahme für die Republik, repräsentiert durch den Reichspräsidenten und ihren (soeben zurückgetretenen) Außenminister, zu erkennen: »Man könnte sagen, dieser Film ist nicht für Robespierre und nicht für Hérault de Séchelles, sondern für Ebert und Simons. ›Wann wird die Revolution endlich aufhören, und die Republik beginnen?‹ ruft etwas emphatisch ein Titel. Ebert könnte das in einem Momente väterlichen Zornes auch nicht anders ausdrücken.«[12]

■ DANTON
(1921, Regie: Dimitri Buchowetzki)
Bild links:
Ossip Runitsch
(Camille Desmoulins)
und Emil Jannings
(Georges Danton)
Bild rechts:
Werner Krauß
(Robespierre)

Bezeichnend für die labile Konsolidierung des jungen Staatsgefüges ist auch die Tatsache, dass und wie die Regie *der* großen Massenbewegung im Film, dem Sturm des Volks zu den versprochenen Lebensmitteln, auf die Sprünge half: Man verlieh dem Filmvolk Einheitlichkeit und besondere Schwungkraft, indem man am vermeintlichen Ziel mehrere Geldscheine anbrachte, die den ersten Komparsen, die sie erreichten, gehören sollten. Mit seiner auch materialistischen Perspektive war dieser DANTON immerhin so revolutionär, dass der Film am 9. November 1921 im Mercedes-Palast (»Größtes Filmtheater Europas, 2.500 Sitzplätze«) im Berliner Arbeiterviertel Neukölln als »Große Nachtvorstellung zur Feier des Revolutionstages« zur Vorführung kam.[13] Vor die Wahl zwischen Danton und Robespierre gestellt, dürfte sich ein nicht geringer Teil des Publikums für Babette entschieden haben, das »Mädchen aus dem Volk«. Von Danton in die Obhut Hérault de Séchelles gegeben, machte dieser aus der Straßendirne eine wohlerzogene Dame. Nach seiner Verhaftung aber fällt der gesamte antrainierte Zivilisationslack umstandslos von ihr ab: Bei der Plünderung seines Hauses entledigt sie sich ihrer eleganten Kleider und schließt sich den marodierenden Massen an. An der Seite de Séchelles erwarten sie Wasser und Brot oder die Guillotine statt Schokolade.

Weder mit dem Geist noch mit dem Geld dieser frühen Revolutionsdramen ausgestattet, entstand in den folgenden Jahren eine ganze Reihe von Filmen, die Frivoles im historischen Kostüm darboten und so das enge moralische Korsett der wilhelminischen

■ Szenenfoto aus DANTON (1921, Regie: Dimitri Buchowetzki)

Gesellschaft, das immer noch prägend war, für nicht länger tragbar erklärten. Dabei erwies sich der unverhüllt voyeuristische Blick des Grafen Hérault de Séchelles, der in DANTON durch sein Lorgnon die auf einem Salontisch ausgestellte, nur unzureichend in spärliche Lumpen gehüllte Babette inspiziert, als bevorzugte Perspektive fast aller Revolutionsdramen der kommenden Jahre.

Legitimiert wurde die (filmische) Frivolität – wie bei MADAME RÉCAMIER (1920, Regie: Joseph Delmont) – historisch: »Die Zeit nach der großen französischen Revolution glich unserer heutigen Zeit in fast jeder Beziehung. Schieber und Wucherer machten sich breit, und jeder davon hatte ›die Taschen voll von Maitressen‹. Das Geld hatte seinen Wert verloren, die Preise für den Lebensbedarf stiegen ins Unermeßliche, das Volk suchte Vergessen in Tanz und Spiel und setzte im Taumel der Sinne ›das ewig Weibliche‹ auf den Thron.«[14] Damit war der Rahmen gegeben für die Umtriebe eines »Wüstlings« (Albert Steinrück), der als Präsident des Konvents »in dieser Zeit allgemeiner Sittenlosigkeit« einer »in keuscher Reine erblühten«[15] Klosterschülerin (Fern Andra) nachstellt, bis diese ihre Gunst dem Schauspieler Talma (Bernd Aldor) schenkt, mit dem gemeinsam sie schließlich vor der Verfolgung durch Napoléon (Ferdinand von Alten) aus Paris flüchten muss.

DIE ROTE MARIANNE (auch: ABGRÜNDE DER LIEBE, 1922, Regie: Friedrich Berger) erzählt nach dem Buch der Hauptdarstellerin Bella Polini (ein Pseudonym der deutsch-polnischen Gräfin Bella Habdank von Skoroszewska) von der Tochter eines russischen Redakteurs, der 1783 auf der Flucht vor der politischen Polizei nach Paris gelangt ist. Nach dem Tod ihrer Eltern gibt sie ihre Anstellung als Ladenmädchen (!) in einem Modesalon auf, um sich mit einem geflohenen Galeerensträfling und seiner Bande von Leichenräubern und Mördern einzulassen – »dem Verbrecher Mortot bietet sie sich deutlich an, indem sie ihren Blusenausschnitt weitet«, wie ein Zensor aufmerksam protokollierte.[16] Zwar ist Marianne in den armen russischen Studenten Alexej verliebt, ihre weiblichen Reize aber nutzt sie dazu, den Verbrechern männliche Opfer zuzutreiben, was ihr schließlich die Hinrichtung durch die Guillotine einbringt. Im Einklang mit dem revolutionären Blutgericht setzte die Filmprüfstelle der sittlichen Verwahrlosung ein Ende, indem sie den Film verbot.

Das erotisch Spektakuläre war gewiss das Ergebnis kommerzieller Spekulation, zugleich aber auch ein gezielter Rückfall in die kurze zensurlose Zeit vor dem Erlass des Reichslichtspielgesetzes von 1920. Hier bot der Filmschauplatz des revolutionären Paris die Gelegenheit, Libertins auf die Leinwand zu bringen, die – zur Faszination oder zum Schrecken des Publikums – mit überkommenen Moralvorstellungen brachen. Die Lockerung der Moral wurde von Zeitgenossen aber auch abseits der Leinwand konstatiert. So nahm ein Abend bei George Grosz die Züge einer Orgie an: »[...] junge Frauen, herangelockt mit der Aussicht auf Rollen beim Film, ziehen sich umstandslos aus. Grosz, sicherlich kein Prediger pfäffischer Moral, notiert eine ›Welle des Lasters, der Pornographie und Prostitution‹. Aber tatsächlich sei die Zeit ›müde und unlustig‹.«[17]

Ein paar Jahre später war die Republik sittlich und politisch scheinbar so gefestigt, dass die Revolution ihre Abschreckungskraft verlor. Stattdessen entdeckte das Kino bürgerliche Tugenden in ihr. DIE GROßE LIEBE (auch: REVOLUTIONSHOCHZEIT, 1928, Regie: Anders Wilhelm Sandberg), nach dem Bühnenstück *Revolutionshochzeit* (1906) des dänischen Autors Sophus Michaëlis, beginnt mit dem vertrauten *Terreur*-Spektakel und einer Hinrichtung im Paris des Frühjahrs 1793. Später formuliert ein Plakat die Rechtslage: Wer einen Emigranten beherbergt oder ihm zur Flucht verhilft, wird mit dem Tod bestraft. Dann erzählt der Film von der Adligen Alaine (Diomira Jacobini) und ihrem Verlobten (Walter Rilla), einem emigrierten Offizier, und ihrer heimlichen Trauung auf dem Schloss der Braut. Truppen der Revolutionsarmee, die das Schloss requirieren, verurteilen den Bräutigam zum Tode. Oberstleutnant Marc-Arron (Gösta Ekman) erwirkt jedoch die Erlaubnis, dass das

Plakat zu DIE GROßE LIEBE (auch: REVOLUTIONSHOCHZEIT, 1928, Regie: Anders Wilhelm Sandberg), Grafik: Josef Fenneker

Paar noch die Hochzeitsnacht miteinander verbringen darf. Aus tiefer Neigung zur Gräfin verhilft er dem Bräutigam sogar zur Flucht. Anschließend ist er bereit, für diesen Verrat an den eigenen Truppen mit seinem Leben zu bezahlen. Doch während sein Freund Montaloup (Fritz Kortner), der Kommissar des Sicherheitsausschusses, nicht in der Lage ist, die Exekution seines Kameraden zu befehlen, erweist sich Marc-Arron mit seinem unerschütterlichen Vertrauen in die Gültigkeit des Gesetzes auch für seine eigene Person als ein selbstloser Verteidiger des Rechtsstaats.

Mit vielen Großaufnahmen, in denen die inneren Kämpfe der Protagonisten sichtbar werden, und atmosphärisch dichten Genreszenen, in denen sich die Angehörigen der Revolutionsarmee als Individuen mit unverwechselbaren Fähigkeiten und Eigenschaften präsentieren, zeichnet DIE GROßE LIEBE ein differenziertes Bild: Hier erschien das revolutionäre Frankreich als ein von äußeren Mächten bedrohtes Land in Europa, während der innere Feind, der zu den Österreichern übergelaufene Emigrant, sich als Feigling erweist. Zugleich schafft der Film einen sozialen Fokus, indem er in einer Bäckerei die Diskrepanz zwischen wertlos gewordenem Papiergeld und Goldwährung vorführt – und damit an die Inflationsjahre in Deutschland erinnert. In dem Chaos, das im Film zur Selbstjustiz aufgebrachter Hausfrauen führt, erweist sich erneut der Oberstleutnant als einzig verlässliche und tugendhafte Kraft. Die Anwesenheit der Botschafter Frankreichs, Italiens und Dänemarks bei der Uraufführung[18] unterstrich die europäische Perspektive dieser international grundierten Produktion, an der neben dem schwedischen Star Gösta Ekman und der Italienerin Diomira Jacobini auch Sandbergs dänische Ehefrau Karina Bell in der Rolle einer Kammerzofe und der dänische Kameramann Christen Jørgensen beteiligt waren und die dann auch tatsächlich in den Kinos zahlreicher nord- und westeuropäischer Länder reüssierte.[19]

Als drei Jahre später der Tonfilm DANTON (1931, Regie: Hans Behrendt) in die Kinos kam, hatte sich die politische Gesamtsituation schon entscheidend verändert. Die Zuspitzung der parteipolitischen Auseinandersetzungen und die Weltwirtschaftskrise hinterließen auch im kinematografischen Geschichtsbild ihre Spuren: »Was habe ich davon? Sie machen Krach, aber ich bekomme meine 100 Francs nicht.« Die Klage eines Kleinrentners über die politischen Auseinandersetzungen und das gleichzeitige Ausbleiben staatlicher Leistungen im Chaos der Terreur-Periode zieht sich als ein Leitmotiv durch die Neuverfilmung des Stoffes mitten im sich steigernden politischen Chaos der Wirtschaftskrise in Deutschland. Es ist auch die Beschwerde eines sich geprellt fühlenden Kleinbürgers, der als erster »Nieder mit dem König!« ruft und so seine generelle Gewaltbereitschaft demonstriert.

Von revolutionärem Elan ist in diesem DANTON gleichwohl nichts mehr zu spüren, und das liegt nicht nur an der noch schwerfälligen Technik in diesem frühen Tonfilm. Danton (Fritz Kortner) ist hier zum Vernunftpolitiker geworden, dazu gezwungen, mit den ausländischen Koalitionsmächten Kompromisse auszuhandeln – in gewisser Weise ist er ein Gustav Stresemann der Französischen Republik. Sein Rivale Robespierre (Gustaf Gründgens) nimmt den umgekehrten Weg: In Opposition zu Danton lehnt er die Hinrichtung des Königs anfangs noch ab, radikalisiert sich dann aber umso stärker: »One could go so far as to identify the antagonists with contemporary Weimar positions: Danton, the moderate socialist who stresses individual freedom, and Robespierre, the left socialist with radical demands for equality as the basis of freedom.«[20] Einmal mehr stand Danton für »eine insgesamt schlüssig ›liberale‹ Revolutionsdeutung [...]: an die Seite der Verurteilung der Jakobinerdiktatur trat die positive Hervorhebung der Ideale der bürgerlichen Revolution. Individuelle Freiheit, Schutz der Familie, Integrität des Vaterlandes sind die Werte, für die Danton eintritt, für die er als Volkstribun sein Leben lassen muß. Dies war im Jahre 1931 ein durchaus beachtenswertes Bekenntnis zur revolutionären Tradition der Republik.«[21]

Revolte statt Revolution: Deutsche Aufstandsbewegungen auf der Leinwand

»Bei uns Deutschen wird Revolution gar nicht gestattet«, muss sich Danton in Hans Behrendts DANTON-Film im Lager der Koalitionstruppen sagen lassen: »Kein Mensch in Deutschland weiß überhaupt, was Revolution ist.« Und auch sein Verweis auf das Bühnenwerk eines »großen deutschen Dichters« namens Schiller und dessen Dialogsatz »Stellen Sie mich vor ein paar Kerls, wie ich es bin, und ich mache aus Deutschland eine Republik« ernten seitens des Herzogs von Coburg (Georg Heinrich Schnell) nur ein schneidiges »Wird verboten!«. Aufstandsbewegungen und Proteste im Geist der Französischen Revolution – und ihrer Ideale »Freiheit, Gleichheit, Brüderlichkeit« – hat es in Deutschland dann aber doch gegeben, und in historischen Filmen des Weimarer Kinos sind sie präsent. Anders als die Filme über Frankreich sind sie frei von jeglicher Koketterie. Auffällig ist die starke Betonung ihres regionalen Bezugs.

Dem biografischen Spielfilm FRIEDRICH SCHILLER – EINE DICHTERJUGEND (1923, Regie: Curt Goetz), fünf Jahre nach der Novemberrevolution entstanden, ist die Erinnerung an monarchische Verhältnisse noch tief eingeschrieben. Der absolutistische Herzog Karl Eugen von Württemberg (Hermann Vallentin) ist ein leutseliger Despot, der seine Landeskinder mit unlauteren Mitteln in den Kriegsdienst zwingt und mit der Hohen Karlsschule über ein Erziehungsinstrument ganz im Sinne des wilhelminischen Militarismus verfügt. Während ihm mit dem sanguinischen Dichter Christian Friedrich Daniel Schubart (Egmont Richter) ein Spötter und Freigeist vom Format eines Camille Desmoulins gegenübersteht, erwächst ihm in dem idealistisch gestimmten Karlsschüler Friedrich Schiller (Theodor Loos) der letztlich gefährlichere Gegner.

Schillers Begegnung mit Schubart, der, aller bürgerlichen Freiheiten beraubt, in einem Kerker der Festung Hohenasperg schmachtet, ist es denn auch, die den jungen Militärarzt und Gelegenheitspoeten für den Freiheitskampf entflammt. Wie ein Nachruf auf die Monarchie musste auf die Kinobesucher Schubarts in der Gefangenschaft verfasstes Gedicht *Die Fürstengruft* wirken: »Da liegen sie, die stolzen Fürstentrümmer, / Ehmals die Götzen ihrer Welt!« Dessen Lektüre sowie die angekündigte Hinrichtung eines Deserteurs, im Filmbild aufs Stärkste mit den Vergnügungen am württembergischen Hof kontrastiert, ruft Schillers helle Empörung hervor. »Schiller entwirft [...] seinen Plan, ein Drama der Unterdrückten zu schreiben«, so ein Zwischentitel. »Die Räuber. In Tyrannos« wird es später auf dem Deckblatt heißen – ein bei der Uraufführung im badischen Mannheim 1782 stürmisch gefeierter Protest gegen die Unfreiheit im monarchischen Staat. Das Fazit des Herzogs umreißt den im Kino dargebotenen Charakter des Verfassers sehr treffend: »Der Schiller ist ein Revolutionär. Er ist eine Gefahr für Thron und Gesellschaft.«

Theodor Loos als Friedrich Schiller (Mitte) in FRIEDRICH SCHILLER (1923, Regie: Curt Goetz)

Einen »humoristisch-anekdotischen Volksfilm« nannte Herbert Ihering FRIEDRICH SCHILLER in seiner Kritik: »Curt Götz versucht gar nicht, Schiller zu pathetisieren.«[22] Wesentlich trugen Goetz' und Max Kaufmanns (Drehbuch) witzige Dialogtitel im schwäbischen Dialekt dazu bei (»Komme Se und erhole Se sich bei 'me Täßle guete warme Kaffee«). Doch niemals wirken die von Ihering konstatierten »Genrebilder« biedermeierlich. Im Gegenteil: Zuweilen verkatert und stets zum »Poussieren« aufgelegt, erscheint das jugendliche Genie sehr modern. Dieser Schiller ist ein entschiedener Vorkämpfer für die Republik und für die Gültigkeit der 1789 postulierten Menschen- und Bürgerrechte: »Auf die Freiheit zu verzichten, heißt, daß man darauf verzichtet, ein Mensch zu sein.«

Als ein Volksfilm kam 1928 auch der vom KPD-nahen Prometheus-Filmverleih produzierte SCHINDERHANNES daher. Das Drehbuch verfasste Regisseur Kurt Bernhardt gemeinsam mit Carl Zuckmayer in Anlehnung an dessen gleichnamiges Theaterstück,

Szenenfoto aus SCHINDERHANNES (1928, Regie: Kurt Bernhardt)

das 1927 Premiere hatte. Der den Titelhelden charakterisierende Untertitel DER REBELL VOM RHEIN stellte einen unmittelbaren Bezug zur immer noch andauernden Rheinland-Besetzung durch französische Truppen nach Kriegsende her. Der Film stellt insofern eine Besonderheit dar, als er aus linker Perspektive ein auch national begründetes Rebellentum glorifizierte, das in den folgenden Jahren ausschließlich von der politischen Rechten praktiziert und instrumentalisiert wurde. »Im SCHINDERHANNES erscheint die französische Armee [...] als Repräsentant der Annexion und Gewaltherrschaft, der tatsächliche Kontakt zur einheimischen deutschen Bevölkerung, der Vollzug der Gewalt liegt in den Händen von sadistischen deutschen Bütteln.«[23] Die Geschichte vom Räuber aus dem Hunsrück, der es mit den französischen Truppen und einer deutschen Obrigkeit, die mit den Besatzern paktiert, gleichermaßen aufnimmt, setzt 1796 ein und endet 1803 mit seiner Hinrichtung in Mainz. Seiner Zwangsrekrutierung entzieht sich der Dorfjunge Hannes Bückler (Hans Stüwe) durch Flucht, er wird gefangengenommen und öffentlich ausgepeitscht. Daraufhin schließt er sich der Bande des Räuberhauptmanns Leyendecker (Albert Steinrück) an. Als er sich an dem für seine Demütigung verantwortlichen Amtmann (Oskar Homolka) rächen will, kommt dieser im Verlauf einer Verfolgungsjagd zu Tode. Später lautet Hannes Bücklers Devise im bewaffneten Kampf: »Heut' wird im Hunsrück saubergemacht. Deutsch oder französisch. Das Ungeziefer muß raus.«

SCHINDERHANNES wirkt heute wie der Versuch, einen linken Mythos zu begründen. Dazu passt, dass der athletische Stüwe vorzugsweise mit nacktem Oberkörper agiert – ein klassenbewusster Anti-Siegfried, der sich im deutschen Wald nicht mit dem Lindwurm, sondern mit Ausbeutern und Despoten herumschlägt. Bei aller Sympathie für den jungen, spontanen und feurigen Mann stellt ihm der Film mit dem durch seine Krücken als erfahrenen (Front-)Kämpfer charakterisierten Leyendecker zugleich ein Korrektiv entgegen. Das Geld, das der Schinderhannes freigiebig an die Landbevölkerung verteilen will, möchte der in Waffen investieren, weil er Chancen für einen kollektiven Volksaufstand sieht. – 1927 saß der sächsische Anarchist Max Hoelz, gern »der rote Robin Hood« genannt, noch im Zuchthaus, nachdem er 1920 im Vogtland bewaffnete Kampfgruppen angeführt hatte. »An jene kühnen Räuberhauptmänner, von denen wir in unserer Jugend lasen«, fühlte sich George Grosz durch ihn erinnert.[24] Zahlreiche linksliberale Schriftsteller, Künstler und Publizisten engagierten sich für die Freilassung des unorthodoxen KPD-Mitglieds. Die Parteilinie aber verurteilte Individualtaten aktionistischer Heißsporne – nicht zuletzt an sie richteten sich der SCHINDERHANNES und sein im Film recht kläglliches Scheitern.

»Ogott ogott – ist das Revolution?« Die Ehefrau des Parchentfabrikanten Dreißiger (Paul Wegener) in Friedrich Zelniks DIE WEBER (1927) ist unnötig in Sorge. Zwar führte der Aufruhr der Heimarbeiter im schlesischen »Hungerrevier« in den 1840er-Jahren zu Gewaltexzessen und Maschinensturm, doch es blieb bei der Revolte. In die deutsche Kinematografie allerdings hielt die Revolution mit der Gerhart-Hauptmann-Verfilmung tatsächlich Einzug – unübersehbar ist der Einfluss der russischen Kino-Revolutionäre Eisenstein und Pudowkin auf DIE WEBER. Das Erscheinungsbild des Films ist entschieden modern, auch wenn sich Co-Drehbuchautor Willy Haas von der »kollektivistischen« Kunst des jungen Sowjetkinos ausdrücklich distanzierte und darauf bestand, dass seiner werkgetreuen Adaption »durch ein kleines Einschubbild [...], dessen Inhalt Franz Mehrings Darstellung der Weberzeit in seiner ›Geschichte der Sozialdemokratie‹ entnommen ist, ein charakteristisch abgehobener Zeithintergrund gegeben wurde«.[25] Zur historischen Lokalisierung tragen auch Zwischentitel im schlesischen Tonfall bei (»Mich hungert aso, Mutterle«). Doch dient der Dialekt weder in Hauptmanns Theaterstück noch im Film einem provinziellen Idyll. Stattdessen konstruiert die dem »Russenkino« abgeschaute Montage harter Kontraste – hier die armseligen, hungernden Weber, dort die am Mittagstisch schlemmende Fabrikantenfamilie – ein aus Eisensteins BRONENOSEZ POTEMKIN (PANZERKREUZER POTEMKIN, UdSSR 1925) und Pudowkins MAT (DIE MUTTER, UdSSR 1926) vertrautes Kino der aufgerissenen Münder, aus denen Empörung spricht.

Aus ihrer Geschichtlichkeit in die 1920er-Jahre gerissen werden die Ereignisse vor allem durch die Mitarbeit (Ausstattungsentwurf, Maske) des weit links stehenden Malers und Karikaturisten George Grosz und etwa seine Typisierungen im Vorspann – darunter die des Fabrikanten als Schwein – sowie expressiv gestaltete Zwischentitel, die dem im (Stumm!-)Film gesungenen *Weberlied* zu optisch nachvollziehbarer Lautstärke und damit der sozialen Anklage im Film zu unmittelbarer Gegenwärtigkeit verhelfen. Anschluss an aktuelle gesellschaftliche Debatten fand der Film schließlich auch mit seiner Darstellung der Auseinandersetzungen zwischen den Webern und der angerückten Infanterie. Es sind ganz maßgeblich die Frauen, die sich als revolutionäre Vorhut in die ungleichen Kämpfe stürzen, bei denen das preußische Militär mit seinen aggressiven, altmodischen Pickelhauben ein ganz anderes Bild abgibt als die in den »nationalen« Historienfilmen zeitgleich über die Leinwand ziehenden Freikorps mit ihren verwegenen Husarenhelmen.

So leistete die Verfilmung von Hauptmanns Klassiker einen Beitrag zu einer revolutionären Ästhetik im Klassenkampf. Der Darstellung eines sich stetig steigernden Massenprotests, der sich wie in PANZERKREUZER POTEMKIN am Hunger entzündet und nach Repressalien gegen die beiden »Rädelsführer« in einem Sturm auf das Dreißiger-Palais eskaliert, bis am Ende auch in Schlesien eine herbeigerufene

■ Szenenfoto aus DIE WEBER (1927, Regie: Friedrich Zelnik)

Soldateska auf unbewaffnete Arbeiter schießt, hat das deutsche Kino den Anschluss an eine avantgardistische, internationalistische Bildsprache zu verdanken.

Jüngere aufrührerische Bestrebungen in der Industriearbeiterschaft rekonstruiert Werner Hochbaums vom Deutschen Verkehrsbund (die Gewerkschaft der Transportarbeiter) und der SPD angeregte Spielfilm BRÜDER (1929). Es geht um den großen Hamburger Hafenarbeiterstreik von 1896/97. Dazu gab es einen aktuellen Anlass: 1928/29 streikten in Deutschland die Werftarbeiter. Sie forderten wie die Hafenarbeiter gut dreißig Jahre zuvor mehr Lohn, außerdem die Einführung der 48-Stunden-Woche. 42.000 Arbeiter waren ab Oktober 1928 auf den norddeutschen Werften im Ausstand. Nach vierzehn harten Winterwochen kam im Januar des folgenden Jahres ein Schiedsspruch zustande, der die finanziellen Forderungen bei Weitem nicht erfüllte und die Wochenarbeitszeit auf zunächst 50 Stunden begrenzte. SPD und Gewerkschaften hatten 1929 demnach ein Legitimationsproblem. Der Streik war verloren. Die Niederlage ist Hochbaums Film anzusehen, aber der Rückgriff auf die Geschichte relativiert sie. Der Rückblick auf den Hafenarbeiterstreik von 1896/97, der noch gewaltsam niedergeschlagen wurde, zeigt klar die Errungenschaften der Arbeiterbewegung in der Weimarer Republik: »Oftmals 36 Stunden Fron« lautet ein Zwischentitel des Films, der an die Schichtlängen der Vergangenheit erinnert. Vor allem zeigt er die miserablen Lebensverhältnisse der Arbeiterschaft um die Jahrhundertwende.

Von Anfang an liegt über der Szenerie Melancholie: Träge fließt die eistragende Elbe dahin, durch die sich schwerfällig Schlepper und Schuten ihre Wege bahnen. Verwehende Rauchwolken und die abgetakelten Rahen eines Dreimasters vor dem klaren Himmel verleihen den Hafenbildern etwas Gespenstisches. Die windschiefen, angerußten Fachwerkhäuser und engen Gassen des in den 1920er-Jahren teils schon abgerissenen Hamburger Gängeviertels, wo ein Großteil der Hafenarbeiter auf engstem Raum gelebt hatte, müssen auch für die Kinobesucher des

Jahres 1929 das Odium des Vergänglichen besessen haben. »Aufmarsch« und Tätigkeiten des »Arbeiterheers«, das Löschen und Laden der Fracht, der durch den »Stauervize« ausgeübte Leistungsdruck, sein rohes Verhalten angesichts eines Arbeiters, der ihm nicht standhält und an dem sich dann die Forderung nach »Lohnerhöhung!« (so der knappe Zwischentitel) entzündet – das alles ist von Eisensteins PANZERKREUZER POTEMKIN inspiriert. Durch die Überblendung von einem Bildnis des Kaisers im Werftkontor auf dessen Statue in der Polizeistation wird augenfällig, wie Staat und Hafenwirtschaft gegen die Interessen der Arbeiterschaft gemeinsame Sache machen.

Verkompliziert wird diese Klassenlage in BRÜDER durch den Umstand, dass der Bruder des Protagonisten, eines streikenden Arbeiters, der Hamburger Schutzpolizei angehört. Der mit Laien besetzte Film schildert, wie dieser die Werte von Freiheit und Brüderlichkeit erkennt, seine staatstreue Haltung aufgibt und schließlich seinen Bruder sogar vorübergehend aus der Haft entlässt. Die Staatsorgane sind es dennoch, die dem Streik ein Ende machen: »Bei dem Ringen hat nicht das Recht, sondern die Macht gesiegt.« Der Arbeitskampf mag verloren gegangen sein, aber »[e]r war notwendig!«, heißt es im Nachspann. »Weiter!« und »Trotz alledem!« lautet die Botschaft von der Leinwand herab, auf der – wie auf dem Panzerkreuzer Potemkin – eine rot kolorierte Fahne im Winde flattert. Doch die Wirklichkeit des Jahres 1929 hielt sich nicht daran. Die wenige Monate später einsetzende Weltwirtschaftskrise hatte für die Hafenarbeiterschaft verheerende Folgen. Bis 1932 wurden allein auf den Werften bis zu 80 Prozent der Belegschaft entlassen. Der revolutionäre Impetus, den Hochbaums Film ausstrahlt, täuscht nicht darüber hinweg, dass sein Rückgriff auf den historischen Arbeiterkampf auch auf der Leinwand ein Rückzugsgefecht war. Dort hatte sich längst die politische Rechte die Deutungshoheit über die Geschichte gesichert. Gegen den nationalkonservativen »Geist von Potsdam« stand der idealistisch-demokratische »Weimarer Geist« inzwischen mit dem Rücken zur Wand.

Der »Geist von Potsdam« als Historienfilm: Aufmarsch der nationalen Rebellen

Schon zu Beginn der Zwanzigerjahre hatte die konservative Kritik ihren Verdruss über die revolutionären Umtriebe des Weimarer Kinos und eine vermeintliche Vorliebe für französische Stoffe erklärt. »Nur keinen deutschen Stoff verarbeiten, es könnte schaden! Statt dessen macht man vor unseren Feinden von gestern durch Verfilmung ihrer Geschichte eine Verbeugung und nennt das Ganze ›Völkerverbrüderung mit Hilfe des Films!‹«, polemisierte 1922 der Filmkritiker Fritz Olimsky.[26] Die Revolutionsfilme hatten dem Weimarer Kino tatsächlich eine internationale Dimension verliehen: Das Schicksal der Madame Dubarry war in Frankreich, Italien und den USA verfilmt worden, und der Lubitsch-Film, der 1920 in New York anlief, hatte der Ufa den Zugang zum Weltmarkt erschlossen. Die Filme über die antinapo-

■ Linke Seite: Szenenfotos aus BRÜDER (1929, Regie: Werner Hochbaum) Oben: Gyula Balogh (rechts)

■ Szenenfoto aus DIE ELF SCHILL'SCHEN OFFIZIERE (1932, Regie: Rudolf Meinert)

Plakat zu LÜTZOWS WILDE VERWEGENE JAGD (1927, Regie: Richard Oswald), Grafik: Fritz Pötter

leonischen Kriege, deren Produktion im Jahr nach der Wahl des nationalkonservativen Generalfeldmarschalls Paul von Hindenburg zum Reichspräsidenten 1925 einsetzte, stießen außerhalb Deutschlands hingegen auf keinerlei Interesse. 1926/27 lösten zwei historische Freikorps-Filme die Französische Revolution als populäres Motiv auf der Leinwand endgültig ab: DIE ELF SCHILL'SCHEN OFFIZIERE (1932, Regie: Rudolf Meinert) erzählt vom Schicksal des Majors Ferdinand von Schill und dem Aufstandsversuch seines Freikorps gegen die französischen Besatzer in Pommern 1809. LÜTZOWS WILDE VERWEGENE JAGD (1927, Regie: Richard Oswald) schildert das Wirken des Freikorps-Majors Ludwig Adolf Wilhelm von Lützow in Preußen 1813/14.

Während die Preußenfilme über die friderizianische Epoche (mit Schwerpunkt auf der Zeit des Siebenjährigen Krieges, 1756 bis 1763) und den »Alten Fritz« (in der Regel verkörpert von Otto Gebühr) nostalgische Sehnsüchte ansprachen und ein konservativ-paternalistisches Führerbild historisch legitimierten, waren die Filme über die napoleonische Zeit (unter deutlicher Betonung der Jahre 1806 bis 1815) mit einer aggressiveren Note versehen, die sie zu einem Kampfmittel im politischen Alltag machten. Die kalkulierte Einseitigkeit bzw. Kurzsichtigkeit der Preußenfilme hat Gerhard Schoenberner beklagt: »Sie zeigen den Aufbruch Preußens und Deutschlands [...], aber nur den militärischen und nationalen, nicht die inneren Reformen, die den Befreiungskriegen vorausgingen, und nicht die Zeit der Reaktion und des Polizeisystems, die ihnen folgte.«[27]

Zwar bediente sich dieses patriotische Kino in seiner Rückwärtsgewandtheit einiger weniger althergebrachter Stoffe, die schon 1913, zum hundertjährigen Jubiläum des Sieges über Napoléon in der Leipziger Völkerschlacht verfilmt worden waren. Zugleich aber schuf es tatsächlich ein eigenes, strikt nationales Genre – eine Art »Preußenwestern« mit viel Reiterei, Schusswechseln und Hinterhalten, mit Außenaufnahmen in der Nähe der Originalschauplätze und mit einem »Präriereiter« als Helden, der seine Heldentaten als Einzelgänger besteht, ehe er sich am Ende wieder in eine ordnungsgemäße militärische Einheit und damit auch wieder in ein akzeptables Staatswesen einreiht. Was in den Revolutionsfilmen der wilde Volkshaufen war, ordnet sich hier zur gleichgerichteten Kolonne.

Bis zu diesem geradezu obligatorischen Schlussbild aber sind die Helden durchweg als Rebellen angelegt, die sich mit dem von Napoléon 1807 in Tilsit diktierten »Schandfrieden« nicht abfinden wollen und ihn außerhalb der vom preußischen König allzu zurückhaltend befehligten Truppen bekämpfen. Wobei die Filme nicht verhehlen, dass ihr eigentliches Thema die angestrebte Aufhebung des ebenso sehr als Demütigung und Knebelung empfundenen Versailler Vertrags und der mit ihm verbundenen Gebietsabtretungen Deutschlands war. In den folgenden zwanzig Jahren – bis zum nationalsozialistischen Durchhaltefilm KOLBERG (1945, Regie: Veit Harlan) – richteten sich diese Produktionen explizit an national gesinnte Kinobesucher, die die Botschaft von einem radikalen kriegerischen Aufbruch in ihrem Sinne zu interpretieren wussten, aber auch an ein naives Publikum, das mit handlungsreichem, spannendem Actionkino für den Überlebenswillen und für die Verteidigung der Nation gewonnen werden sollte. »Zwischen dem Ersten und Zweiten Weltkrieg gehörte dieses Thema zu den wirkungsmächtigsten Geschichtsnarrativen des deutschen Kinos.«[28]

Dass unter den gegebenen historischen Prämissen allerdings auch ein Kino möglich gewesen wäre, das menschliche Beziehungen unter kriegerischen Gegebenheiten sensibler und ehrlicher hätte darstellen und Gewissenskonflikte tiefer hätte ausloten können, stellte 1927 DER KATZENSTEG unter Beweis. Wäre Gerhard Lamprechts Sudermann-Verfilmung tatsächlich ein Western gewesen, dann hätte der englische Schauspieler Jack Trevor in ihm wohl einen Offizier des Konföderiertengenerals Robert E. Lee dargestellt, der nach der Niederlage von Gettysburg auf die Farm seiner Väter in Alabama oder Virginia zurückkehrt, und Lissy Arna hätte das von missgünstigen

■ Jack Trevor (Boleslav) und Lissy Arna (Regine) in DER KATZENSTEG (1927, Regie: Gerhard Lamprecht)

Nachbarn missachtete Indianermädchen an seiner Seite gespielt. Bei Lamprecht ist sie Regine, die Magd des alten Barons von Schranden: Im Jahr 1807 hat sie auf dessen Befehl französische Truppen über den Katzensteg in den Rücken preußischer Freikorps geführt und deren Niedermetzelung ausgelöst. Die Schrandener haben daraufhin das Schloss ihres Herrn in Flammen aufgehen lassen. 1813 kehrt dessen Sohn Boleslav (Jack Trevor) als preußischer Kriegsheld nach Schranden zurück und trifft dort auf eine selbstgerechte Dorfgemeinschaft, die seinem toten Vater ein Begräbnis verwehrt. Nur Regine hält zu Boleslav, und als die Dörfler ihm am Katzensteg einen Hinterhalt legen, trifft die Kugel sie.

Von Kritikern wurde die Verfilmung des 1890 erschienenen Romans durchaus als Reflexion der Gegenwart wahrgenommen: »Man möchte fast sagen, daß uns seine Probleme durch die Ereignisse der letzten Zeit noch näher gekommen sind. In den Jahren der Kriegsnot, des Zusammenbruches, der Inflation und des langsamen Wiederaufbaues sind wir täglich den Gestalten begegnet, die Sudermann schuf«, darunter auch den »fanatischen Spießer[n], die im Wirtshaus sich besaufen, um gegen Wehrlose vorzugehen und sich obendrein noch als Helden zu fühlen«, schrieb Georg Herzberg im Film-Kurier.[29] Statt an nationaler Aufwallung war der Drehbuchautorin Luise Heilborn-Körbitz an sozialer Analyse gelegen, meinte Hans Wollenberg: »Die sozialen Voraussetzungen gerade dieser Handlung, die einmal auf dem noch halb mittelalterlichen Feudalismus Ostpreußens, andererseits auf dem durch die nationale Erhebung ausgelösten Durchbrechen dieser Bindungen beruht, treten mit ihrem (wenn auch nicht in heutigem Sinne) revolutionären Gepräge im Film deutlich hervor.«[30] Indem der Film diese Modernisierung sozialer Beziehungen reflektiert, wirkt er selbst modern, und weil er andere Loyalitäten als die zur Nation gelten lässt, beinahe noch revolutionär. Zwar schließt sich der Protagonist auch hier am Ende dem preußischen Heer an, doch trägt dies fast schon Züge einer defätistischen Selbstaufgabe. Der letzte Satz des Films wie im Roman – »Bei Ligny soll er gefallen sein« – gibt in seiner Vagheit keinerlei Anlass zur Heldenverklärung.

»Man mache Henny Porten zum Reichspräsidenten!«, hatte 1921 scherzhaft der Publizist Kurt Pinthus gefordert.[31] In diesem Sinne wird man den von ihr selbst produzierten Film LUISE, KÖNIGIN VON PREUSSEN (1931, Regie: Carl Froelich) getrost als Wahlprogramm der populären Schauspielerin betrachten dürfen. Sie zeichnet darin das Bild einer Leidenden, die aus Gründen der Staatsräson auf ihre Liebe zum Prinzen Louis Ferdinand (Ekkehard Arendt) verzichtet hat und nun an der Unentschlossenheit König Friedrich Wilhelms III. (Gustaf Gründgens) verzweifelt. Sie hält im Konflikt mit Frankreich zu den jungen militanten Offizieren und begibt sich auf den Weg zu (dem sittlich übel beleumundeten) Napoléon wie auf einen Opfergang. – Insgesamt ist Luise als ein reaktionäres Gegenbild zur »Neuen Frau« und zur Emanzipationsbewegung der 1920er-Jahre angelegt und steht erst recht in größter Diskrepanz zu Lubitschs libidinös entfesselter Madame Dubarry. Nicht um Laster geht es hier, sondern um nationale Lasten.

Bereits 1920 hatte die Deutsche Volkspartei (DVP) auf einem Wahlplakat ein Porträt der Königin mit einem Text versehen, der sie für den Kampf gegen den Schmachfrieden in Dienst nahm: »1807 Tilsit, 1920 Versailles. Vertraut! Hofft!«[32] Dementsprechend hatte sich auch der 1923 gegründete »Bund Königin Luise«, Sammlungsbewegung nationalkonservativer Frauen, satzungsgemäß der »Erziehung des weiblichen Geschlechts zur Mithilfe an den Vorbereitungen des großen Befreiungswerks Deutschlands von seinen Feinden, im Geiste unserer Vorfahren von 1813 und der unvergeßlichen Königin Luise« verschrieben.[33] Wenn Henny Porten die Monarchin nun ausdrücklich als »Frau und Mutter« zu porträtieren gedachte und nicht als Führerin im Befreiungskrieg, war dieser Versuch, die rechtskonservative Leitfigur auf der großen Leinwand mehr in die gesellschaftliche Mitte zu rücken, sicher der Absicht geschuldet, breitere Publikumsschichten zu beeindrucken als ausschließlich die reaktionäre Klientel. Indem sich jedoch der Film (wie der ihm zugrunde liegende Roman Walter von Molos) ganz auf den Konflikt zwischen Preußen und Frankreich vor und nach der verlorenen Schlacht bei Jena und Auerstedt im Jahr 1806 konzentrierte, war er letztlich Teil genau jener »Neuformierung« des Königin-Luise-Mythos, die die politische Rechte betrieb, »da Themen der Gegenwart in diesem Abschnitt der Biographie Königin Luises gespiegelt werden konnten: insbesondere die Kritik am Vertrag von Versailles, die Grenzdebatte und die Diskussion um ›nationale Ehre‹«.[34]

Seinen pazifistisch getönten Epilog (»Soviel Blut und soviel Opfer – und alles umsonst.«) mochten nationalistische Kreise indessen nicht akzeptieren. Von der Kritik aus allen Lagern für seine unentschiedene Haltung gescholten, von Kinobetreibern nach Drohungen seitens der Nationalsozialisten verschmäht, geriet der Film zum finanziellen Misserfolg. Als er 1932 wiederaufgeführt wurde, kam er ohne den pazifistischen Anhang ins Kino. Eine Sondervorführung in einem Thüringer Kino bewarben die offenkundig rechtsradikalen Veranstalter mit einem Plakat,[35] das nicht nur das Bild einer Fahne mit dem Eisernen Kreuz (dessen erste Trägerin Königin Luise 1813 posthum war) aufwies, sondern mit den Theodor-Körner-Worten »Das Volk steht auf und der Sturm bricht los!« auch jenen Appell, der dem nationalsozialistischen Propagandaminister Goebbels 1943 als Vorlage zur Ausrufung des »totalen Krieges« diente.

In den Filmen über die »nationale Erhebung« im letzten Jahr der Weimarer Republik gehörte er zu den Schlüsselsätzen. Sie zeigen, wie stark völkische und nationalsozialistische Positionen im Verlauf der nationalen Krise der Weimarer Republik im Historienkino Dominanz gewannen. Das Biopic THEODOR KÖRNER (1932, Regie: Carl Boese) stigmatisiert den Dichter, der 1813 als Angehöriger des Lützow'schen Freikorps den Heldentod starb, als vaterländischen Outcast, der gar nicht oft genug den rechten Arm in

■ Henny Porten als Königin Luise (Zweite von rechts) in LUISE, KÖNIGIN VON PREUSSEN (1931, Regie: Carl Froelich)

Willi Domgraf-Fassbaender (rechts) in der Titelrolle von THEODOR KÖRNER (1932, Regie: Carl Boese)

die Höhe recken kann: »Ich werde verfolgt. Weil ich mein Vaterland liebe und seine Unterdrücker hasse.« Im Zivilleben Angehöriger einer schlagenden Burschenschaft, die die Gelegenheit zum Zuschlagen intensiv herbeisehnt (»Der erste Ruf des Führers sieht uns an seiner Seite«), gehört Körner zu den Mitgliedern einer radikalisierten, klandestinen Gemeinschaft, in denen sich der gemeine SA-Mann wiedererkennen konnte – und vielleicht auch in Körners Zärtlichkeiten gegenüber einem Kameraden, der sich dann allerdings, sittlich korrekt, als die nicht weniger idolisierte Vertreterin einer militanten vaterländischen Weiblichkeit entpuppt: die als Mann verkleidete »Lützowerin« Eleonore Prohaska (Lissy Arna).

So gewann das B-Picture – im Untertitel ausgewiesen als EIN DEUTSCHES HELDENLIED, für das der Opernbariton Willi Domgraf-Fassbaender dem »Sänger der Freiheitskriege« zu Stimme und Statur verhalf – unfreiwillig Züge einer Travestie. Wohl auch deshalb stieß es bei der anvisierten Klientel geradewegs auf Ablehnung. Als »völlig danebengegriffen« und »läppisch« befand Fritz Olimsky THEODOR KÖRNER, »wie man sich einen urdeutschen vaterländischen Film nicht wünscht«.[36] Die sozialdemokratische Presse hingegen konnte ihm immerhin einigen Unterhaltungswert abgewinnen und ihn zugleich für ihre politische Linie instrumentalisieren: »Keine Woche ohne einen Film, der irgendwie das Gemüt in patriotische Schwingungen versetzen, es stark machen soll für die Papen-Hugenbergsche Forderung deutscher ›Gleichberechtigung‹. Dieser Film ist immerhin erträglich. [...] Der gewaltige Abstand der Kriegsführung einst und jetzt spricht aus, daß die Gegenwart der ›Befreiungskriege‹ entraten muß; mit andern als

Fensterkarte zu DER SCHWARZE HUSAR (1932, Regie: Gerhard Lamprecht), Grafik: Döri

kriegerischen Mitteln muß Deutschland neue Größe und Weltgeltung sichern. Sich politisch nicht einfangen lassen, aber mit unverkünstelter Freude die in hübschen Bildern ablaufende Fabel genießen und an den Liebesgeschichtchen sich erfreuen: so kann der Besucher mit Vorteil den Film genießen.«[37]

Ganz auf Unterhaltungswerte setzte auch DER SCHWARZE HUSAR (1932, Regie: Gerhard Lamprecht), ein Genremix, der als Preußenwestern beginnt – mit Reitern auf einer Anhöhe vor einem hohen, strahlenden Himmel und ihrem Parforceritt auf der Flucht vor den Kugeln französischer Häscher –, dann aber ins Komödiantische umschlägt. Sobald der verfolgte Rittmeister Hansgeorg von Hochberg (Conrad Veidt) Schutz und liebevolle Hinwendung bei einer vermeintlichen Gastwirtstochter (Mady Christians) findet, ahnt der Zuschauer schon, dass diese von Geblüt sein muss. Und tatsächlich verbirgt sich in Marie-Luise just jene mit seinem Landesherrn verlobte Prinzessin, die Hansgeorg aus den Händen der Franzosen befreien sollte, um sie vor der von Napoléon angeordneten Zwangsverheiratung mit einem polnischen Fürsten zu retten. Was als frivoler Flirt beginnt, findet sein ernstes Finale: Am Ende überlässt der Herzog von Braunschweig (Bernhard Goetzke) seinem Husaren zwar die Braut. Aber doch bloß, um ihn dann selbst für den Befreiungskampf zu requirieren, sodass sich der am Anfang des Films noch so zügellos dahinpreschende Reiter am Ende zum Trompetensignal »Husaren heraus!« in die Kavalleriekolonne einreiht.

Einmal mehr diente auch hier die europäische Gemengelage zur Zeichnung nationaler Stereotype: Der französische Gouverneur (Otto Wallburg) ist ein verweichlichter Dickwanst, der sich an »Crème Dubarry« delektiert, der polnische Fürst (Grigori Chmara) lächerlich arrogant. Von ihnen sticht der schwarze Husar nur umso plastischer ab: »Voll Ehre, Anständigkeit, Selbstüberwindung und Aufopferungsfähigkeit. [...] Die Vision des Mannes und Menschen und Kämpfers. Bestes Deutschtum«, bestätigte Hans Wollenberg.[38] Dieser Tugendkatalog wirkt erst recht perfide, denkt man an die Epigonen, die die Braunschweiger Schwarze Schar der Befreiungskriege im NS-Staat hatte: Die SS benannte ihre Zeitung *Das Schwarze Korps* nach ihr und übernahm auch das Emblem dieser »Totenkopfhusaren« für ihre Uniformen; sogenannte SS-Totenkopfverbände bildeten etwa die Wachmannschaften in den KZs. Das Ideal des Kämpfers signalisierte jedenfalls, dass in dieser Phase der Präsidialkabinette nicht länger Märtyrer und Verlierer, sondern Sieger die Restauration auf der Kinoleinwand vorantreiben müssten – und damit die Rechtsentwicklung im realen Staat, wo bei der Reichstagswahl 1930 die NSDAP zweitstärkste Kraft hinter der geschwächten SPD geworden war.

Dass diese Restauration nicht notwendigerweise mit legalen Mitteln zu geschehen hätte, hatte schon im Vorjahr YORCK (1931, Regie: Gustav Ucicky) demonstriert. Nur wenige Wochen nach dem Zusammenschluss der »nationalen Opposition« in der antidemokratischen, rechtsextremen »Harzburger Front« im Oktober 1931 führte der Film vor, wie der preußische General Yorck von Wartenburg (Werner Krauß) sich 1812 zum »Helden von Tauroggen« aufschwingt, indem er gegen den ausdrücklichen Befehl seines Königs Friedrich Wilhelm III. (Rudolf Forster) einen Waffenstillstand mit den russischen Truppen schließt und damit die Aufnahme des Kampfs gegen Napoléon ermöglicht. Wer in diesem historischen Vorbild keine Legitimation eines Staatsstreichs erkennen mochte, dem lieferte sie *Der Tag*, das in Hugenbergs Scherl-Verlag erscheinende, der Deutschnationalen Volkspartei (DNVP) nahestehende Blatt, am 4. Dezember 1931 in einer Ankündigung des Films schriftlich nach: »Hunderttausende werden im Spiegel der Geschichte, den uns der Ufa-Tonfilm YORCK vorhält, die unvergängliche, nie zu besiegende Kraft der preußisch-deutschen Idee erleben, die so stark ist, daß preußische Soldaten für sie zu Rebellen wurden.«

Und als im Juli 1932 bei den Reichstagswahlen die NSDAP das bisherige Höchstergebnis von 37,3 % erzielte, ging ein Film in die Produktion, der schließlich die weitere Marschrichtung vorgeben sollte:

Paul Wegener als Marschall Gebhard Leberecht von Blücher (rechts) in MARSCHALL VORWÄRTS (1932, Regie: Heinz Paul)

MARSCHALL VORWÄRTS (1932, Regie: Heinz Paul) stimmte »Das hohe Lied von Deutschlands Befreiung«[39] an. In ihm verkörpert Paul Wegener den Marschall Gebhard Leberecht von Blücher, der 1806 vor den Franzosen noch kapitulieren musste, der aber im Greisenalter mit über siebzig Jahren – 1813 an der Katzbach und 1815 bei Waterloo – mit forschem militärischem Vorwärtsdrang über Napoléon triumphierte. »In seiner äußeren Erscheinung ähnelt er nicht dem Marschall Vorwärts, den wir von der Schulfibel her kennen«, monierte Oskar Kalbus.[40] Das war auch nicht beabsichtigt: Denn als »greiser Feldmarschall« wurde inzwischen auch der 85-jährige Reichspräsident Paul von Hindenburg tituliert, und ihm glich dieser Blücher mit seinem schlohweißen Haar und dem buschigen Oberlippenbart ganz unübersehbar. Nach den Juli- und den Novemberwahlen 1932 hatte Hindenburg die Ernennung Hitlers zum Reichskanzler noch abgelehnt. Sollte ihn der am 23. November uraufgeführte MARSCHALL VORWÄRTS womöglich zu einer forscheren Strategie veranlassen?

Vom Leinwand-Imago des Reichspräsidenten jedenfalls angeregt, formulierte der linksliberale Publizist Werner Hegemann seine Kritik an der am 3. Dezember 1932 erfolgten Ernennung des Generals Kurt von Schleicher zum Reichskanzler durch Hindenburg – und einer nunmehr drohenden Militärdiktatur –, indem er in einer Artikelserie (»Entlarvte Geschichte«) auf den Marschall Blücher zielte. Hegemanns Parallelführung gipfelt in einer Gleichsetzung der beiden greisen Militärs: »Das politische Unheil beginnt in dem Augenblick, wo die Marschälle [...] durch das Vertrauen des Volkes in führende Stellung kommen und sich dann nicht mehr vom Volkswillen, sondern von weniger beim Volk beliebten Generälen oder von einer ›Kamarilla‹ leiten lassen.«[41] Schleichers tatsächliches Kon-

Luis Trenker (Severin Anderlan) in DER REBELL (1932, Regie: Kurt Bernhardt, Luis Trenker)

zept zur Lösung der nationalen Krise, die »Querfront«, Vorläuferin einer Volksgemeinschaft, die unter anderem eine Einbindung des politischen Katholizismus in die nationale Opposition vorsah, fand seinen eifrigsten Propagandisten dann allerdings in einem weit vom Berliner Zentrum entfernt operierenden Patrioten.

DER REBELL (1932, Regie: Kurt Bernhardt, Luis Trenker) erzählt vom Aufstand gegen die französisch-bayerische Besatzung Südtirols im Jahre 1809. Sein Protagonist, der Student Severin Anderlan (Luis Trenker), ist nach der Auslöschung seiner Familie durch französische Dragoner nicht dazu bereit, sich dem örtlichen Widerstand anzuschließen, weil dieser sich auch gegen die mit den Franzosen verbündeten Bayern richtet: »Wir Deutschen müssen einmal aufhören, uns gegenseitig die Schädel einzuschlagen.« – »Für die Freiheit aller Deutschen« und gegen Napoléon, den er zum Antichristen stempelt, kämpft er fortan als Freischärler in den Bergen, angetrieben von einer christlichen Frömmigkeit, deren Symbole (Kruzifixe und Kirchenglocken) im Film omnipräsent sind. Severins Appelle und sein Freischärlertum spielen nicht allein »unmißverständlich auf die Straßenkämpfe am Ende der Weimarer Republik an und fordern Lösungen der politischen Konflikte im Sinne der nationalen Opposition gegen die Republik, der in der sogenannten ›Harzburger Front‹ zusammengeschlossenen nationalistischen Parteien und des Frontkämpferverbandes ›Stahlhelm‹««;[42] sie richten sich zugleich dezidiert auch an katholische Kinobesucher.

Die hohe Wertschätzung des Films bei Nationalsozialisten erklärt sich aus seiner schieren Dynamik, mit der hier die politische Bewegung visualisiert wird und die den Zuschauer geradezu mit sich fortreißt.

Der Preußenwestern gelangte ausgerechnet auf den Gipfeln der Dolomiten – in seiner Verschmelzung mit dem Bergfilm, dem anderen originären Pleinair-Filmgenre des Weimarer Kinos – zu seinem technisch-kunstfertigen Höhepunkt. Zugleich konnten sich alte wie junge Kämpfer im Film wiedererkennen: »Bis ins Detail erinnern die Aufstandspassagen an die Aufmarschästhetik reaktionärer Massenorganisationen der späten Weimarer Republik (›Stahlhelm‹, SA), so wie sie in Dokumentarfilmen und Wochenschauen jener Zeit erscheinen.«[43]

Die Schlussapotheose zeigt, wie sich der offenkundig unsterbliche Geist Severins zusammen mit seinen kurz zuvor durch ein Hinrichtungskommando gleichfalls erschossenen Kameraden einer Kampfkolonne Südtiroler Bauern anschließt und sich als Bannerträger zu ihrem Führer macht. Schon ganz dem Fahnenkult im Nationalsozialismus verpflichtet (»Unsere Fahne flattert uns voran ...«), griff DER REBELL (Arbeitstitel: »Die Flammen rufen«) auch mit der visuell imponierenden Inszenierung jener auf den Berggipfeln auflodernden Feuer, die das Signal zum Losschlagen der Bauern geben, zeitlich voraus: »Wenn am Schluß die Tiroler Freiheitskämpfer von 1809 auferstehen und unter dem Roten Adler von Tirol sich zu düsterem Zug formieren [...], dann sprühen elektrische Ströme durch das deutsche Lichtspielhaus – dann springt der Funke von diesem Film zündend in die Herzen – vom Jahre 1809 ins Jahr 1933.«[44]

Hier illuminieren Film bzw. Kommentar nicht allein die Ernennung Adolf Hitlers zum Reichskanzler am 30. Januar 1933, sondern am 21. März, dem Tag von Potsdam, auch jene propagandistische Inszenierung, mit der der Führer der NSDAP vorgab, sich in den Lauf der preußisch-deutschen Geschichte und deren militärische Traditionslinie einzureihen. Zuvor jedoch, vom 27. auf den 28. Februar 1933, waren aus dem brennenden Reichstag unübersehbar jene Flam-

Szenenfoto aus DER KONGRESS TANZT (1931, Regie: Erik Charell)

men geschlagen, die den in staatliche Ämter gelangten Rebellen das Signal und die Legitimation zum Zuschlagen verschafften, um sich ihrer Feinde zu entledigen.

Nachspiel auf dem Tanzparkett: Die Ladenmädchen danken ab

»Mein Wagen ...! Meine Villa ...!« – In der walzerseligen Tonfilmoperette DER KONGRESS TANZT (1931, Regie: Erik Charell) sieht sich die Handschuhverkäuferin Christel Weinzinger (Lilian Harvey) am Ziel all ihrer Träume. Während des Wiener Kongresses lenkt sie mithilfe von Blumensträußen, im Grunde aber völlig unverblümt, die Aufmerksamkeit der Teilnehmer auf sich und ihr Geschäft. Dass sie die Gesellschaft des russischen Zaren (Willy Fritsch) der ihres Verlobten vorzieht, macht sie der nicht weniger treulosen Jeanne Vaubernier absolut ebenbürtig. Auch Christel weiß die akkumulierten Präsente zu schätzen. Doch außerhalb ihrer Luxuskalesche, die sie in einer berühmten Kamerafahrt hinaus aus der Stadt in ein gleichermaßen anakreontisch wie anachronistisch ausgemaltes Idyll befördert (»Das gibt's nur einmal, das kommt nie wieder«), ist die Welt in den düstersten Farben gezeichnet: Während einer Untersuchungshaft, aus der der Zar sie befreit, wird Christel körperliche Gewalt angedroht. Fürst Metternich (Conrad Veidt) ist Herr über eine Geheimpolizei, die – technisch bestens ausgestattet – weder die Vertraulichkeit des Worts noch das Briefgeheimnis achtet. Seine politische Strategie zielt darauf ab, bei der Neuordnung Europas alle konkurrierenden Mächte auszuschalten. Als er im leeren Verhandlungssaal seinen eigenen Vorschlag einstimmig annimmt, hat er damit die Verfahrensform eines demokratischen Parlamentarismus kassiert. Dem Ladenmädchen bleibt am Ende die Ernüchterung.

Kein Film des Weimarer Kinos hat die restaurative Epoche so empathisch realistisch wiedergegeben wie das vermeintlich eskapistische Singspiel, in dem der Ballsaal, die Redoute, tatsächlich zum letzten Zufluchtsort wird, an dem sich die einstige Schwungkraft der Revolution im Wiener Walzer verliert, während die zu Polonaisen verniedlichten Straßenaufmärsche des Volks mit ihren kuriosen Kerzenhaltern an kommende Fackelzüge gemahnen. »Manchmal werden die Filme irrsinnig«, heißt es in Kracauers »Ladenmädchen«-Essay. »Sie haben erschreckende Gesichte, sie schleudern Bilder hervor, die das wirkliche Antlitz der Gesellschaft zeigen.«[45]

Nicht das Volk, die »Völkischen« regieren seit dem 21. März 1933. Auch der Komponist des *Schwarzwaldmädel*, das bis 1933 dreimal verfilmt wurde, war von deren »Arierparagraphen« betroffen. Während Erik Charell sich ins Exil retten konnte, harrte Leon Jessel aus. Obschon er deutschnational eingestellt war, wurde er zu einem späten Opfer des »nationalen« Kampfes gegen die Ideale der Revolution von 1789. Dies geht aus einem Brief der Nationalsozialisten an seine präsumtive Witwe von 1934 hervor, in dem man ihr den Parteiausschluss mitteilte: »Die N.S.D.A.P. hat sich eine gewaltige geschichtliche Aufgabe gestellt, die Erhaltung der deutschen Art. Wenn sie dieses Ziel vor Augen hat, muss sie damit beginnen, die Folgen der französischen Revolution und der damit verbundenen Juden-Emanzipation im Rahmen des Möglichen wieder gut zu machen.«[46] Teil dieser »Wiedergutmachung« waren Misshandlungen durch die Gestapo, an denen Leon Jessel, siebzigjährig, am 4. Januar 1942 verstarb.

1 Edgar Wolfrum: Geschichte als Waffe. Vom Kaiserreich bis zur Wiedervereinigung, Göttingen 2001
2 B. E. Lüthge: »Pola Negri auf der Guillotine. Großkampftag in Tempelhof«, in: Film-Kurier, Nr. 49, 2.8.1919
3 Erinnerung des Librettisten August Neidhart, zitiert nach: 100 Jahre *Schwarzwaldmädel*. Zeitgeschichte unterm Bollenhut, Ausstellung im SWR-Studio Freiburg, 10.7. bis 8.9.2017
4 Siegfried Kracauer: Von Caligari zu Hitler. Eine psychologische Geschichte des deutschen Films, übersetzt von Ruth Baumgarten und Karsten Witte, Frankfurt am Main 1979, S. 55
5 Georg Forster: »Parisische Umrisse«, in: ders.: Sämtliche Schriften. Band X/I, Berlin (DDR) 1990, S. 593
6 Georg Forster: Brief an Therese Forster, 13.4.1793, in: Forster, a. a. O., Band XVII, S. 342
7 Ebd., S. 595 f.
8 Thomas Elsaesser: Das Weimarer Kino – aufgeklärt und doppelbödig, Berlin 1999, S. 139
9 Sabine Hake: »Lubitsch's Period Films as Palimpsest. On PASSION and DECEPTION«, in: Bruce A. Murray / Christopher J. Wickham (Hg.): Framing the Past. The Historiography of German Cinema and Television, Carbondale (Ill.) 1992, S. 85
10 Helma Sanders-Brahms: »MADAME DUBARRY«, in: Hans Helmut Prinzler, Enno Patalas (Hg.): Lubitsch, München 1984, S. 135
11 Hake, a. a. O., S. 90
12 Willy Haas, in: Film-Kurier, Nr. 105, 6.5.1921
13 Reklamezettel des Mercedes-Palastes, Deutsche Kinemathek, Berlin, Schriftgutarchiv
14 Kinoprogramm der Sächsischen Kunstfilm zu MADAME RÉCAMIER. DES GROßEN TALMA LETZTE LIEBE, Leipzig 1920, Deutsche Kinemathek, Berlin, Schriftgutarchiv
15 Ebd.
16 Entscheidung der Film-Prüfstelle Berlin vom 15.5.1922, B.05811
17 Ohne Nachweis in: Daniel Schönpflug: Kometenjahre. 1918. Die Welt im Aufbruch, Frankfurt am Main 2017; hier zitiert nach: Stephan Speicher: »Oh Gott! Was machen sie nur für einen Krach«, in: Süddeutsche Zeitung, 10.10.2017 (Rezension)
18 Anonym: »Terra-Uraufführung im Mozartsaal«, in: Film-Kurier, 4.10.1928
19 Stefanie Karg: »Französische Revolution im Spielfilm. Dänische und deutsche Stummfilm- und Tonfilmadaptionen des dänischen Schauspiels *Revolutionshochzeit* (1906) zwischen nationaler Produktion und internationaler Auswertung«, in: Manfred Engelbert / Burkhard Pohl / Udo Schöning (Hg.): Märkte, Medien, Vermittler. Fallstudien zur interkulturellen Vernetzung von Literatur und Film, Göttingen 2001, S. 247
20 Marc Silberman: »Weimar Images of the French Revolution«, in: Bruce A. Murray, Christopher J. Wickham, a. a. O., S. 120, Fußnote 17
21 Wilhelm Kreutz: »Französische Revolution und Napoleonische Ära im deutschen Film«, in: Tel Aviver Jahrbuch für deutsche Geschichte, Bd. 18, Göttingen 1989, S. 181
22 Zitiert nach: FRIEDRICH SCHILLER – EINE DICHTERJUGEND, Booklet zur DVD, Edition Filmmuseum 02, München 2006
23 Lothar Schwab: »Im Labyrinth der Männerängste. Kurt Bernhardts deutsche Filme (1924–1933)«, in: Aufruhr der Gefühle. Die Kinowelt des Curtis Bernhardt, hg. von der Stiftung Deutsche Kinemathek, München/Luzern 1982, S. 42
24 George Grosz: Ein kleines Ja und ein großes Nein. Sein Leben von ihm selbst erzählt, Frankfurt am Main 2009, S. 189
25 Willy Haas: »Das Problem der Verfilmung«, in: Magazin der Phoebus-Theater, Nr. 37, Mai 1927, zitiert nach: DIE WEBER, Booklet zur DVD, F. W. Murnau Stiftung 2012, S. 3
26 Fritz Olimsky, in: Berliner Börsen-Zeitung, 22.10.1922
27 Gerhard Schoenberner: »Das Preußenbild im deutschen Film. Geschichte und Ideologie«, in: Axel Marquardt / Heinz Rathsack (Hg.): Preußen im Film. Eine Retrospektive der Stiftung Deutsche Kinemathek, Reinbek 1981, S. 11
28 Wolfgang Koller: »Sturm über Deutschland. ›Franzosenzeit‹ und Befreiungskriege im deutschen Spielfilm«, in: Gerhard Bauer (Hg.): Blutige Romantik. 200 Jahre Befreiungskriege, Katalog zur Ausstellung des Militärhistorischen Museums der Bundeswehr, 6.9.2013–16.2.2014, Dresden 2013, S. 306
29 Georg Herzberg, in: Film-Kurier, Nr. 186, 9.8.1927
30 Hans Wollenberg, in: Lichtbild-Bühne, Nr. 189, 9.8.1927
31 Kurt Pinthus, in: Das Tage-Buch, Nr. 41, 1921
32 Vgl. Birte Förster: Der Königin-Luise-Mythos. Mediengeschichte des »Idealbilds deutscher Weiblichkeit«, 1860–1960, Göttingen 2011, S. 270
33 Ebd., S. 330
34 Ebd., S. 272
35 Abgedruckt in: Helga Belach: Henny Porten. Der erste deutsche Filmstar 1890–1960. Berlin (BRD) 1986, S. 107
36 Fritz Olimsky, in: Berliner Börsen-Zeitung, 15.10.1932
37 R. W.: »Ufafilm THEODOR KÖRNER«, in: Hamburger Echo, 15.10.1932
38 Hans Wollenberg, in: Lichtbild-Bühne, Nr. 241, 13.10.1932
39 Kinoreklame, Deutsche Kinemathek, Berlin, Schriftgutarchiv
40 Oskar Kalbus: Vom Werden deutscher Filmkunst. 2. Teil: Der Tonfilm, Altona-Bahrenfeld 1935, S. 78
41 Werner Hegemann: »Entlarvte Geschichte. 1. Marschall Vorwärts«, in: 8-Uhr-Abendblatt, 3.12.1932; zitiert nach der Buchausgabe: ders.: Entlarvte Geschichte, Leipzig 1933, S. 199
42 Schwab, a. a. O., S. 44 f.
43 Ebd., S. 46
44 Anonym, in: Lichtbild-Bühne, 18.1.1933
45 Siegfried Kracauer: »Die kleinen Ladenmädchen gehen ins Kino« [1928], in: ders.: Das Ornament der Masse. Essays, Frankfurt am Main 1977, S. 294
46 NSDAP-Reichsleitung, München: Beschluß Ausschluß der Pgn. [= Parteigenossin] Anna Jessel, Berlin-Wilmersdorf, vom 15.1.1934; zitiert nach: 100 Jahre *Schwarzwaldmädel*, a. a. O.

Zwischenzonen der Ambiguität

Gerhard Lamprechts DER KATZENSTEG (1927)

Andres Veiel

Seite 42:
Szenenfoto aus
DER KATZENSTEG
(1927, Regie: Gerhard
Lamprecht)

Dieser Film ist eine Entdeckung. Und mit ihm Gerhard Lamprecht (1897–1974), seinerzeit einer der bekanntesten Regisseure der Weimarer Republik. Er ist heute – anders als Kollegen seiner Zunft wie Friedrich Wilhelm Murnau oder Fritz Lang – beim breiten Publikum in Vergessenheit geraten; nur noch selten werden seine Filme öffentlich aufgeführt. Zu Unrecht.

DER KATZENSTEG ist ein Film, bei dem Gerhard Lamprecht neben Regie und Drehbuch (zusammen mit Luise Heilborn-Körbitz) auch die Produktion verantwortete. Bei der Uraufführung im Juni 1927 war der Regisseur noch nicht ganz dreißig Jahre alt und galt bereits als wichtiger Vertreter des jungen deutschen Kinos der 1920er-Jahre.

Lamprecht war ein Film-Besessener. Schon als Dreizehnjähriger arbeitete er als Filmvorführer, mit siebzehn verkaufte er sein erstes Drehbuch. Im letzten Kriegsjahr wurde er eingezogen und schwer verwundet. Noch im Lazarett schrieb er an weiteren Drehbüchern. Nach seiner Entlassung nahm er Schauspielunterricht und führte als Dreiundzwanzigjähriger 1920 zum ersten Mal selbst erfolgreich Regie bei dem Spielfilm ES BLEIBT IN DER FAMILIE. 1923 verfilmte er Thomas Manns Roman *Die Buddenbrooks*, auch das Drehbuch zu diesem Film stammte zum Teil von ihm. Gleiches gilt auch für Lamprechts 1925 entstandene Sozialstudie DIE VERRUFENEN, die im Zille-Milieu angesiedelt ist.

Lamprechts Gespür für publikumswirksame Stoffe, die er subtil, aber emotional packend in Szene zu setzen wusste, sicherten ihm triumphale Premieren und volle Kinosäle. Nur wenige Kritiker monierten seinen eher konventionellen Erzählstil. Lamprecht ließ sich davon nicht irritieren: Er betrachtete sich nicht als formalen Neuerer, sondern wollte auf möglichst hohem Niveau seine Geschichten erzählen und dabei ein großes Publikum erreichen. Für ihn waren »Qualitätsfilm« und »Geschäftsfilm« kein Widerspruch.

Auch bei DER KATZENSTEG arbeitete Lamprecht mit einer literarischen Vorlage: Hermann Sudermanns (1857–1928) 1890 publizierter gleichnamiger Roman wurde auch in den 1920er-Jahren als populärer Historienstoff noch gern gelesen.

Von der Kritik war das Buch bei seinem Erscheinen eher verhalten aufgenommen worden: Sudermann galt manchem als Autor mit einem Hang zum Trivialen; nichtsdestotrotz gehörte er zu den meistgelesenen Romanciers im wilhelminischen Deutschland. Zu Beginn des Ersten Weltkriegs erlebten er und sein Werk eine Renaissance. Im Oktober 1914 beteiligte Sudermann sich an dem Aufruf »An die Kulturwelt«, bekannt auch als »Manifest der 93«. Prominente Künstler und Literaten zeigten sich darin entschlossen, den Kampf gegen Deutschlands Kriegsgegner »zu Ende kämpfen« zu wollen. Sudermann und seine Mitstreiter beriefen sich dabei auf Goethe, Beethoven und Kant. Der Aufruf trug wesentlich zur allgemeinen Kriegsbegeisterung in Deutschland bei.

Bereits 1915 wurde DER KATZENSTEG als eine Art preußisches Nationalepos von dem Stummfilmpionier Max Mack verfilmt. Historischer Hintergrund der in Preußen spielenden Handlung sind die 1813 einsetzenden Freiheitskriege gegen die Vorherrschaft Napoléon Bonapartes über große Teile Europas. Der Roman schildert die »Heldenreise« eines preußischen Offiziers, der sich seinem eigenen Vater, aber auch den selbstgerechten Regelwerken einer heuchlerischen Dorfgemeinschaft gegenüber immer wieder neu behaupten und durchsetzen muss.

Erzählerische Kraft und subtile Ausdrucksmittel

Als Lamprecht 1925 gemeinsam mit Luise Heilborn-Körbitz das Drehbuch für seinen Film zu schreiben begann, suchte er einen eigenen Zugang zu dem Stoff. Die beiden reduzierten die Handlung auf zwei Akte sowie ein Vor- und ein Nachspiel – angesichts der opulenten und von Pathos durchsetzten Vorlage sicher eine Herausforderung.

Hauptfigur ist auch bei Lamprecht der Offizier Boleslav von Schranden. Dieser erlebt 1813, mitten im preußischen Befreiungskrieg gegen Napoléon, Verrat innerhalb der eigenen Familie: Sein Vater kooperiert mit den feindlichen französischen Truppen und weist die Dienstmagd Regine an, den napoleonischen Offizieren den Weg über den sogenannten Katzensteg zu zeigen, eine kleine Brücke, die über einen Abgrund hinweg direkt zu den sich in Sicherheit wähnenden preußischen Truppen führt. Die französischen Truppen können daraufhin das preußische Heer unerwartet angreifen und vernichtend schlagen.

Lamprecht gelingt es, diesen Kampfszenen durch die überzeugende Besetzung bis in die kleinsten Komparsenrollen eine beeindruckende erzählerische Kraft abzutrotzen. Das gilt auch für den Hauptdarsteller: Jack Trevor, ein englischer Schauspieler, der in Deutschland zuvor noch nie in einer Hauptrolle besetzt worden war, spielt die Rolle des Boleslav zunächst mit kühler, scheinbar unberührbarer Noblesse. Mit subtilen Andeutungen gelingt es ihm, nach und nach etwas von seiner Verletzlichkeit zu zeigen, ohne sie dabei auszustellen.

In einer der Schlüsselszenen im Vorspiel konfrontiert Boleslav seinen Vater mit dessen Verrat. Während dieser sich auf seine polnische Mutter beruft, argumentiert der Sohn mit der deutschen Herkunft seiner Mutter. Loyalität steht gegen Loyalität, beide trennen sich unversöhnt.

Lamprecht setzt bewusst nicht auf eine vollständig auserzählte Handlung, sondern vertraut auf einen elliptischen Erzählansatz. Dazu gehört auch, dass er die Monate des Krieges überspringt, in denen der junge Offizier von Schranden sich an der Front bewähren musste. Als er nach dem Kriegsende ins Schloss seiner Eltern zurückkehrt, ist sein Vater gerade verstorben. Boleslav erfährt, dass aufgrund von dessen Hochverrat eine christliche Bestattung nicht zugelassen werden soll. Der Offizier entscheidet sich, seinem Vater diese letzte Ehre dennoch zu erweisen – gegen den hartnäckigen Widerstand des Pfarrers und zahlreicher Dorfbewohner. Es gelingt ihm mithilfe seiner Soldaten, die Beerdigung des Vaters durchzusetzen. Doch der Preis ist hoch: Fortan wird Boleslav

■ Deckblatt der Programmbroschüre zu DER KATZENSTEG (1927, Regie: Gerhard Lamprecht)

Der Kameramann Karl Hasselmann und Gerhard Lamprecht bei den Dreharbeiten zu DER KATZENSTEG (1927, Regie: G. Lamprecht)

Jack Trevor (Boleslav), Dritter von links, Franz Stein (Landrat von Krotkeim), Zweiter von rechts, Rudolf Lettinger (Merkel, Ortsschulze), rechts

Lamprecht war ein in Bildern denkender Regisseur, der aber auch wusste, dass Schauspieler bei zu zahlreichen technischen Vorgaben Gefahr laufen, äußerlich zu spielen und damit an emotionaler Wahrhaftigkeit zu verlieren. Und um diese ging es dem Regisseur vor allem.

In DER KATZENSTEG ergänzen sich Inszenierung und Kameraarbeit kongenial. Karl Hasselmann, der schon als Kameramann unter anderem bei DIE VERRUFENEN (1925), DIE UNEHELICHEN (1926) und MENSCHEN UNTEREINANDER (1926) mit Lamprecht zusammengearbeitet hatte, scheint jede Einstellungsgröße bewusst so gewählt zu haben, dass sie der Aura und der körperlichen Präsenz vor allem der beiden Hauptdarsteller, aber auch der der Nebendarsteller Entfaltungsraum für eine ungewöhnlich feinstoffliche Präsenz gibt. Lamprecht verzichtet auf die im frühen Stummfilm üblichen dramatischen Posen der Darsteller und konzentriert sich ganz auf ihre minimalistischen Ausdrucksfähigkeiten: Mal ist es das Zucken eines Lides, mal die Bewegung eines Fingers, mit denen Lamprecht den Zuschauer beiläufig eine innere Regung der Figur entdecken lässt.

In einer der schönsten Szenen entdeckt Regine die teuren Kleider der verstorbenen Mutter von Boleslav. Arna deutet die Faszination an, die diese Gewänder auf Regine ausüben, die sich solchen Luxus niemals hätte leisten können. Sie hält die Balance zwischen Zögern und Begierde, lässt sie dann unerwartet in Trotz umkippen: Warum sollte ihr so ein teures Kleidungsstück nicht auch zustehen? Als sie es wagt, in eins der Kleider zu schlüpfen, zeigt sich in ihrem Spiel die Andeutung eines scheuen, zerbrechlichen Glücks – als wäre damit auch eine Schranke zwischen Boleslav und ihr überwunden. Das alles ist große Schauspielkunst.

Natürlich ist die ungleiche Liebe zwischen Regine und Boleslav bedroht. Das Zusammenleben der beiden Unverheirateten sorgt für Empörung im Dorf. Im Wirtshaus wird ein Mordkomplott vorbereitet. Nachts lauern ihm die Häscher auf, doch er entkommt; nicht aber Regine, die das Schloss verlassen hatte, um ihren Geliebten zu warnen: Sie wird von aufgebrachten

von den Dorfbewohnern geächtet und ausgegrenzt. Die Verbindung zu seiner Verlobten, der Tochter des Pfarrers, geht in die Brüche, Boleslav zieht sich mehr und mehr in die Überreste des Schlosses zurück, das von den über den Landesverräter erzürnten Dorfbewohnern teilweise niedergebrannt worden ist.

Der zweite Akt setzt mit einer eigenständigen neuen Erzählung an: Zunächst fast trotzig, dann mit zunehmender Überzeugung, lässt Boleslav sich auf die Beziehung zu der Dienstmagd Regine – facettenreich gespielt von Lissy Arna – ein. Auch sie gilt im Dorf als Verräterin, und es bleibt ihr nur der Rückzug in die Umgebung des jungen Grafen, in der sie sicher ist. Beide haben nur noch einander; zugleich sind die Standesgrenzen und das moralische Verdikt einer wilden Ehe zunächst unüberwindbare Hindernisse jeglicher Annäherung.

Dorfbewohnern ermordet. Boleslav findet Regines Leichnam, er weiß, dass er auch für sie kein christliches Begräbnis erwarten kann – und beerdigt sie noch in der gleichen Nacht selbst.

Boleslav kämpft nicht nur gegen die Vorurteile der Dorfbewohner. Er entscheidet sich dafür, die herrschenden moralischen Gesetze seiner Zeit zu missachten und nur nach seinem eigenen Gewissen zu handeln. Dieser Aspekt von Sudermanns Roman machte das Werk für Gerhard Lamprecht auch zu einem aufgeklärten Sozialdrama, dessen Hauptfigur sich gegen die lebensfernen Regeln der Kirche, aber auch gegen die heuchlerische Moral der Dorfgemeinschaft behauptet.

Lamprecht lässt seinen Protagonisten am Ende auf jegliche Rache oder Vergeltung verzichten. Der Korpsgeist siegt, als die Pflicht ruft: Im Kampf gegen die erneut anrückenden französischen Truppen stellt Boleslav ein neues Regiment auf, zu dessen Soldaten auch die Mörder von Regine zählen. Mit ihnen zieht er in die Schlacht – und fällt. Auch hier entgeht Lamprecht der Gefahr von zu viel Pathos – dank der Kunst seiner Schauspieler, vielschichtige Zwischentöne gegen die Ausrufezeichen des patriotischen Kitsches zu setzen.

DER KATZENSTEG ist auch eine Reise in die Zwischenzonen der Ambiguität der Figuren, die den ihnen von außen aufgezwängten Konventionen immer wieder ihr eigenes So-Sein entgegensetzen. In seiner Erzähldichte und seinem Tempo hat der Film etwas sehr Modernes: Er deutet an, erzählt nicht aus und gewinnt gerade aus den Auslassungen eine subtile Spannung, die neunzig Jahre nach seiner Entstehung nichts von ihrer Wirkung eingebüßt hat.

■ Nächtliche Dreharbeiten zu DER KATZENSTEG (1927, Regie: Gerhard Lamprecht)

Zwischen den Welten

Die lebenden Toten, Verlorenen und Heimkehrer des Weimarer Kinos

Philipp Stiasny

Seite 48: Nigel Barrie (Arved Holl), Fritz Delius (Wilfred Durian) in DER TURM DES SCHWEIGENS (1925, Regie: Johannes Guter)

Das Weimarer Kino ist ein Kino der Überlebenden. Es wird bevölkert von Menschen, die gerade noch einmal davongekommen sind. Die Katastrophe hat sie gezeichnet: die Krieger, Abenteurer, Seefahrer, die Versehrten und Verstörten, zurück von den Schlachtfeldern, entlassen aus Lagern und Hospitälern. Mal Sieger, öfter Verlierer. Kaum wiederzuerkennen, unheimlich, furchteinflößend. Lebende Tote, Gespenster, Dämonen. Gleichzeitig real und Produkte der Fantasie.

Auf der Kinoleinwand werden sie wieder lebendig, die Nachfahren von Odysseus, von Balzacs Oberst Chabert und Alfred Tennysons Enoch Arden, dem irrtümlich für tot erklärten Seemann, dessen Frau seinen besten Freund geheiratet hat. Als im Februar 1926 pünktlich zum Volkstrauertag Manfred Noas Heimkehrerfilm DER MANN AUS DEM JENSEITS. FELDGRAU ins Kino kam, sprach ein Kritiker ironisch vom Mut der Filmemacher, »das Enoch-Arden-Motiv, das jetzt nach dem Weltkrieg wohl seine 500 Bearbeitungen gefunden hat, von neuem zu formen.«[1] Die Zahl ist stark übertrieben, doch sie führt vor Augen, wie verbreitet das Erzählmuster in der Nachkriegszeit war.

Auch schon vor dem Krieg waren Odysseus, Chabert, Enoch Arden und verwandte Gestalten präsent auf Theaterbühnen, in Liedern und Opern.[2] Nach der Niederlage wuchs die Zahl der Geschichten, die sich auch aus solchen älteren Quellen speisten, stark an. Schriftsteller wie Bertolt Brecht, Leonhard Frank, Ina Seidel, Ernst Toller und Jakob Wassermann widmeten den Heimkehrern Romane, Erzählungen und Dramen; mythische Heimkehrer mutieren darin zu Veteranen des Weltkriegs.[3] Gleichzeitig verleibt das Kino die Heimkehrer der filmindustriellen Bildermaschine ein, die sie in immer neuen Kostümen wieder ausspeit. Zwar entstanden auch Filme über die Heimkehr des Odysseus, in denen kaum mehr als der Titel an den antiken Stoff erinnert, und Adaptionen von *Colonel Chabert* und *Enoch Arden*.[4] Bei den meisten Produktionen handelt es sich aber um Abenteuerfilme, Sozial- und Melodramen, die auf der Ebene der Handlung die direkte Verbindung zur Kriegs- und Nachkriegszeit scheuen: Ein Elefant steht im Zimmer, aber niemand spricht darüber.[5] Es blieb dem Zuschauer überlassen, die in diesen Filmen angerissenen überzeitlichen Themen und Probleme auf die eigene Lebenswelt zu beziehen. Wie man die Geschichte auch wendet: In einer Gesellschaft, in der die Deutung des jüngsten Krieges, die Erinnerung und das Gedenken an die Toten von Anfang an politisch umkämpft sind und der Krieg die Meinungen polarisierte, waren die mit der Figur des Heimkehrers zusammenhängenden Fragen nie reine Privatsache. Der Heimkehrer störte. Er öffnete Wunden, zeigte Widersprüche auf, konfrontierte das Justizsystem mit seinen Grenzen. Er widersetzte sich einfachen Zuordnungen und rührte an Fragen, die – um des familiären oder auch sozialen Friedens, auch um des Seelenfriedens willen – manchmal besser nicht gestellt würden.

Ein Toter an der Tür

Zwanzig Monate nach Kriegsende sollten im Juli 1920 endlich die letzten Kriegsgefangenen aus Sibirien in Deutschland eintreffen. Die Boulevardzeitung *B.Z. am Mittag* berichtete in diesem Zusammenhang von einem besonders dramatischen »Heimkehrer-Schicksal«: Sechs Jahre lang war ein aus der Gefangenschaft entlassener Soldat fort gewesen, sechs Jahre lang hatte es kein Lebenszeichen von ihm gegeben. »Als er in seiner Wohnung erschien, fand er seine Frau zwar noch vor, jedoch an seinem Platze als Ehemann einen anderen. Die Frau hatte ihn, da sie ihn nicht mehr am Leben geglaubt hatte, für tot erklären lassen und wieder geheiratet. In die alte Wohnung wurde er nicht mehr hineingelassen.«[6] Während die Zeitung den Vorfall in einer kleinen, unauffällig platzierten Meldung abhandelte, war das dahinterstehende rechtliche Problem damals unter Juristen ein Dauerbrenner. Die im Weltkrieg rasch und unaufhaltsam steigende Zahl von vermissten Soldaten führt 1916 zu einer neuen Verordnung: Vermisste Kriegsteilnehmer galten dann als verschollen, wenn seit dem

Tag ihres letzten Lebenszeichens ein Jahr vergangen war.[7] Vermisste verwandelten sich so in Verschollene, und wenn Nachforschungen erfolglos bleiben, können solche Verschollenen von einem Gericht für tot erklärt werden. Mancher verschollene Soldat tauchte nach dem Krieg wieder auf, und manche Todesvermutung wurde bestätigt. Doch zahllose Angehörige erhielten niemals eine genaue Auskunft und warteten. Noch fünfzehn Jahre nach Kriegsende galten in Deutschland 100.000 Soldaten als vermisst.[8]

Aufgrund des sehr erschwerten Kontaktes vor allem mit den Kriegsgefangenen in Russland, aber auch infolge der oft unzuverlässigen Nachforschungen wurden irrtümliche Todeserklärungen in den Kriegsjahren immer wahrscheinlicher. Dass solche Irrtümer auch die Gesellschaft der Nachkriegszeit belasten würden, prognostizierte Fritz Manstetten im Jahr 1919: »Mit dem Kriege ist [...] der lebende, jedoch urkundlich Tote Wirklichkeit geworden. [...] Durch die Presse sind auch bereits Fälle bekannt geworden, daß Gefallene und als tot Eingetragene später wieder aufgetaucht sind. Mit der Rückkehr unserer in Gefangenschaft geratenen und in den entlegensten Weltteilen festgehaltenen Soldaten wird sich die Zahl dieser Fälle noch mehren.«[9]

Die rechtlichen Folgen einer irrtümlichen Todeserklärung waren weitreichend: Die Ehe der als tot Eingetragenen wurde aufgelöst, die güterrechtlichen Verhältnisse änderten sich, der Erbfall trat ein, die Wiederverheiratung der Frau und die Geburt von Kindern führten zu weiteren Verwicklungen: »Taucht nun der standesamtlich als tot Eingetragene wieder auf, so findet er sein ganzes Rechtsdasein zerstört.«[10] Ideale Lösungen gab es wegen der gegensätzlichen Interessen nicht; umfassende Schadenersatzansprüche hatten wenig Aussicht auf Erfolg. Die Situation stürzte alle Beteiligten in ein Dilemma von Recht und Gesetz. Das galt speziell für die Gültigkeit der Ehe, denn die zweite Ehe blieb auch dann rechtsgültig, wenn der Toterklärte zurückkehrte.[11]

■ DAS FLOSS DER TOTEN (1921, Regie: Carl Boese)

Was hier beschrieben wird, beschäftigte nicht allein Richter und Rechtsanwälte. Es war (und ist) Stoff für Filme. Nur eine Woche nach der Meldung in der *B.Z. am Mittag* informierte die Branchenpresse über ein aktuelles Projekt, dessen »innere Handlung« mit den in der Zeitung beschriebenen Ereignissen »fast wörtlich« übereinstimme.[12] Der Film heißt DAS FLOß DER TOTEN, wurde von Carl Boese inszeniert und kam im Februar 1921 ins Kino. Er erzählt die Geschichte zweier Ingenieure, die in Afrika tätig sind und dieselbe Frau lieben. Als Roland Ford (Otto Gebühr) und Tom Kelley (Carl Clewing) nach Europa zurückkehren, ereignet sich ein Schiffsunglück, und Ford, für den sich Maria (Aud Egede-Nissen) zwischenzeitlich entschieden hatte, geht über Bord. Er gilt danach als verschollen. Sein Freund und Rivale Kelley lässt ihn für tot erklären und heiratet die Witwe. Nach Jahren kehrt Ford, der überlebt, aber sein Gedächtnis verloren hat, heim, begegnet Maria mit ihren Kindern aus der zweiten Ehe – und geht wieder. Kelley plagt ein schlechtes Gewissen, weil er seit Langem geahnt hat, dass Ford noch am Leben war. Als er ihn um Verzeihung bitten will, kommt es zum Streit und beide sterben. Nur die Frau überlebt.[13]

Ein Höhepunkt ist die Wiederbegegnung des Heimkehrers und seiner Frau. Ford spricht Maria auf der Straße an und fragt sie, ob sie ihn nicht erkennt: Er sei doch Roland, ihr Ehemann. Maria schaut ihn zuerst erschrocken an, dann, im Erkennen, zeigt sich für einen Moment ein Lächeln und Freude in ihrem Gesicht, und sie macht eine Bewegung auf ihn zu. Doch die beiden kleinen Kinder, die neben ihr stehen und ebenfalls erschrocken sind, halten sie am Arm. Sie blickt auf die Kinder, die aus ihrer glücklichen zweiten Ehe stammen, und ihr Ausdruck verdüstert sich. Die Freude weicht der Melancholie, sie wendet sich etwas von Roland ab, drückt die Kinder an sich. In diesem Moment resigniert sie und fügt sich in die veränderten Umstände. Noch einmal schaut sie dem Mann ins Gesicht und erklärt, dass Ford tot und sie Kelleys Frau sei. Sie behauptet, ihn, den Fremden, nicht zu kennen, und senkt dann den Blick.

Vom Schicksal eines heimkehrenden Veteranen des Ersten Weltkriegs und seinem Bemühen um die Wiederaufnahme in die Welt der Lebenden, über das der oben zitierte Zeitungsartikel so lapidar berichtet hatte, ist in DAS FLOß DER TOTEN keine Rede mehr. Ein Ereignis aus der Gegenwart wird stattdessen zum Material eines jener exotischen Reise- und Abenteuerfilme, die im frühen Weimarer Kino sehr populär waren und in großer Zahl entstanden. Das Drehbuch des Films verfremdet einen realen Konflikt, der nach dem Krieg kein Einzelfall war, bis ins Unkenntliche. Und doch: Was die Szene des Wiedersehens in aller Kürze, Prägnanz und Diskretion ins Bild setzt, war ein Dilemma, in das Frauen und Männer in jenen Jahren ganz ohne Schuld gerieten – und mochte es ihnen auch nur in einem Albtraum begegnen. In DAS FLOß DER TOTEN gibt es am Ende nur Verlierer. Widersprüchliche Gefühle und Neigungen treten zutage und Trauer über die Trennung und ein nichtgelebtes gemeinsames Leben. Wurde hier Kolportage zum Schmiermittel von Reflexion und Verständigung?

Im Land der Gespenster

Freudig bricht ein junger Mann ins Ungewisse auf, traurig und sorgenvoll schaut ihm seine Frau hinterher. So beginnt Friedrich Wilhelm Murnaus NOSFERATU (1921), eine frühe *Dracula*-Adaption und zugleich ein Schlüsselwerk des Heimkehrerfilms. Die Reise führt den jungen Hutter (Gustav von Wangenheim) tief in den Osten Europas, ins »Land der Gespenster«, wo ihm Furchtbares widerfährt und sich eine unbeschreibliche Angst seiner bemächtigt. Krank an Leib und Seele macht er sich auf den Weg zurück zu Ellen (Greta Schröder), seiner Frau, die während seiner Abwesenheit von schlimmen Ahnungen heimgesucht wird und Lebenszeichen von Hutter herbeisehnt. Ausführlich schildert der Film Ellens Perspektive, ihr Alleinsein und die Sorge um ihren Mann.[14] Schließlich wartet sie auf einer Bank in den Dünen auf ihn, um-

■ Gustav von Wangenheim (Thomas Hutter), Max Schreck (Nosferatu) in NOSFERATU (1921, Regie: Friedrich Wilhelm Murnau)

geben von Gräbern, mit Blick auf das Meer. Doch Hutter nimmt den Landweg. Und er kommt nicht allein. Er bringt sein Alter Ego mit, den ruhelosen, sexuell unersättlichen Vampir Nosferatu (Max Schreck). Dieser ist es, der über das Meer kommt und dessen Erscheinen Krankheit und massenhaften Tod verursacht. In Murnaus Film überlebt Hutter die Katastrophe, doch Ellen stirbt. Der Heimkehrer ist ein Verlierer in einer Welt, die äußerlich wieder intakt zu sein scheint, doch im Innern vollkommen verwüstet ist.

Zu Beginn des Films heißt es, NOSFERATU sei »eine Aufzeichnung über das Große Sterben in Wisborg anno Domini 1838«. Doch sosehr der Film in seiner Ausstattung und seiner Bilderwelt das Zeitalter des Biedermeier zitiert, so umfassend und tiefgreifend beziehen sich seine Semantik und die in ihm anklingenden gesellschaftlichen und psychologischen Diskurse auf die Jahre des Weltkriegs; damit aktivierte das Werk beim zeitgenössischen Publikum ganz aktuelle Erinnerungen. Anton Kaes hat diese Verbindungslinien in seinem Buch *Shell Shock Cinema* brillant herausgearbeitet, der grundlegenden Studie über die Spuren, die die im Weltkrieg erlittenen Traumatisierungen der Menschen im Weimarer Kino hinterlassen haben. Treffend überschreibt Kaes das Kapitel über NOSFERATU mit »Die Rückkehr der Untoten«.[15]

Das Kino der Nachkriegszeit erscheint als Ort, an dem immer wieder aufs Neue der Versuch unternommen wird, das Kriegstrauma, den Schock, die körperliche und seelische Verwundung zu inszenieren und womöglich zu bannen. Die »Untoten« stehen, so betrachtet, für die fern der Heimat unbeerdigt und ruhelos umherziehenden Toten des Weltkriegs, die sich nach einem Grab sehnen, an dem man um sie trauern kann; in Gestalt des Vampirs erscheinen sie ebenso als Plage wie als bedauernswerte Kreaturen, die von ihrer nächtlichen Existenz erlöst werden müssen, um endlich – im ersten Licht des Tages – dahinzuscheiden.

Trennung und Verlust, Furcht und Todeserwartung, der händeringende Versuch, mit dem Geliebten in der Ferne in Kontakt zu treten, schließlich massenhaftes

Sterben und der Einsatz des eigenen Lebens, um den Schrecken zu beenden – dies sind nur einige Themen eines Films, der in einer schauerromantischen Vergangenheit spielt und doch Ängste und Phantasmen in Bilder übersetzt, die 1921, als NOSFERATU entstand, allgegenwärtig waren. Dabei kann offen bleiben, ob die in dem Film dargestellte Epidemie Erinnerungen an den Ausbruch der Cholera, an die im Gefolge des Weltkriegs grassierende Grippeepidemie, an der allein in Deutschland 1918/19 schätzungsweise zehn Millionen Menschen erkrankten und 300.000 starben, oder an den Krieg im Allgemeinen heraufbeschwor.[16] Ein Mann geht fort, zwei kehren zurück. Der eine ist äußerlich unversehrt, aber er hat dem Grauen ins Auge gesehen; der andere ist eine Kreatur der Nacht, halb Mensch, halb Tier. Hutter, in dem Kaes einen Repräsentanten der »verlorenen Generation« sieht, die stolz, kraftvoll und mit hehren Idealen in den Krieg

zog, ist gebrochen, verstört und hat seine Männlichkeit eingebüßt, als er heimkehrt. Für ihn – und so viele andere – endete ein Abenteuer in einer Katastrophe. Sein Doppelgänger, der Vampir, ist ein hässliches Ungeheuer, das beim Blutsaugen zwischen männlichen und weiblichen Opfern keinen Unterschied macht: Ist das eine Anspielung auf Gerüchte über Homosexualität unter Soldaten oder ansteckende Sexualkrankheiten wie die Syphilis? Oder ist der Vampir gar ein heimlicher Verwandter jener zu Lust- und Eifersuchtsmördern mutierten Kriegsveteranen, von denen die Zeitungen schrieben und die auf Gemälden von Otto Dix, George Grosz und Heinrich Maria Davringhausen auftauchen?

Sexualisierung und Animalisierung bezeichnen jedenfalls zwei wesentliche Eigenschaften des Doppelgängers, der mit seinen Krallen und spitzen Zähnen einem Raubtier gleicht. Dass der Heimkehrer

■ Xenia Desni (Eva) in DER TURM DES SCHWEIGENS (1925, Regie: Johannes Guter)

und sein Alter Ego in einer Epoche, in der Grundannahmen der Psychoanalyse zum Allgemeinwissen zählten, auch als Verkörperung einer unaussprechlichen Furcht und als Wiederkehr von etwas Verdrängtem verstanden werden konnten, führt NOSFERATU so deutlich vor Augen wie kein anderer Film. Was Murnau im Geheimnisvollen – und damit offen für ganz unterschiedliche Deutungen – belässt, buchstabieren andere Filme der gleichen Epoche auf je eigene Weise aus.

»Man soll die Toten nicht vergessen«

In NOSFERATU fällt der Blick des Vampirs zufällig auf Hutters Medaillon, das ein Bildnis von Ellen enthält. Seine Reaktion lässt keinen Zweifel: Die Gier des Blutsaugers ist geweckt; er muss diese Frau um jeden Preis besitzen. Eine fast identische Szene findet sich auch in DER TURM DES SCHWEIGENS (1925, Regie: Johannes Guter), einer Ufa-Produktion, die das Thema der Heimkehr in zwei miteinander verschlungenen Erzählsträngen gleich doppelt verhandelt. Darüber hinaus stellt der Film die Frage, welchen Raum die Vergangenheit und das Gedenken an die Toten im Hier und Jetzt beanspruchen darf.

Der erste Erzählstrang ist in der Gegenwart angesiedelt und handelt von den Expeditionsreisenden Arved Holl (Nigel Barrie) und Wilfred Durian (Fritz Delius); der zweite spielt in dem titelgebenden mittelalterlichen Turm, in dem archaische Moralvorstellungen von Recht und Treue herrschen und damit einhergehend Düsternis und Schweigen. Diese ineinander verschachtelten Erzählungen, in denen viele Erinnerungen in Rückblenden erscheinen (und das Erinnern und Erzählen selbst zum Thema wird), sind ganz unterschiedlich inszeniert. Die so deutliche Kontrastierung von Vergangenheit und Gegenwart scheint hier beinahe einem didaktischen Anliegen zu entsprechen.

Der nach einem Unfall in der australischen Wüste totgeglaubte Arved Holl kehrt unerkannt in seine Heimatstadt zurück, wo sein früherer Partner Wilfred Durian inzwischen mit der mondänen Liane (Hanna Ralph) verheiratet ist, Holls ehemaliger Braut. Durian hatte in der Wüste einen Blick auf Holls Fotografie von Liane erhascht und ihn danach im Stich gelassen. Zurück in der Heimat, gibt Durian Holls Forschungsergebnisse als seine eigenen aus. Holl sinnt auf Rache, nur Eva (Xenia Desni) kann ihn umstimmen. Die junge Frau ist auch die Brücke zum zweiten Erzählstrang, der sich teilweise wie ein Film-im-Film entfaltet. Evas tyrannischer Stiefvater Eldor Vartalun (Avrom Morewski) hatte als junger Mann Ähnliches wie Holl erlebt: Auf einer Reise verunglückt und erst nach Jahren heimgekehrt, fand er seine Frau mit einer kleinen Tochter aus der Verbindung mit seinem vormals besten Freund vor. Aus Verzweiflung über sein Unverständnis hatte seine Frau sich in den Tod gestürzt. Seither sinnt er in dem phallusartigen Turm auf Rache an ihrem Verführer. Während Vartalun – ein grimmiger, von Hass zerfressener, in jeder Hinsicht impotenter und verwahrloster Repräsentant der Vergangenheit – schließlich zum Mörder wird und sich nach der Tat selbst das Leben nimmt, lernt Holl seine zerstörerischen Anwandlungen mit Evas Hilfe zu überwinden. Am Ende ist er zur Versöhnung mit Durian und Liane bereit. Es sind die beiden Frauen Eva und Liane, die in der Gegenwart den fatalen Kreislauf von Trennung, Verrat und Rache aufbrechen möchten. So wirkmächtig das Bildnis von Liane ist, das den todgeweihten Durian in der Wüste mit neuem Lebensmut erfüllt, so präsent ist der totgeglaubte Holl in Durians Ehe mit Liane – in Form eines im Salon aufgestellten Fotos. Es erinnert den Intriganten fortwährend an seine Schuld, wie eine zentrale Szene zeigt: Verliebt stehen Liane und Durian sich im Salon gegenüber; sie wissen noch nicht, dass Holl überlebt hat. Als sie sich umarmen wollen, fällt ihr Blick gleichzeitig auf die kleine gerahmte Porträtfotografie von Holl auf einem Tischchen zwischen ihnen. Der physisch nicht anwesende Holl ist hier mehr als nur ein Beobachter, er ist der Dritte im Bunde: Er stört. Im ersten Moment sehen Durian und Liane sich betreten an und blicken dann zu Boden. Durian wird von einem Gefühl der Schuld gepackt. Er ist erregt und unsicher, als stünde Holl leibhaftig im Raum. Schließlich entzieht er sich dem Blick des Totgeglaubten: Er dreht die Fotografie um. Liane kommentiert das mit den Worten: »Man soll die Toten ruhen lassen!« Dann tritt sie nah an Durian heran, umarmt ihn und ergänzt: »Man soll sie aber auch nicht vergessen!« In einer Naheinstellung blicken sich beide traurig in die Augen. Eine schicksalhafte Stimmung lastet auf der Szene. Liane bezieht sich zwar eindeutig auf die Erinnerung an Holl. Die Rede von den Toten und den Lebenden, die mit dem unpersönlichen »man« gemeint sind, ist jedoch so allgemein gefasst, dass Lianes Forderung über den fiktionalen Rahmen des Films hinausgehend Gültigkeit beansprucht: Gedenkt der Toten und Verschollenen!

Liane tritt für einen Neubeginn nach dem Tod eines geliebten Menschen ein und plädiert dafür, sich dem Leben wieder zuzuwenden. Für sie gehört die Erinnerung an den Toten zum neuen Leben dazu und darf nicht verdrängt werden. Liane sucht also einen Weg, ohne das Gefühl von Schuld, Verrat und Untreue weiterzuleben und Vergangenheit, Gegenwart und Zukunft miteinander zu versöhnen.

Die Forderung, die Toten nicht zu vergessen, kennzeichnete eine verbreitete Position im zeitgenössischen Diskurs über eine angemessene Erinnerung an die Opfer des Krieges. Die Hülle des Melodrams reißt an dieser Stelle ein, und der Film unterläuft für einen Moment die bis dahin überwiegend respektierte Grenze zwischen Unterhaltung und Geschichtspolitik. Die ab Mitte der 1920er-Jahre in wachsender Zahl entstehenden Kriegsfilme bezogen sich im Gegensatz dazu immer direkter auf den Diskurs über Erinnerung, Gedächtnis und Sinnstiftung. Von ihren Befürwortern wurden die Kriegsfilme auch unmittelbar als Denk-

■ Hanna Ralph (Liane) und Fritz Delius (Wilfred Durian) in DER TURM DES SCHWEIGENS (1925, Regie: Johannes Guter)

mäler verstanden, die eine – meist heroisch eingefärbte – Erinnerung wachhalten und einer jüngeren Generation Vorbilder geben sollten. DER TURM DES SCHWEIGENS vermeidet den direkten Bezug zum Krieg. Der Film entgeht so der einfachen ideologischen Einordnung nach partei- und gesellschaftspolitischen Kriterien. Er erlaubt sich eine ambivalente, abwartende Position.

Später kann Liane den seelisch und körperlich zum Wrack gewordenen Durian dazu bewegen, seine Schuld gegenüber Holl offen einzugestehen und ihn um Verzeihung zu bitten. Eva wiederum pflegt den Heimkehrer, der im Fiebertraum von der Erinnerung an die Wüste geplagt wird. Beim Erwachen antwortet er auf ihre Frage, wer er sei: »Ich? – Ich bin – ein Toter!« Durch Eva wird Holl wieder zu einem Lebenden. Durians Geständnis, das das krankmachende Schweigen bricht, und die abschreckende Geschichte des Eldor Vartalun – das Spiel-im-Spiel – führen dazu, dass Holl vergeben kann. Für ihn und Eva eröffnet sich dadurch eine Zukunft, die nicht mehr von Gewalt und Gegengewalt bestimmt ist. Holls Verzeihen schafft die Grundlage für seinen eigenen Neuanfang. Wollte man dem Film jenseits aller melodramatischen Rei-

■ Nigel Barrie (Arved Holl), Fritz Delius (Wilfred Durian) in DER TURM DES SCHWEIGENS (1925, Regie: Johannes Guter)

bungen eine Botschaft attestieren, so würde diese lauten: Rache zahlt sich nicht aus. Oder, an den Heimkehrer gerichtet: Mach es nicht noch schlimmer.

Die äußerlich so unterschiedlichen Frauen Eva und Liane sind die wahren »Heldinnen« des Films. Nur ihrem Eingreifen ist es zu verdanken, dass die von Schuldbewusstsein niedergedrückten und von Rachewünschen geblendeten Männer den wichtigen Schritt aufeinander zu machen. Eva und Liane sind es, die die Gewaltspirale aufbrechen, sie helfen den Heimkehrern bei der Integration in ihr neues Leben und halten so gewissermaßen die Ordnung der zivilen Gesellschaft aufrecht. Mit Eldor Vartalun stirbt der Vertreter überkommener Moralvorstellungen, einer, der über die Ursachen seiner Verzweiflung, seines Schmerzes und seines Hasses nicht zu sprechen vermochte. Er repräsentiert »das Schweigen«. Liane und Eva stehen für die Gegenwart und für »das Sprechen« – die »Gesprächstherapie« – und damit für eine kommunikative Art, Konflikten auf den Grund zu gehen.

■ Hanna Ralph (Liane) in DER TURM DES SCHWEIGENS (1925, Regie: Johannes Guter)

Paul Wegener (Martin Römer) in DER MANN AUS DEM JENSEITS. FELDGRAU (1926, Regie: Manfred Noa)

Enoch Arden in Feldgrau

Nach der Premiere von DER TURM DES SCHWEIGENS im Januar 1925 schrieb Roland Schacht: »Merkwürdig, wie die deutschen Filme immer am wirklichen Leben vorbeigehen! Das uralte Märchenmotiv vom totgeglaubten Gatten, der, zurückgekehrt, seine Braut als Frau seines besten Freundes wiederfindet, ist in den Nachkriegsjahren auf schmerzlich rührende Weise wieder aktuell geworden. Aber Krieg und Sibirien etwa, das war wohl zu unelegant.«[17] Ohne dass die Filmerzählung je darauf angespielt hätte, erkennt der Kritiker eine für ihn offenkundige, aber nicht ausgesprochene Gegenwartsnähe. Er hat recht: Krieg und Sibirien fehlen im Film, zumindest fehlt jede klare Referenz. Trotzdem nimmt DER TURM DES SCHWEIGENS Bezug auf aktuelle Fragen und geht nicht »am wirklichen Leben« vorbei. Während hier die Kriegserfahrung noch als Subtext erscheint, ändert sich das in den Jahren danach.

In DER MANN AUS DEM JENSEITS (1926, Regie: Manfred Noa) ist der Heimkehrer ein Veteran des Weltkriegs. Erzählt wird die Geschichte von Martin Römer, der seiner Frau im Unterstand an der Front noch eine Art Altar errichtet hatte, den die Jahre in der Kriegsgefangenschaft aber zu einem vereinsamten, rachsüchtigen Menschen gemacht haben. Paul Wegener verkörpert ihn mit finsterem Blick.

Wie aus Zensurunterlagen und Rezensionen hervorgeht, handelt der nicht überlieferte Film besonders von der Frage: Wie haben Krieg und Gefangenschaft den Heimkehrer verändert, äußerlich wie charakterlich? Die zuvor schon in Filmen wie NOSFERATU ausgedrückte, aber dort ins Fantastische verschobene Angst vor Verrohung und Brutalisierung wird konkret im Begriff der Animalisierung: Der Heimkehrer wird von anderen als »Bestie«, als »vertiert« und »entmenscht« betrachtet – und beschreibt sich auch selbst mit solchen Worten. »Römer ist ein Tier – kein Mensch. Er ist zu allem fähig.«[18] Am Ende nimmt sich der Mann, der aus dem Jenseits kam und sich schließlich seines eigenen Wahnsinns und seiner krankhaften Besitzgier bewusst wird, das Leben und kehrt ins Jenseits zurück.[19]

Die gewaltsame Lösung des Konflikts ist typisch für viele Heimkehrer-Szenarien: Der Heimkehrer oder sein männlicher Rivale kommt um, alternativ begeht die umworbene Frau häufig Selbstmord. Allzu selten ließ das Kino, das Konflikte zuspitzt, den Protagonisten jener Filme die Zeit, wegzugehen, zu akzeptieren, zu vergessen und neu anzufangen.

Eine der wenigen Ausnahmen von diesem Erzählmuster bildet Joe Mays HEIMKEHR (1928, Regie: Joe May). Für die Ufa produziert vom gerade aus Amerika heimgekehrten Erich Pommer, war dies der an der Kinokasse wohl erfolgreichste deutsche Heimkehrerfilm.[20] Der überwiegend als Kammerspiel inszenierte Film profitierte dabei von der außergewöhnlichen Po-

■ Gustav Fröhlich (Karl) und Lars Hanson (Richard) in HEIMKEHR (1928, Regie: Joe May)

pularität der literarischen Vorlage, der Erzählung *Karl und Anna* (1926) von Leonhard Frank.[21] Frank wiederum hatte älteres Material aufgegriffen, wie die *Berliner Morgenpost* bemerkte: »Es ist die Geschichte von Enoch Arden, dem Heimkehrer, diesmal in Feldgrau.«[22]

Karl (Gustav Fröhlich) und Richard (Lars Hanson) sind zwei deutsche Kriegsgefangene in Russland. Sie leben in einer weiten Ödnis einsam und unbewacht in einer Hütte an einem kleinen Fluss und bringen vorbeiziehende Gefangenentransporte mit einem Floß ans andere Ufer. Gesellschaft leistet ihnen nur die Katze Anna, benannt nach Richards Frau. Als ein durchziehender Gefangener (Theodor Loos) eine Fotografie von seiner Frau zeigt, wird Richards Sehnsucht übermächtig (wie in NOSFERATU und DER TURM DES SCHWEIGENS, wo der Anblick von Bildern unkontrolliertes Begehren auslöst). Auf der Flucht bricht Richard entkräftet zusammen; Karl trägt ihn weiter. Als er ihn auf der Suche nach Wasser kurz alleine lässt, wird Richard von einer russischen Patrouille aufgegriffen. Allein setzt Karl die Flucht fort und steht nach vielen Monaten schließlich bei Anna (Dita Parlo) vor der Tür.

Karl, der noch keine Bleibe hat, zieht bei Anna ein. Statt von der Vergangenheit zu schweigen, beginnt er zu sprechen und erzählt ihr von der Gefangenschaft in Russland. Parallel zu der Geschichte von Karl und Anna, die sich ineinander verlieben, erzählt der Film auch von Richard, der in einem Bergwerk Zwangsarbeit leisten muss, nach dem Waffenstillstand freigelassen wird und nach Deutschland zurückkehrt. Er überrascht Karl und Anna just beim ersten Kuss, den der Film zeigt. In der folgenden Nacht gibt Anna Richard zu verstehen, dass sie nicht mehr mit ihm zusammenleben kann. Dieser spielt daraufhin mit dem Gedanken, Karl im Schlaf zu töten. Stattdessen aber verlässt er unbemerkt die Wohnung. Am nächsten Tag macht Karl sich auf die Suche nach ihm und findet ihn auf einem zur Abfahrt bereiten Schiff, auf dem er angeheuert hat. Richard überlässt Karl seine Frau, weil er erkannt hat, dass sie ihn nicht mehr liebt, und trägt ihm auf, sich gut um sie zu kümmern.

»Viele werden bis zum Ende ihres Lebens nicht mehr froh werden«

Was sind das eigentlich für Männer, die da nach Jahren des Krieges und der Gefangenschaft zurückkommen? Eine wegweisende Arbeit in diesem Zusammenhang stammt von Adolf Lukas Vischer, der das Leben in der Kriegsgefangenschaft und dessen psychologische Folgen erforscht hat. In seinem Buch *Die Stacheldrahtkrankheit* (1918) beschreibt er den Tagesablauf der Betroffenen als extrem regelmäßig und fremdbestimmt; sie wissen nicht, wie lange ihr Zustand andauern wird. Ein wichtiger Faktor war für Vischer, dass alle menschlichen Kontakte der Gefangenen sich auf Männer beschränken; der Mangel an Sexualverkehr hätte neben Onanie und Homosexualität auch sexuelle Impotenz zur Folge. Insgesamt führe dies zu Veränderungen der Persönlichkeit, die kleinlich, egoistisch, reizbar und wankelmütig werde. Die oft auch unter mangelhafter Ernährung leidenden Gefangenen erbauten sich, so Vischer, »eine Kleinwelt, einen Mikrokosmos, der für sie alles bedeutet und in dem sie aufgehen«.[23]

Das unablässige Hoffen, Warten und Enttäuschtwerden bewirke bei den Gefangenen eine »schwere Ermüdung« und permanente Konzentrationsschwächen. Aufgrund dieser Anzeichen diagnostizierte Vischer eine neurasthenische Erkrankung: die »Stacheldrahtkrankheit«, deren Symptome dem ähneln, was heute als PTBS (Posttraumatische Belastungsstörung) bezeichnet wird. Er sagte dafür einen langwierigen Heilungsprozess voraus: »Bei Hunderttausenden lähmt die Krankheit den Lebensmut und verscheucht die Heiterkeit. Und nur zu viele werden bis zum Ende ihres Lebens nicht mehr froh werden.«[24]

Daran anknüpfend beobachtete Robert Exner 1926 unter den meist schlecht versorgten Kriegsgefangenen in Sibirien schwere Depressionen, Hypochondrie und die Ausbildung einer speziellen Form des Autismus. Der Kriegsgefangene, schreibt Exner, »baute sich eine Scheinwelt und dachte intensiv an seine Braut oder

Frau, deren Photographie seine Zimmerecke schmückte, hing mit exaltierter Treue an ihr, häufte alle guten und schönen Eigenschaften, die er sich erträumte, auf diese Frauengestalt.«[25]

Was Vischer und Exner beschreiben, findet ein Echo in der Charakterisierung von Karl und Richard: Auch sie haben sich eine »Kleinwelt« und einen »Mikrokosmos« erschaffen, auch sie erinnern eingangs an »Traumwandelnde«.

Die Träume der Männer

In HEIMKEHR – anders als in der literarischen Vorlage – sind die beiden Kriegsgefangenen von Anfang an als ein kontrastierendes Paar angelegt: Karl erscheint in der Verkörperung durch Gustav Fröhlich lebendig und agil; er steht, während Richard – verkörpert von Lars Hanson – sitzt; Karl spielt Akkordeon und raucht dazu seine Pfeife, während der andere ein wehmütiges Lied singt. Karl fängt einen Fisch im Fluss, während Richard sich um den Herd kümmert. Die Rollenverteilung ist klar: Hier der aktive, jugendliche Kraft und Männlichkeit ausstrahlende Karl, dort der ältere, passive und sentimental die Vergangenheit verklärende Richard, dem der Film auch weibliche Eigenschaften zuschreibt (und die Symptome eines ermüdeten Stacheldrahtkranken). Man könnte an ein altes Ehepaar denken.

Wie Franks Erzählung greift auch der Film den Topos der Verwilderung und »Vertierung« der Soldaten und Kriegsgefangenen auf.[26] Doch verbindet sich damit nur ein ästhetisches Problem: Ein Rasierapparat und ein Stück Seife schaffen Abhilfe. Als Karl in Annas Wohnung erscheint, trägt er einen struppigen Vollbart und einen ramponierten Militärmantel. Ausführ-

Dita Parlo (Anna), Gustav Fröhlich (Karl) in HEIMKEHR (1928, Regie: Joe May)

lich wird gezeigt, wie sich Karl in einen gutaussehenden jungen Mann verwandelt: Er rasiert sich, scheuert sich beim Baden im Waschtrog und bekommt von Anna frische Kleidung.

HEIMKEHR zeigt, wie aus Karl und Richard wieder Zivilisten werden. Nur in ihren Träumen und nächtlichen Gedanken hallen Gewaltfantasien nach. Einmal träumt Karl, dass er Anna küsst und sie beide von Richard überrascht werden. Mit einem Beil erschlägt er Richard, wacht auf und ist schockiert. Das Bild von Richard verfolgt ihn auch später. In einem Tanzlokal will er Anna küssen, doch in einer Überblendung sieht er sich und Richard in Sibirien und hält schuldbewusst inne. Richard ist auch im Leben der Frau präsent:

■ Dita Parlo (Anna), Lars Hanson (Richard) in HEIMKEHR (1928, Regie: Joe May)

Sie schaut sich sein Gesicht auf einer Porträtfotografie an, die im Wohnzimmer steht, und fast scheint es, als beantworte Richard ihren Blick.

Eine gewaltsame Entladung der aufgestauten Emotionen droht, als der heimgekehrte Richard das neue Paar bei einer Umarmung überrascht, aggressiv wird und Karl als Hund beschimpft. Drohend geht er auf die beiden zu; Anna drängt sich schutzsuchend an Karl. Großaufnahmen der erregten Gesichter. Lange sieht Richard die beiden an. Sein Blick verändert sich. Er wird fragend, hilflos, resignierend. Richard nimmt Annas Gesicht in seine Hände, sie schließt die Augen. Der Mann beginnt zu weinen und wendet sich ab. Am nächsten Morgen ist er verschwunden.

HEIMKEHR übersetzt Affekte und Gewaltfantasien nicht in zerstörerische Exzesse, wie es thematisch verwandte Filme tun. Stattdessen wird der Zuschauer Zeuge einer genauen, ausharrenden Beobachtung von Blicken, Gesten, Berührungen und Kommunikationsversuchen. Die Mise-en-scène gibt den Einrichtungsgegenständen und den wenigen Handlungen dabei ein Gewicht, das ihre narrative Funktion weit überschreitet. Dazu zählen die gerahmte Fotografie von Richard, sein letzter Brief aus Sibirien und seine Seemannskiste in der Kammer, das Essen, das Waschen, Rasieren und Frisch-Einkleiden, der Tanz in der Gastwirtschaft, die Träume und nächtlichen Gedanken.

Die so unterschiedlichen Schauspieler Fröhlich und Hanson und ihre filmische Gestaltung überdecken nicht, dass Karl und Richard weniger Rivalen als Doppelgänger sind. Karl, der Anna schon kennt, bevor er ihr zum ersten Mal begegnet, übernimmt Richards Rolle aus der Zeit vor dem Krieg und vor der Gefangenschaft. Fast könnte man ihn als Reinkarnation von Richards Vorkriegs-Ich bezeichnen, fröhlich, agil, handlungsfähig, potent. Karl scheint den Krieg und die Gefangenschaft, die Trennung und die Lahmlegung der Triebenergie, die Einsamkeit und die Zweifel unbeschadet überstanden zu haben. Darin liegt der wesentliche Unterschied zu Richard.

Trotzdem haben die Männer mehr gemeinsam, als es zunächst scheint. Im Gegensatz dazu akzentuieren andere Heimkehrerfilme äußerliche und charakterliche Unterschiede und schildern einen gesellschaftlichen Konflikt in der Form eines individuellen, gar moralischen Problems. Die Konfliktlösung erscheint dabei umso einfacher, je deutlicher der Unterschied zwischen den Figuren ist und je stärker ein Gut-Böse-Schema bedient werden kann.

Wie austauschbar Karl und Richard sind, zeigt sich auch daran, dass ein alternatives Ende des Films gedreht wurde, vermutlich für eine Auslandsfassung. In dieser Fassung endet die Geschichte damit, dass Karl in der Nacht nach Richards Heimkehr fortgeht. Richard und Anna bemerken das am nächsten Morgen: Er ist ratlos, sie traurig. Mit gepacktem Koffer verlässt die Frau die Wohnung. Richard hält sie auf und bittet sie zu bleiben: »Der Krieg hat so vieles in der Welt zerstört, das wieder aufgebaut werden muss! Anna, wollen wir nicht versuchen, uns von Neuem ein Glück aufzubauen?«[27] Sie blickt ihn mit Tränen in den Augen an, er nimmt sie in den Arm und geleitet sie zurück in die Wohnung. Hinter ihnen schließt sich die Tür.[28]

»Wollen Sie uns die Narbe zeigen?«

Der Heimkehrer ist ein anderer Mensch als jener, der einst fortgegangen ist. Auch Land und Leute haben sich verändert. Mit der Heimkehr stoßen zwei Welten aufeinander, unterschiedliche Geschichten, Geschwindigkeiten, Wertvorstellungen. Honoré de Balzacs *Oberst Chabert* (1832) schildert diese Kollision in Form einer juristischen Auseinandersetzung. Chabert erwacht nach einer Schlacht schwer verletzt im Massengrab, kann sich befreien und kehrt nach Jahren der Amnesie und des Herumirrens nach Paris zurück, wo man im Zeitalter der Restauration von der Vergangenheit nichts mehr hören will. Man hat Chabert, der bis zur Unkenntlichkeit verunstaltet ist, längst für tot erklärt. Seine reich gewordene Witwe hat wieder geheiratet und verleugnet ihn, den Überrest einer vergangenen

Epoche. Ein junger Anwalt soll nun die rechtliche und gesellschaftliche Existenz des alten Offiziers wiederherstellen. Das Vorhaben scheitert. Schließlich wendet Chabert sich angeekelt von der bürgerlichen Welt ab, zieht als einsamer Vagabund umher und stirbt als Namenloser im Armenhaus.

Dreimal wurde *Oberst Chabert* in der Weimarer Republik verfilmt, doch nur eines dieser Werke, MENSCH OHNE NAMEN (1932, Regie: Gustav Ucicky), ist überliefert.[29] Der Film spielt in den frühen 1930er-Jahren und nicht in Paris, sondern in Berlin. Da die Figur des Heimkehrers hier und anderswo immer auch das Thema des Krieges und der Kriegserinnerung ins Bewusstsein rief, war der Zeitpunkt der Entstehung von MENSCH OHNE NAMEN heikel: Die Republik war 1932 von politischen, sozialen und kulturellen Spannungen zerrissen, und die Unversöhnlichkeit der Positionen ließ sich unmittelbar am Presseecho auf Filme ablesen, in denen das Thema Krieg eine Rolle spielte. Umfragen unter Kinobetreibern zeigen allerdings, wie populär damals neben Komödien und Operetten auch Kriegsfilme beim Publikum waren.

MENSCH OHNE NAMEN macht aus Oberst Chabert einen ehemaligen deutschen Kriegsgefangenen: Heinrich Martin (Werner Krauß), der bei einem Gasangriff an der Ostfront sein Gedächtnis verloren hat und seit sechzehn Jahren Arbeiter in einer Autofabrik in Russland ist, bekommt zufällig eine deutsche Zeitung mit Fotos vom Reichstag und anderen Berliner Gebäuden in die Hände. Schlagartig erinnert er sich daran, wer er einmal war. Der frühere Fabrikbesitzer und Ingenieur kehrt in seine Heimatstadt zurück, wo er längst für tot erklärt wurde. Niemand erkennt ihn, auch seine wiederverheiratete Frau (Helene Thimig) nicht. Ihm fehlen gültige Ausweispapiere, und so landet er schließlich vor Gericht, um dort um seinen Namen und seinen Besitz zu kämpfen.

Er gewinnt auch neue Freunde. Die Zufallsbekanntschaft Jule (Julius Falkenstein) gewährt ihm Unterschlupf, der Winkeladvokat Gablinsky (Fritz Grünbaum) – eine komische, jüdisch gezeichnete Type – nimmt sich seiner Sache an, und Jules junge Nachbarin, die praktisch veranlagte Stenotypistin Grete Schulze (Maria Bard), sorgt dafür, dass Martin nicht nur zurück, sondern vor allem nach vorne schaut. Dieses Trio – lebensklug, unkompliziert, herzlich – gibt ihm Mut und Selbstvertrauen. Er bekommt zwar seinen alten Namen nicht zurück, doch gesteht ihm das Gericht zu, sich einen neuen auszusuchen. Martin begreift die Absurdität dieser Situation und nennt sich fortan Gottlieb Leberecht Müller. Es gelingt ihm, eine bedeutende Erfindung zu patentieren, und so blickt am Ende das Paar Müller-Schulze einer glücklichen Zukunft entgegen. Das Fazit des Anwalts: »Das Gesetz hat Sie umgebracht, aber das Recht ist stärker.«

Allenfalls am Rande interessiert sich der Film für die Mitschuld der früheren Gattin und des ehemaligen Kompagnons am Schicksal von Martin. Stattdessen werden die Empörung und der Kampf des Helden gegen die Bürokratie mit sarkastischem, fast hysterischem Vergnügen inszeniert: der Gang von Amt zu Amt, die behördlichen Hierarchien, die Begriffsstutzigkeit von Beamten, der Paragrafendschungel, die Einweisung in eine psychiatrische Klinik nach einem Nervenzusammenbruch vor Gericht.

Dem Nervenzusammenbruch vorangegangen war ein Disput mit dem Amtsrichter: Dieser hatte als Beweisstück die auf dem Schlachtfeld geborgene Uniformjacke des für tot erklärten Heinrich Martin vorgelegt, die über dem Herzen einen großen, von einem Granatensplitter verursachten Riss aufweist. Entweder sei der wahre Heinrich Martin durch diesen Treffer getötet worden oder er müsse eine große Narbe auf der Brust haben. Der Richter fordert deshalb: »Wollen Sie uns die Narbe zeigen?« Martin verzweifelt, weil er sich an nichts erinnern und gegen dieses Argument nichts vorbringen kann.

Als er dem Richter vorwirft, einem Deutschen zu verbieten, ein Deutscher zu sein, und immer erregter Gerechtigkeit einklagt, wird er abgeführt. (Der Zuschauer weiß mehr als Martin und der Richter: Ein Zwischenschnitt zeigt eine zerbeulte Zigarettendose in einem russischen Museum mit der Aufschrift »Seltsame Lebensretter«. Der Schnitt suggeriert,

Plakat zu MENSCH OHNE NAMEN (1932, Regie: Gustav Ucicky), Grafik: Ursula Bartning

dass die Dose den Granatsplitter aufgehalten hat. So plausibel die Frage nach der Narbe war, sie ging fehl.)

»Dies ist ein Chabert, ein Enoch Arden, ein Hauptmann von Köpenick, der seinem Paß, seinem Namen, seiner Geltung als Lebender nachläuft. Nicht mehr heldisch, sondern menschlich. So menschlich, daß er erschüttert«, lobte die *B.Z. am Mittag* nach der Premiere.[30] Der Film wurde aber auch heftig attackiert; er mache aus einer »großen Erschütterung eine kleine Justizkomödie«, ja »aus einem Elefanten eine Mücke«.[31] Er fange an als »mutiges Tendenzstück« und ende »sehr happy im trivialen Operettenstil« mit einer »Verbeugung vor den Massenwünschen«.[32]

Am Ende von MENSCH OHNE NAMEN macht die Dramatik einer seltsamen Mischung aus schwarzem Humor und romantischer Leichtigkeit Platz. Balzacs bitterböse Abrechnung mit einer geschichtsvergessenen, erinnerungslosen Epoche biegt der von der Ufa produzierte Großfilm am Schluss ins Optimistische um. Martin, der ohnehin keinen Anspruch auf seine ehemalige Gattin erhebt, gewinnt eine neue Frau und neue Potenz. Das Dilemma des Heimkehrers, seiner Ehefrau und ihres zweiten Mannes löst sich auf ganz untragische Weise durch seine Zuneigung zu Grete auf. Mit ihrer Hilfe schafft der Heimkehrer den Schritt aus der Vergangenheit in eine zukunftsoffene Gegenwart. Der optimistische Schluss erinnert denn auch mehr an eine jener populären Ufa-Komödien, die die grassierende Not und Perspektivlosigkeit in Zeiten der Wirtschaftskrise einfach wegerzählen und weglachen.

Der durch eine irrtümliche Todeserklärung, also das Versagen des Staates und seiner Behörden herbeigeführte Identitätsverlust wird in MENSCH OHNE NAMEN nicht rückgängig gemacht. Oberst Chabert, hier Heinrich Martin, bleibt tot. Dafür billigt man ihm nach erfolglosem Aufbegehren eine neue Identität zu, zusätzlich zu seiner ersten Identität als Unternehmer vor dem Krieg und seiner zweiten Identität als Fabrikarbeiter in Russland. Der Verlust seiner früheren Identität oder die Absage an sie wird aufgewogen durch einen Identitätsgewinn.[33] Da dies schließlich auch von Martin/Müller so gesehen wird, liefert der Film, so Christoph Brechts These, »ein klares, unsentimentales Plädoyer für Diskontinuität, für das Hier und Jetzt«.[34]

■ Werner Krauß (Heinrich Martin) in MENSCH OHNE NAMEN (1932, Regie: Gustav Ucicky)

Metamorphosen

Diskontinuität schließt Brüche und Wandel ein. So verstanden, beschreibt der Begriff einen großen Teil der Heimkehrerfilme, die das Publikum nicht allein mit Störungen konfrontieren, mit Boten aus der Vergangenheit, die die Gegenwart und ihre Routinen herausfordern; diese Filme sind auch voll von Brüchen und von Zerbrochenen, von Verwandlungen und von Verwandelten. Betroffen davon können Gesicht und Körper, die Psyche und die persönlichen Eigenschaften, Name, Wertvorstellungen und Überzeugungen, die gesamte Identität eines Menschen sein. Ein Heimkehrer aus der Kriegsgefangenschaft in Sibirien wird so zu einem Enoch Arden und eine Figur von Balzac zu einem Überlebenden des Weltkriegs. Dass diese Verwandlungen grauenhafte Auswüchse haben, lässt die Aufspaltung des jungen Hutter in NOSFERATU ahnen, der von der Reise einen Untoten mitbringt. In MENSCH OHNE NAMEN folgt dem Bruch eine späte Heilung und Verwandlung, ein Wechsel der Identität. Mit dieser Idee spielen auch andere Heimkehrerfilme. In DR. BESSELS VERWANDLUNG (1927, Regie: Richard Oswald) nimmt ein deutscher Soldat, der sich von seiner Frau betrogen fühlt, auf dem Schlachtfeld die Identität eines gefallenen Franzosen an und lebt in Frankreich unter dessen Namen weiter. Er verliebt sich in die einsam wartende Verlobte des Toten und will sie heiraten. So kehrt er zurück anstelle eines anderen – und wird schließlich sogar von der Mutter des Toten, die ihn durchschaut, akzeptiert.[35]

In DIE GROßE LIEBE (1931, Regie: Otto Preminger) kehrt ein einsamer Mann nach Jahren aus der Kriegsgefangenschaft zurück und wird von einer alten Frau adoptiert, die in ihm irrtümlich ihren eigenen, im Krieg verschollenen Sohn zu erkennen glaubt.[36]

Die schönste, traurigste, unwahrscheinlichste und wohl auch sentimentalste Verwandlung inszenierte ein deutscher Regisseur 1931 in Hollywood. Es ist zugleich der letzte große Heimkehrerfilm, der – nach monatelangem Zensurstreit und von vielen Kritikern gescholten – noch zu Zeiten der Weimarer Re-

■ Plakat zu DR. BESSELS VERWANDLUNG (1927, Regie: Richard Oswald), Grafik: Atelier Georg Pollak, Wien

publik in die deutschen Kinos kam. Nach Maurice Rostands Roman *L'homme que j'ai tué* (1925) drehte Ernst Lubitsch das Melodram DER MANN, DEN SEIN GEWISSEN TRIEB (THE MAN I KILLED / BROKEN LULLABY, 1931) – ein pazifistischer Film über den unsagbaren Schmerz eines deutschen Elternpaares, dessen einziger Sohn im Krieg gefallen ist.[37] Und ein Film über die unsagbaren Schuldgefühle eines jungen Franzosen, der just diesen Deutschen im Nahkampf getötet hat und wider Willen zum Mörder wurde; das Schuldgefühl, das ihn fast wahnsinnig werden lässt, wird in anderen Filmen nicht einmal angedeutet. Weil ihn kein Priester von seiner Last befreien kann, macht er sich nach dem Krieg auf in den Heimatort des Getöteten, um dessen Eltern um Verzeihung zu bitten. Der überlebende Franzose Paul (Phillips Holmes) und der tote Deutsche Walter (Tom Douglas) – beides Musiker – werden sich im Verlauf des Films immer ähnlicher, sie wachsen zusammen, werden in erfundenen Erinnerungen zu Freunden. Es gelingt Paul, den Eltern Trost zu spenden, ohne sich ihnen aber zu erkennen zu geben. In der Liebe zu Walters Verlobter Elsa (Nancy Carroll) gibt er auch seinem eigenen verlorenen Leben wieder einen Sinn und versöhnt sich mit seinen Dämonen. Von seinem Geheimnis weiß nur Elsa. Doch sie verbietet ihm, den

■ Agnes Petersen (Germaine) und Hans Stüwe (Alexander Bessel) in DR. BESSELS VERWANDLUNG (1927, Regie: Richard Oswald)

Phillips Holmes (Paul Renard), Louise Carter (Frau Hölderlin), Nancy Carroll (Elsa), Lionel Barrymore (Dr. H. Hölderlin) in DER MANN, DEN SEIN GEWISSEN TRIEB (THE MAN I KILLED / BROKEN LULLABY, 1931, Regie: Ernst Lubitsch)

trauernden Eltern, die ihn am Ende wie einen Sohn aufnehmen, die Wahrheit zu sagen. Der Schluss bündelt den symbolischen Gehalt des ganzen Films, an dessen Anfang und Ende jeweils eine – unterschiedliche Form von – Messe steht, in dem Grenzen überwunden, Türen und Herzen geöffnet werden, in dem die Musik zur Sprache für Unaussprechliches wird. Walters Vater, der selbst unter Schuldgefühlen leidet, weil er seinen Sohn einst in den Krieg geschickt hat, übergibt dem jungen Franzosen die einst geliebte, seit Langem nicht gespielte Violine des Toten. Paul schwankt beinahe und schließt betreten die Augen, öffnet sie dann wieder, als sei er gerade erwacht, mit hellem Blick – und beginnt zu spielen. Elsa, tief betroffen, erkennt die Melodie, geht hinüber zum Klavier, das verschlossen ist, findet den Schlüssel und öffnet es. Sie stimmt ein in das Lied, dessen Klang die Eltern verzückt: Robert Schumanns »Träumerei« aus dem Zyklus *Kinderszenen*. Es ist das Lied, das Walter früher gespielt hat. Walter ist heimgekehrt.

Mein herzlicher Dank gilt Anton Kaes, der seine Überlegungen mit mir geteilt hat, und Jacob Klinger, meinem alten Freund, für seine kritischen Anmerkungen und Verbesserungsvorschläge.

1 -old.: »Der Mann aus dem Jenseits«, in: Montag-Morgen, Nr. 9, 1.3.1926. Der vorliegende Aufsatz basiert überwiegend auf einem unveröffentlichten Kapitel meiner Dissertation *Spannung, Tiefsinn, Sensationen. Das populäre Kino in Deutschland und der Krieg 1914–1929*, Phil. Diss. Humboldt-Universität zu Berlin 2006.

2 Siehe u. a. Rudolf Raimann: *Enoch Arden* (Oper, 1894), Richard Strauss: *Enoch Arden* (Lied, 1897), Rudolf Herzog: *Der Graf von Gleichen* (Roman, 1901), Wilhelm Schmidtbonn: *Der Graf von Gleichen* (Schauspiel, 1908), Wolfgang von Waltershausen: *Oberst Chabert* (Musiktragödie, 1911)

3 Siehe Bertolt Brecht: Trommeln in der Nacht. Drama, München 1922; Leonhard Frank: Karl und Anna. Erzählung, Berlin 1926, Ina Seidel: Brömseshof. Eine Familiengeschichte, Stuttgart u. a. 1928; Ernst Toller: [Der deutsche] Hinkemann. Eine Tragödie in 3 Akten, Potsdam 1923 und Jakob Wassermann: Faber oder Die verlorenen Jahre. Roman, Berlin 1924. Dazu auch Hedwig Röttger: Das Motiv: Der heimkehrende Gatte und sein Weib in der deutschen Literatur seit 1890, Phil. Diss. Bonn 1934 und Walter Neumann: Grundzüge der Technik des Heimkehrerdramas. Ein Beitrag zur Technik des Dramas der Gegenwart, Phil. Diss., Jena 1936

4 Nah an die Vorlage hielt sich etwa DIE TOTEN KEHREN WIEDER. ENOCH ARDEN (1919, Regie: Rudolf Walther-Fein); nur noch den Titel übernahm DIE HEIMKEHR DES ODYSSEUS (1922, Regie: Max Obal).

5 In einem anderen Fall monierte ein Kritiker, der Film MENSCHEN OHNE NAMEN (1932, Regie: Gustav Ucicky), der von einem Spätheimkehrer aus Sibirien handelt, mache aus einem Elefanten eine Mücke.

6 »Ein Heimkehrer-Schicksal«, in: B.Z. am Mittag, Nr. 175, 29.7.1920

7 Dazu u. a. Hermann Lelewer: Die Todeserklärung Kriegsverschollener nach der Bundesratsverordnung vom 18. April 1916. Eine verwaltungsrechtliche Studie, Jur. Diss. Greifswald 1916

8 Vgl. Bernd Ulrich: »›... als wenn nichts geschehen wäre‹. Anmerkungen zur Behandlung der Kriegsopfer während des Ersten Weltkrieges«. In: Gerhard Hirschfeld / Gerd Krumeich / Irina Renz (Hg.): »Keiner fühlt sich hier mehr als Mensch ...«. Erlebnis und Wirkung des Ersten Weltkrieges, Frankfurt am Main 1996, S. 140–156, hier S. 141

9 Fritz Manstetten: Die Rückkehr der als tot Eingetragenen aber nicht für tot Erklärten, Jur. Diss. Heidelberg 1919, S. 5–6

10 Ebd., S. 7

11 Angesichts dieser komplexen Rechtsproblematik wurden die entlassenen Kriegsgefangenen in Broschüren über die wichtigsten Veränderungen in der Heimat, über ihre Versorgungsansprüche und die Gesetzeslage zu den Themen Ehe, Untreue und Scheidung informiert. »Wer längere Zeit verschollen oder kriegsgefangen war und nicht in ständigem Briefwechsel mit der Heimat stand, muß mit der Möglichkeit rechnen, daß ein Aufgebotsverfahren zum Zwecke der Todeserklärung über ihn eingeleitet worden ist [...]. Man erkundige sich also bei [...] Gericht, ob nicht etwa ein solches Verfahren schwebt oder vielleicht gar schon durchgeführt ist.« Josef Jehle (Hg.): An was hat der heimkehrende Kriegsteilnehmer zu denken? Praktischer Wegweiser für die heimkehrenden Kriegsteilnehmer zur Wiedereinführung ins bürgerliche Leben und zur Geltendmachung ihrer Ansprüche und Rechte, München 1918, S. 84

12 Notiz in Der Film, Nr. 32, 7.8.1920, S. 54

13 Ausführlich zu DAS FLOß DER TOTEN siehe Tobias Nagl: Die unheimliche Maschine. Rasse und Repräsentation im Weimarer Kino, München 2009, S. 462–468. Nagl, der den Film im Kontext des Kolonialdiskurses analysiert, unterstreicht, dass hier die Männer nicht aus dem Krieg, sondern aus den Kolonien zurückkehren, dass also eine Verschiebung stattfindet. Ein Fragment des Films liegt in der Library of Congress, Washington.

14 Ganz auf die Wahrnehmung der einsam auf Nachricht wartenden Frau konzentriert sich zur gleichen Zeit wie NOSFERATU das Kammerspiel HINTERTREPPE (1921, Regie: Leopold Jessner, Paul Leni) mit Henny Porten in der Hauptrolle.

15 Anton Kaes: Shell Shock Cinema. Weimar Culture and the Wounds of War, Princeton, Oxford 2009, dort das Kapitel über NOSFERATU, S. 87–130

16 Vgl. u. a. Manfred Vasold: »Die Grippe am Ende des Ersten Weltkrieges«, in: Frankfurter Allgemeine Zeitung, 2.3.2005. Die Verbindung zwischen NOSFERATU und dem Weltkrieg zieht u. a. auch Uli Jung: Dracula. Filmanalytische Studien zur Funktionalisierung eines Motivs der viktorianischen Populär-Literatur, Trier 1997, S. 87–88

17 -cht. (Roland Schacht): »Der Turm des Schweigens«, in: B.Z. am Mittag, Nr. 29, 30.1.1925

18 Zensurkarte von DER MANN AUS DEM JENSEITS, B.12071 vom 24.12.1925 (Bundesarchiv-Filmarchiv, Berlin), Akt 3, Titel 6; vgl. auch Akt 6, Titel 9–11.
19 Zu DER MANN AUS DEM JENSEITS siehe auch Bernadette Kester: Film Front Weimar. Representations of the First World War in German Films of the Weimar Period (1919–1933), Amsterdam 2003, S. 212–214
20 In einer Umfrage unter Kinobetreibern nach den besten Geschäftsfilmen 1928/29 landete HEIMKEHR auf Platz 7. Vgl. »Das Ergebnis der Abstimmung«, in: Film-Kurier (Sondernummer), 1.6.1929. Zu HEIMKEHR siehe auch Kester: Film Front Weimar, S. 214–217. Dort auch der Hinweis auf das Enoch-Arden-Thema in DER MANN AUS DEM JENSEITS und HEIMKEHR.
21 Franks Erzählung erschien zunächst im Juni 1926 als Vorabdruck in der *Vossischen Zeitung*. Frank verfasste auch eine erste Drehbuchfassung, die danach von Joe May und Fritz Wendhausen so stark umgearbeitet wurde, dass Frank bei der Ufa scharf protestierte, jedoch ohne Erfolg.
22 Dr. K. [Konrad] Glück: »Heimkehr«, in: Berliner Morgenpost, Nr. 210, 2.9.1928. Vgl. auch -ma. [Frank Maraun alias Erwin Goelz]: »Heimkehr«, in: Deutsche Allgemeine Zeitung, Nr. 407, 31.8.1928
23 Adolf Lukas Vischer: Die Stacheldrahtkrankheit. Beiträge zur Psychologie des Kriegsgefangenen, Zürich 1918, S. 14
24 Ebd., S. 54–55
25 Robert Exner: »Zur Psychologie und Psychopathologie der sibirischen Kriegsgefangenen«, in: Zeitschrift für die gesamte Neurologie und Psychiatrie 103 (1926), S. 635–650, hier S. 648, zitiert nach Georg Wurzer: Die Kriegsgefangenen der Mittelmächte in Russland im Ersten Weltkrieg, Göttingen 2005, S. 330
26 Über Richard heißt es in *Karl und Anna*: »Aus der Wildnis seiner Brauen und des Bartwuchses, der fast nur noch die Nase frei ließ, blickten die Augen gleich denen eines vereinsamten Tieres, das Anschluß sucht. Verdreckt, verlaust, verwildert, schwarz ausgespien vom Kriege, glich er […] einem übrig gebliebenen Urzeitmenschen, der eben seine Erdhöhle verlassen hat.« In: Leonhard Frank: Werke, Berlin, Weimar 1991, Bd. 4, S. 437–438
27 Die Zitate folgen im Wortlaut der Zensurkarte zu HEIMKEHR, B. 19076 vom 23.5.1928 (Bundesarchiv-Filmarchiv, Berlin), hier Akt 1, Titel 10–14.
28 Diese 200 Meter lange Schlussversion ist überliefert im Filmmuseum München und im Bundesarchiv-Filmarchiv, Berlin. Der Filmprüfstelle lag sie anscheinend nicht vor.
29 Die früheren Adaptionen hießen OBERST CHABERT (1920, Regie: Eugen Burg) und GRAF CHAGRON (1924, Regie: Hansjürgen Völcker). Es ist eine Ironie der Geschichte, dass diese Filme über einen Kriegsverschollenen als »verschollen« gelten.
30 Siehe Georg F. Salmony: »Mensch ohne Namen«, in: B.Z. am Mittag, Nr. 157, 2.7.1932
31 Hermann Sinsheimer: »Mensch ohne Namen«, in: Berliner Tageblatt, Nr. 311, 2.7.1932
32 Richard Wilde: »Mensch ohne Namen«, in: 8-Uhr-Abendblatt, Nr. 153, 2.7.1932
33 Ganz auf die Frage der fluiden Identitäten konzentriert sich die originelle Analyse von Kerry Wallach: Passing Illusions. Jewish Visibility in Weimar Germany, Ann Arbor 2017, S. 148–158
34 Christoph Brecht: »Filmanalytischer Teil zu Ucickys Berliner Filmschaffen. Suche nach Identitäten (1929–1932)«, in: ders. / Armin Loacker / Ines Steiner: Professionalist und Propagandist. Der Kameramann und Regisseur Gustav Ucicky, Wien 2014, S. 199–217, hier S. 208. Ein totgeglaubter Kriegsteilnehmer, der nach langer Amnesie staunend in der Gegenwart der aufstrebenden Sowjetunion erwacht, seine Frau neu verheiratet findet und ohne sie glücklich wird, steht im Zentrum von DER MANN, DER DAS GEDÄCHTNIS VERLOR (OBLOMOK IMPERII, UdSSR 1929, Regie: Friedrich Ermler). Ab April 1930 lief der Film auch in Berlin.
35 Nach dem frühen Tod seiner französischen Ehefrau (sie wird ein Opfer der Grippewelle) kehrt der Mann bei Kriegsende nach Deutschland zurück und versöhnt sich mit seiner ersten Ehefrau. Ausführlicher zum Film Philipp Stiasny: »›Überall das gleiche, wie bei uns‹. Der deutsch-französische Doppelgänger in DR. BESSELS VERWANDLUNG (1927) und die Figur des Heimkehrers im Weimarer Kino«, in: Zeitschrift für Germanistik, Heft 3, 2014, S. 582–596
36 Der österreichische Film DIE GROßE LIEBE lief ab März 1932 auch in Deutschland.
37 DER MANN, DEN SEIN GEWISSEN TRIEB lief ab 15. November 1932 in einer synchronisierten Fassung in Berlin; im Mai 1933 wurde der Film verboten. Unter dem Titel FRANTZ (F/D 2016, Regie: François Ozon) wurde der Stoff kürzlich erneut verfilmt.

Kino als Zeitraffer

Über HEIMKEHR (1928)
und SONG (1928)

Wim Wenders

Über HEIMKEHR (1928) und SONG (1928)

- Seite 74 links: Gustav Fröhlich (Karl), Dita Parlo (Anna) in HEIMKEHR (1928, Regie: Joe May)

- Seite 74 rechts: Anna May Wong (Song), Heinrich George (John Houben) in SONG. DIE LIEBE EINES ARMEN MENSCHENKINDES (D/GB 1928, Regie: Richard Eichberg)

Dass bloß niemand denkt, es könne nur langweilig sein, sich im Jahr 2018 zwei Stummfilme anzuschauen, die beide 1928 gedreht wurden, also vor genau neunzig Jahren, beide in dieser Grauzone unmittelbar vor Beginn des Tonfilms, beides vertrackte »Liebesgeschichten« und beide von abenteuerlichen Regiegestalten gedreht, die zu Unrecht in Vergessenheit geraten sind. Das Kino zu dieser Zeit in der Weimarer Republik boomt auf Hochtouren. Die deutsche Filmproduktion ist von unglaublicher Vielfalt und erstaunlich international vernetzt …

Ich sehe zwei Kassenerfolge aus jenem Jahr, HEIMKEHR von Joe May und SONG von Richard Eichberg. Die beiden Titel sagen Ihnen nichts? Das ging mir auch so, da musste ich mich erst kundig machen. Der Regisseur und Produzent Joe May hat über fünfzig Spielfilme gemacht, er galt als Tausendsassa mit einem genauen Riecher für Werbemethoden und Publikumsgeschmack, wurde von Kritikern zum »König der Supermonumentalfilme« hochstilisiert (ein deutscher, besser: österreichischer Spielberg der 1920er-Jahre), drehte hochkommerzielle Filme (damals »Geschäftsfilme« genannt), erfand und entwickelte unter anderem den Detektivfilm und entdeckte keine Geringeren als Thea von Harbou und Fritz Lang. All das muss man erst mal hinkriegen. May fasste 1933 als einer der ersten Emigranten aus Deutschland in Hollywood Fuß und half auch Billy Wilder in dessen Anfangszeit dort. Besonders gefallen hat mir die zuverlässig überlieferte Geschichte, dass May, statt »Schnitt!« zu rufen, lieber selbst vor die Kamera ins Bild trat, um so die Einstellung zu unterbrechen und dem Studio jede Möglichkeit zu nehmen, auf andere Schnittideen zu kommen. Hervorragende Maßnahme!

- Joe May (1880–1954)

- Richard Eichberg (1888–1952)

1943 schrieb Joe May mit Fritz Kortner den Film THE STRANGE DEATH OF ADOLF HITLER (USA 1943) – wie kriege ich den zu sehen?! –, dessen Regie dann allerdings James P. Hogan übernahm. Verarmt starb Joe May 1954 in Hollywood.

Der andere, Richard Eichberg, war waschechter Berliner. Er machte immerhin über hundert Genrefilme in Deutschland, Österreich, Frankreich, England und Indien (nein, nicht in Hollywood), viele davon waren höchst erfolgreich; er wurde oft als »Kitschier« beschimpft und kam deswegen in Kracauers Standardwerk *Von Caligari zu Hitler* auch gar nicht erst vor. Er drehte rasend schnell, »begleitete das Spiel seiner Akteure mit lebhaften, ermunternden Ausrufen und brüllte sie vor der Kamera an, teils um sie zu ermutigen, teils um ihr Spiel zu intensivieren« (Curt Riess). Billy Wilder sagte 1927: »Wenn Eichberg dreht, ist es immer lustig.« Lilian Harvey verdankte ihm ihren Durchbruch.

1926 verkaufte Eichberg die weltweiten Auswertungsrechte seiner kommenden Jahresproduktion an die Ufa. Im Voraus! Weil die Ufa ihm zum Dank dann aber seinen Star – Lilian Harvey – ausspannte, verlegte Eichberg seine Produktionsstätte kurzerhand in englische Studios und machte internationaleres Kino. Zum Beispiel einen seiner letzten Stummfilme: SONG (der deutsche Originaltitel hat den Zusatz DIE LIEBE EINES ARMEN MENSCHENKINDES, daneben ist der Film auch unter den Titelvarianten SCHMUTZIGES GELD, SHOW LIFE und WASTED LOVE zu finden). Dafür reiste er nach Hollywood und nahm die Chinesin Anna May Wong unter Vertrag, damals einer der großen Hollywood-Stars. Er machte dann auch tatsächlich drei Filme mit ihr. SONG ist Anna May Wongs erster europäischer Film. Eichberg kehrte Deutschland 1933 den Rücken, erwarb die Schweizer Staatsbürgerschaft und drehte in Österreich, Frankreich, Italien und Indien. Eine Karriere in Hollywood gelang ihm nicht. Er starb 1952 in München.

Ungefähr zur selben Zeit, in der HEIMKEHR und SONG entstanden, bereitete Georg Wilhelm Pabst DIE BÜCHSE DER PANDORA vor, nach seinem wunderbaren DIE LIEBE DER JEANNE NEY (der im Spätsommer 2017 im Rahmen der Berliner UFA-Filmnächte in digital restaurierter Form und mit Orchesterbegleitung wiederaufgeführt wurde); Fritz Lang drehte damals gerade SPIONE (nach der enttäuschenden Premiere und dem Flop von METROPOLIS), Ernst Lubitsch arbeitete schon seit mehreren Jahren in Hollywood, und Friedrich Wilhelm Murnau gewann mit SUNRISE drei Oscars.

Aber jetzt zu meinen beiden erstaunlichen Stummfilmerlebnissen dieser Tage. Anders kann ich diese Begegnungen nicht nennen. Im Kino einen Stummfilm zu sehen, dafür hat man Referenzen, und oft genug sieht man die Filme ja heute auch mit Musikbegleitung. Aber zu Hause ist die plötzliche Stummheit dann wie ein Überfall, wird zu einer dröhnenden Stille, in der auf einmal sogar der lautlos gewähnte Beamer vor sich hin summt, oder aus der ein fernes Babyweinen aus dem Haus gegenüber, ein Hupen von der Straße oder ein Hundegebell zu einem eigenen Soundtrack aus der heutigen Parallelwelt werden. Ich merke: Bewegte Bilder ohne Geräusche, Sprache und Musik sind total aus meinem Blickfeld verschwunden. Stumme Gesichter erscheinen mir monumental vergrößert, und einfach alles darin zwar übertrieben, aber auch rührend und ergreifend. Diese Bildsprache ist noch wie für Kinder gemacht (und wenn ich mich auf sie einlasse, werde ich beim Sehen auch wieder zum Kind), damit man auch bloß nichts übersieht, wo es ja schon nichts zu überhören gibt.

HEIMKEHR – märchenhafte Sprunghaftigkeit

HEIMKEHR ist eine Geschichte über die Folgen des Ersten Weltkriegs und handelt von zwei deutschen Soldaten, die aus russischer Gefangenschaft nach Deutschland zurückkehren. »Heimkehrerfilme« sind ja auch durchaus eine eigene (vor allem deutsche?) Gattung, auch wenn man an die höchst erfolgreiche Fernsehserie am Ende der 1950er-Jahre denkt, SO

Über HEIMKEHR (1928) und SONG (1928)

■ HEIMKEHR
(1928, Regie: Joe May)
Bild oben: Lars Hanson (Richard), Gustav Fröhlich (Karl)
Bild unten: Gustav Fröhlich (Karl), Lars Hanson (Richard)

WEIT DIE FÜßE TRAGEN (1959, Regie: Fritz Umgelter). Wir hatten noch keinen Fernseher, und meine Eltern saßen sechs Abende lang bei den Nachbarn. Ich erinnere mich deutlich, wie leergefegt die Straßen waren. Auf jeden Fall ist dies ein Schmerzensgenre, das von Frauen handelt, die jahrelang auf die Rückkehr ihrer Männer warten, von Männern, die als verschollen gelten und sich vor Sehnsucht nach ihren Frauen in der Ferne verzehren. So auch Richard und Karl, die beiden Helden von HEIMKEHR. Ich muss Ihnen die Story in Stichpunkten erzählen, ganz einfach weil Sie mir sonst nicht glauben werden, mit welcher geradezu märchenhaften Sprunghaftigkeit damals erzählt wurde, jenseits aller unserer heutigen Plausibilitätsnormen. Ich komme aus dem Staunen nicht heraus.

Wir sind »In den Felswüsten Asiens«, wie uns der Zwischentitel erzählt. Man sieht in einem langen Schwenk einen Fluss und ein Gebirge im Hintergrund. Ist das alles gemalt, oder eine Miniatur? »Eine Fähre ... (erzählt die nächste Schrifttafel – und man sieht sie auf dem Fluss liegen) – ... ist auf viele Meilen im Umkreis das einzige Verkehrsmittel ...« Der Schwenk geht weiter zu einer einsam gelegen Hütte. »... seit langem bedient von zwei deutschen Kriegsgefangenen.« Nun sieht man die beiden, den allzeit fröhlich-jugendlichen Karl mit Ziehharmonika und den etwas älteren melancholischen Richard, eine Katze streichelnd. »Unbewacht in trostloser Einsamkeit sich selbst überlassen, sind sie Freunde geworden auf Leben und Tod.« Schneller kann man eine Geschichte nicht etablieren.

Richard singt: (mit Noten dazu gemalt) »Hab auch mal eine Frau gehabt, ein Heim wie der und der. Vielleicht ist es auch gar nicht wahr, so lang, so lang ist's her!« Karl will was zu essen machen und fängt dazu einen Fisch aus einer Reuse am Flussufer. Alles im Studio gedreht: der Weg zum Fluss, das Wasser, im Hintergrund die gemalten Berge und der gemalte Himmel. Im Inneren der Hütte brennt ein offenes Feuer. Richard will von seiner Frau erzählen, aber merkt, dass er nicht mehr weiß, wie sie aussieht. »Aber ich!«, sagt Karl (bzw. erzählt die Tafel.) »Du erzählst mir ja praktisch seit 729 Tagen von ihr.« Er kennt jedes Detail von Richards Wohnung, die Stühle, das Sofa, den Waschzuber. Sogar das Muttermal auf der Schulter von »Anna« ...

Nebel zieht über die Weidenbäume am Fluss. (Wo sind wir? In Asien? Es sieht aus wie am Niederrhein ...) Ein Flüchtlingstreck zieht vorbei. Weitere

Kriegsgefangene, singend. Unglaubliche Gesichter in Nahaufnahmen! »Wieder ein Transport für die Bleiwerke«, sagt Karl, aus dem Fenster schauend. Karl und Richard müssen die Fähre betreiben, um die Gefangenen überzusetzen, manuell, an einem Strick ziehend. Einer der Gefangenen zeigt den anderen ein Foto von seiner Frau ...

Richard spießt einen neuen Zettel auf einen dicken Packen auf einem Nagel. »4. März 1917, 730 Tage!« Man legt sich zum Schlafen, Karl mit der Katze Anna (ja, sie trägt den Namen von Richards Frau). In der Nacht kriegt Richard einen Rappel. 730 Tage! Er hat die Nase voll und will fliehen, auch auf die Gefahr hin, dann in den Bleiwerken zu landen. Karl kommt natürlich mit. Mitten in der Nacht ziehen sie mit ihren Bündeln los.

Abrupter Schnitt: Sandwüste, Dünen. Sengende Sonne. (Wo soll das jetzt sein? In der Wüste Gobi?) Beide schleppen sich dahin, sind am Verdursten. Richard macht schlapp, Karl trägt ihn, bis er nicht mehr kann. »Laß mich krepieren«, sagt Richard. Karl sucht Wasser. Findet eine Oase und eine Quelle. Unterdessen wird Richard von zufällig vorbeikommenden russischen Soldaten mitgenommen. Karl sieht es noch, aber kann nichts dran ändern. So macht er sich allein auf den Weg nach Hause.

Jetzt die erstaunlichste Sequenz des Films: Karls Füße beim Gehen, Schritt für Schritt, darüber groß die Schrift: »1917«. Wüste und Gebirge im Hintergrund, dann Palmen, dann Silhouetten von asiatischen Tempeln, dann Flusslandschaften. Die Füße gehen immer weiter, nur die Schuhe ändern sich. Dann geht der Weg durch Schneeberge, die Füße sind in Pelz gehüllt. »1918« erscheint als Jahreszahl im Bild. Eisenbahnwaggons rollen endlos über Schienen, wieder wechselnde Hintergründe, schließlich Städte. Karl lehnt sich aus dem Zugfenster. Schnitt auf die erste Realaufnahme: Der Zug fährt über die Elbe! Dann wunderschöne dokumentarische Bilder vom Hamburger Hafen. Die Speicherstadt, der Fischmarkt. Die Wirklichkeit erscheint noch viel märchenhafter als die gemalte »Felswüste Asiens«. Und schon sind wir

■ Gustav Fröhlich (Karl), Lars Hanson (Richard) in HEIMKEHR (1928, Regie: Joe May)

wieder im Studio. Eine Fantasiestraße, etwas wie aus DAS CABINET DES DR. CALIGARI, mit einem Obst- und Gemüseladen namens »El Dorado«! »Stimmt!«, steht auf der Texttafel, und Karl nickt, als er den Laden sieht.

Eine Frau in einer kleinen deutschen Wohnung. Sie bügelt. Karl klopft wohlgemut an und tritt ein. Er starrt die Frau an, als erkenne er sie wieder. »Guten Tag, Frau Anna!« Sie weiß nicht, wie ihr geschieht. »Das stimmt aber nicht!«, sagt er, sich umblickend. »Das Sofa gehört in die Wohnküche, und das Bett in die Kammer!«

Anna versteht nicht, schaut den Eindringling verstört an. »Ich bin der Karl! Ich war doch da oben mit Richard zusammen, er muß ihnen doch von mir erzählt haben.« »Aber Richard ist doch gar nicht da!«, entfährt es Anna. »Der Krieg mit Rußland ist doch längst aus«, entgegnet Karl. »Haben Sie denn nichts von ihm gehört?« »Vor anderthalb Jahren das letzte Mal.« Anna zieht einen Brief heraus. In Sütterlin-Schrift geschrieben, da kann ich nur ein paar Worte entziffern. »Und so geriet ich wieder in Gefangenschaft ...«, mache ich aus. Und das Wort »Zwangsarbeit«. Am Ende: »In Treue, Dein Richard.«

Schon folgt eine expressionistisch anmutende Montage: Richard im Bleibergwerk. Einer kommt hereingestürmt: »Die Regierung hat eine Amnesie erlassen! Alle Kriegsgefangenen kommen frei!« Richard macht sich auf den Heimweg.

Karl heitert Anna mit seinen Geschichten auf, erzählt vom Leben am Fluss. Sie ist so gebannt, dass sie die Kartoffeln anbrennen lässt. Karl will aufbrechen, um eine Bleibe zu suchen. Anna bietet ihm die Schlafkammer an! Trotz aller Skrupel ist Karl schon dabei, sich in Anna zu verlieben. Er kennt ja sogar das Muttermal in ihrem Ausschnitt. Beherzt tippt er tatsächlich mit dem Finger darauf. Dann nimmt Karl ein Bad im Holztrog, während Anna im El Dorado einkauft. Man isst das gemeinsame Mahl, das dann doch nur aus Pellkartoffeln besteht. (In Gedanken ein Sprung zu einem anderen Film, mehr als achtzig Jahre später: Auch in Béla Tarrs DAS TURINER PFERD

Dita Parlo (Anna), Lars Hanson (Richard) in HEIMKEHR (1928, Regie: Joe May)

werden nur Kartoffeln gegessen, aber mit den Fingern.) Karl verbringt die erste Nacht in der Wohnung. Man baut ein Klappbett gemeinsam auf. Beide schlafen, Kopf an Kopf, von einer dünnen Wand getrennt. Die Versuchung kommt auf, er widersteht. Im Traum eine wilde Montage von Küssen, dazwischengeschnitten Szenen aus dem gemeinsamen Leben der beiden Freunde am Fluss.

Ein neuer Tag: Karl lädt Anna in ein Restaurant ein. Die Musik kommt von den Klöppeln eines »Orchestrions«, das man klimpern sieht, aber nicht hört. Alle rauchen filterlos, wie die Schlote. Karl und Anna tanzen eng umschlungen. Von ihren tanzenden Füßen zu frierenden Füßen: Richard unterwegs in einer Eisenbahn. Karl und Anna wieder zurück in der Wohnung. Wird man in einem Bett schlafen?

Auch wenn viel gelacht wird, macht die Erinnerung an Richard Karl zu schaffen.

»In 4 Wochen bist Du an der Grenze«, sagt einer zu Richard. Schnitt. Dann sind es noch sieben Stunden. Er kommt auf dem Hamburger Hauptbahnhof an. (Haben die den auch im Studio gebaut?! Oder ist das eine Realaufnahme?) Karl und Anna wandern inzwischen Arm in Arm durch die Stadt. Sie sind ein Paar. Autos ziehen vorbei. (Im Studio? Oder doch draußen?) »Heimkehrer aus Russland!«, ruft jemand. Karl und Anna schauen sich angsterfüllt an.

Richard kommt in die leere Wohnung. Freut sich. Sieht das zweite Bett und Karls Klamotten. Sein Blick verdüstert sich. Die beiden kommen in die dunkle Wohnung. Verliebt. Sehnsüchtig. Ein Kuss! Der erste im Film! Elend langsam kommt erst Richards Hand

Linke Seite: HEIMKEHR (1928, Regie: Joe May) Oben: Joe May und Gustav Fröhlich bei den Dreharbeiten Unten: Dita Parlo (Anna), Gustav Fröhlich (Karl)

um die Türecke, dann seine Augen. Er sieht den Kuss. »Hund!«, ruft die Schrifttafel. Es kommt zu einem heftigen Streit. Richard merkt, dass Anna zu Karl hält ... Seine Augen werden tot.

Ménage à trois. Die Männer schlafen in der Kammer, Anna in der Wohnküche. Karl will Richard erklären, dass nichts ist zwischen ihm und ihr. Richard geht daraufhin zu Anna, hält sie in den Armen. Sie entzieht sich ihm, das spricht Bände. Richard zieht seinen Militärmantel wieder an, greift in die Tasche und zieht seine Pistole heraus. Karl beobachtet alles im Spiegel, aber stellt sich schlafend. Richard scheint entschlossen, Karl zu erschießen. Aber dann kommen Erinnerungen an die gemeinsame Zeit hoch, Daran, wie Karl ihm das Leben gerettet hat. Die Männer schlafen schließlich in der Kammer ein.

Morgenlicht. Eine Montage aus dem Hamburger Hafen. Karl wacht auf. Richard ist weg! Auch seine Seemannskiste! Anna ist bestürzt. Karl macht sich auf, in den Heuer-Büros nach ihm zu suchen. »Ich bring ihn zurück.«

Richard hat eine Arbeit als Maat angenommen. In einer Stunde legt das Schiff ab. Karl findet ihn im letzten Moment. Man spricht sich aus. Dann der entscheidende Satz auf der Tafel: »Was soll ich mit einer Frau, die mich nicht mehr liebhat!« Richard schiebt Karl vom Schiff. »Laß gut sein, mein Junge!« Ein letzter Händedruck. »Sei gut zu ihr!« Das Schiff legt ab. Karl winkt Richard hinterher. Die Gangway wird abgenommen. (Alle diese Realaufnahmen des Hafens sind zauberhaft!) Ein letzter Blick. Das Schiff entfernt sich. Ende. Noch ein kurzes Schriftfeld aus dem Kopierwerk: »Ende des Films«. Dann noch ein Einzelbild: »12 Felder Bildtest einkleben.«

Ich sitze da und horche dem Film hinterher. Während Karl ein jugendlicher Mensch seiner Zeit geblieben ist, überschwänglich, pfeiferauchend und bubenhaft, ist Richard immer mehr wie zu einem heutigen erwachsenen Mann geworden. Er spielt auch so reduziert und von innen heraus wie Darsteller heutzutage. Zwischen den beiden liegt nicht nur ihr Altersunterschied, sondern auch ein Sprung aus den Jugendjahren des Kinos in unsere Gegenwart. Karl will alles zeigen, Richard alles für sich behalten. Auch Anna ist noch ganz Zwanzigerjahre. Meine Mutter hatte auf ihren Mädchenbildern genau diese Frisur.

Das Kino hatte eine gewaltige Erzählkraft damals. Alles ist einfach so, wie es erzählt wird. Alles ist glaubhaft, weil es in Bildern geschieht. Und die geschriebenen Texte erscheinen viel verlässlicher, als wenn einer all diese Worte aussprechen müsste. Liegt es an dem Schwarz-Weiß oder an den Kadrierungen, dass jedes Bild wie aus Stein gemeißelt erscheint? Die beiden Wohnungen beeindrucken mich am nachhaltigsten, die Hütte »in Asien«, aber vor allem die Zweizimmerwohnung »in Hamburg«. In solchen Zimmern hat die Generation meiner Eltern noch gewohnt!

SONG – das Gesicht der Anna May Wong

Ich lege den zweiten Film ein: SONG. Erste Tafel: »This print is from the National Film and Television Archive«. Es heißt, dass Richard Eichberg zwei Versionen hergestellt hat, eine englische und eine deutsche. Die deutsche ist wohl verschollen. Deswegen heißt Anna May Wongs Partner »Henry George«. Erst nach einer Weile dämmert es mir, dass ich Heinrich George in einer frühen Rolle zuschaue. »British International Pictures presents: SHOW LIFE. From the story by Dr. C. Vollmoeller. Directed by Richard Eichberg«. Und dann kommt eine interessante Tafel: »Who has chosen Anna May Wong, Henry George and Mary Kidd to play the chief characters«.

Das erste Bild: eine Stadt an einer Meeresbucht. »The ancient beauty of the mosques and palaces is reflected in the quiet waters of this Eastern harbour.« Man sieht Istanbul (oder war das damals nicht noch Konstantinopel?) Aber vielleicht soll das Singapur sein, wie ich woanders lese? Wir sehen Realaufnahmen von Straßen und Gassen. »In striking contrast the murky alleys of the city provide some sort of refuge

■ SONG. DIE LIEBE EINES ARMEN MENSCHENKINDES (D/GB 1928, Regie: Richard Eichberg) Oben: Anna May Wong (Song), Heinrich George (John Houben)

for the homeless.« So einer ist Heinrich George, der am Ufer steht und raucht. Er trägt eine Schiebermütze. »John Houben had seen better days... and memories assailed him... Henry George.« Interessant, dass nicht nur die Rollennamen, sondern auch die Darsteller hier mitten in der Handlung genannt werden! Wir sehen, was John sieht, und aus einer Lochblende des offenen Meeres wird eine Einstellung der Themse und des Towers of London. Angewidert wirft John seine Zigarette weg.

Eine junge asiatische Frau versucht am Ufer mit einem Speer eine Krabbe zu fangen. »SONG is just one of Fate's castaways... Anna May Wong.« Zwei finstere Gestalten beobachten sie. Song isst die Krabbe roh von ihrem Spieß! Die Männer bedrohen die junge Frau und packen sie. Johns Mütze wird ihm weggeblasen, er rennt ihr hinterher und sieht die beiden Männer, die versuchen, die Frau zu überwältigen. Es gibt eine Prügelei, die in eine Messerstecherei ausartet. John rettet Song. Aber als er die Männer in die Flucht geschlagen hat, lässt er sie einfach stehen. Er hat kein Auge für Song. Aber sie mag ihn!

Sie findet sein Messer und läuft ihm hinterher, plötzlich durch strömenden Regen. Er wohnt in einer ebenerdigen Bude, in einer verwinkelten Gasse, in der man auch den »El Dorado«-Laden vermuten könnte. Wir sind also wieder im Studio, alles ist wieder malerisch, was am Strand noch so realistisch erschien. Ein Bett, eine Kiste mit einer Kerze darauf, ein Stuhl, eine Leiter zu einer Schlafstelle. John zündet eine Petroleumlampe an.

Song klopft an. Sie steht triefend im Regen. Er zieht sie rein. Sie gibt ihm das Messer. Dann schickt er sie wieder raus. Song will nicht, sie will drinnen bleiben. Jetzt erst scheint John sie wahrzunehmen. Er betrachtet sie. Dann öffnet er einen Koffer mit Messern. Song ist entsetzt. Will er sie umbringen? Er zwingt sie, sich an die Tür zu stellen. Als sie sich windet, malt er mit einem Stück Kreide ihre Umrisse an die Tür und lässt sie zur Seite treten. Nun zeigt er ihr, was sein Beruf ist: Er wirft die Messer auf ihre Silhouette an der Tür. Dann wendet er sich ihr zu. »Are

Anna May Wong (Song) und Paul Hörbiger (Carletto) auf der Bühne, Louis Brody am Klavier in SONG. DIE LIEBE EINES ARMEN MENSCHENKINDES (D/GB 1928, Regie: Richard Eichberg)

you afraid?« Sie schüttelt den Kopf. »I throw these knives for a living. What about making a double turn, you and me?«

Heinrich George spielt also einen gescheiterten Varietékünstler und Messerwerfer, Anna May Wong eine heimatlose »Malayentänzerin«, wie wir bald sehen: eine Bar mit einem arabischen Schriftzug an der Fassade. Johns Freund Carletto hängt da ab. Auch er spielt auf einer Ziehharmonika und singt dazu. George will einen Job als Messerwerfer, aber der Wirt winkt ab. »Your turn ain't no good – it don't draw. You'd better find another job.« Aber dann fällt sein Auge auf die hübsche asiatische Partnerin, und sofort werden die beiden angeheuert. Johns Idee funktioniert.

Ein Zeitsprung: Song scheuert den Boden in Johns Bude. Vor der Tür, als sie das Wasser in den Rinnstein schüttet, tragen Kinder Plakate durch die Gasse. Eine berühmte Tänzerin wird darauf angekündigt. »Tournee Gloria Lee.« Song entwendet den Kindern ein solches Plakat, um aus der Kiste in Johns Bude einen Tisch zu machen. » Fate – and a touring engagement – had brought Gloria Lee, the ballerina, to the city. ... Mary Kidd.« Wir sehen Gloria. Eine Luxusdame. Sie hat einen reichen Freund, James Pra-

ger. Ihr Sugar Daddy. Sie besuchen teure Restaurants, in denen er wohl auch noch andere Freudinnen sitzen hat, denen er aber andeutet, ihn in Ruhe zu lassen mit seiner neuen. Gloria mag den teuren Laden nicht. Sie will was erleben.

John kommt nach Hause, sieht das Plakat, jetzt zum Tisch verwandelt. Er starrt ungläubig auf Gloria. Ohne Umschweife kommt prompt die Rückblende. Die beiden kennen sich, waren wohl mal zusammen, auf einem Luxusdampfer. Aber sie hat einen anderen Verehrer, den der eifersüchtige John kurzerhand über Bord wirft, um ihm dann nachzuspringen. Schnitt auf eine Zeitung: »Drama of Jealousy! John Houben, the variety artist, drowned.« Ende der Rückblende. Ruckzuck!

John und Song gehen zur Arbeit ins Blue Moon Café, wo Carletto als »Tambourine Man« Musik macht. Song tanzt, etwas ungeschickt. Gloria und ihr Verehrer kommen rein. Als offensichtlich reiche Leute kriegen sie gleich den besten Platz. Der Arbeiter, der da sitzt, muss Leine ziehen. Am Klavier sitzt übrigens ein Schwarzer, aber ein richtiger, kein geschminkter Weißer wie im THE JAZZ SINGER, der Tonfilmsensation aus demselben Jahr.

Gloria findet diese Bude viel interessanter als das schicke Restaurant. Man lacht über Songs Tanzversuche. John wirft seine Messer, jetzt in einem Cowboykostüm! Immer haarscharf an Songs Gesicht vorbei! (Aber bei jedem Wurf ruckelt das Bild ein bisschen, sodass man merkt, dass dies wohl als Stopptrick gedreht wurde.) Gloria erkennt John! John erkennt Gloria, als er gerade Song auf dem Arm hält. Der Vorhang schließt sich. »Who is that?«, will der Verehrer wissen. »Oh, he's nobody – a man I met somewhere or other years ago.« Der Verehrer findet Song klasse und will die beiden an ihren Tisch einladen. Das wird von dem Wirt auch gleich arrangiert. Unterdessen kommt Gloria backstage zu John in die Garderobe. »I cannot understand, the papers said you drowned.« Sie guckt sich um. Sie ist Besseres gewöhnt. »I can see you are not doing too well. Let me help you.« Sie bietet ihm Geld an. Er lehnt ab. Umklammert sie. Liebt sie noch. Dann sitzt man da zu viert am Tisch. Der reiche Verehrer Mr. Prager flirtet mit Song, die keinen Alkohol verträgt und die vollen Gläser immer an Carletto weitergibt, der sie schnell austrinkt. Gloria bittet John, sie im Theater zu besuchen.

Häusliches Leben in Johns Bude. Song ist eifersüchtig und zerstört das Plakat von Gloria. Dann steigt sie auf ihr Bett auf der Empore und packt ihren kleinen Buddha aus. Unterdessen: Carletto und John im Theater. Eine Revue. Von Gloria gibt es nur Nahaufnahmen, weil Mary Kidd wohl nicht tanzen konnte. Deswegen sieht man nur Beine oder Totalen, oder Nahaufnahmen ihres Gesichts. Dann steht John in ihrer Garderobe. Er will sie zurück. »Won't you come back to me?« Mr. Prager kommt dazu. Zwischen den beiden ist es angespannt. Dann trollt sich John.

John zu Hause. Er hat keinen Blick für Song, die ihn doch so liebt. Er hat nur Gedanken an Gloria. Reich müsste er sein, das ist es! Also wird ein Bankraub organisiert. Es gibt einen Zugüberfall. Action! Aber die Polizei kommt auch im Nu dazu. Alle werden verhaf-

■ Anna May Wong (Song) und Heinrich George (John Houben), rechts, in SONG. DIE LIEBE EINES ARMEN MENSCHENKINDES (D/GB 1928, Regie: Richard Eichberg)

tet, nur John entkommt. Er versteckt sich unter der Lok. Der Qualm verbrennt seine Augen! Schließlich fährt die Lok weiter und John liegt auf den Schienen. Song und Carletto gabeln ihn auf.

John erblindet langsam. Er sieht sich nur noch unscharf im Spiegel. But the show must go on! Halbblind wirft er nun seine Messer! (Das muss man sich erst mal ausdenken: einen Messerwerfer, der nicht mehr sehen kann!) Nahaufnahmen des entsetzten Publikums. Dann verletzt John wohl Song. (Oder doch nicht?) Er bricht zusammen. Song muss tanzen, um das Publikum zu beruhigen.

Zurück in seiner Bude, glaubt John jetzt, dass Song ihn verpfiffen hat bei dem Raub. Halb im Wahn will er sie erwürgen, sie flieht vor ihm. Es geht hin und her in dem kleinen Raum, aber blind wie John ist, kriegt er sie nicht zu fassen. Schließlich wirft er nur noch wild mit Messern um sich. Das ist eine atemberaubende Sequenz, auch enorm schnell geschnitten. Wieder bricht John zusammen. Song erbarmt sich seiner und pflegt ihn. Aber er sieht nun gar nichts mehr.

Song geht zu Gloria. Bettelt um Geld für die nötige Augenoperation. Gloria, hochnäsig wie sie ist, speist sie mit Kleingeld ab. Damit kauft Song Blumen für John und erzählt ihm, sie seien von Gloria, weil er auch nichts anderes hören will: Er hat die Hoffnung nicht aufgegeben, dass Gloria zu ihm zurückkommt. Twenty Pounds kostet die OP bei dem berühmten Augenarzt! John bittet Song, Gloria zu Hilfe zu holen. Also muss die Arme den Gang ins Nobelhotel ein zweites Mal antreten. Aber die doofe Gloria denkt nicht daran, für Johns Augen Geld rauszurücken. Stattdessen schenkt sie Song alle möglichen Klamotten und Pelze, die sie wohl selbst nicht mehr braucht. In einem unbeobachteten Moment klaut Song das Geld, mit dem Mr. Prager Glorias Zimmer bezahlen wollte.

Dann kehrt Song in Johns Bude zurück. Dort zieht sie Glorias Kleider an, sodass der blinde John in seinem Wahn denkt, Gloria sei gekommen, um ihn zu besuchen. Er riecht ihr Parfum. Song lässt ihn in seinem Glauben und spielt noch mal verzweifelt Gloria, sagt John danach sogar, dass Gloria ihr das Geld für seine Operation gegeben habe. Unterdessen reist Gloria ab. Ihr Verehrer macht sich jetzt an Song heran. Weil er weiß, dass sie gestohlen hat, könnte er sie der Polizei übergeben. Aber stattdessen bietet er Song an, ihr eine Karriere als Tänzerin zu ermöglichen.

Eine Schrifttafel macht einen höchst abrupten Zeitsprung: »With the passage of time, Song had become the star attraction at the Palace Hotel.« Sie ist jetzt die große Sensation als Tänzerin. Es sieht immer

noch nicht besser aus als im Blue Moon Café, aber alle Männer rasten aus und gratulieren Mr. Prager zu seiner Entdeckung. Aus ihrem teuren Hotel entflieht Song wieder in ihren ollen Klamotten zu John. (In dieser Sequenz gibt es plötzlich *eine* Aufnahme in einer wirklichen Stadt, in der Song, nur von hinten zu sehen, in ein Auto steigt, hinter ihr der Bosporus. Zumindest möchte ich das für den Bosporus halten.)

Song führt ein Doppelleben als reicher Star und als arme Song. Schnitt: John ist operiert. Aber der berühmte Augenarzt schärft ihm ein, dass er die Bandage nicht abnehmen darf. Zurück in seiner Bude, vermisst er Gloria, seine vermeintliche Wohltäterin. Song spielt die Nebenbuhlerin noch einmal, ihm zuliebe. Doch diesmal schöpft John Verdacht und zieht sich die Binde ab, zu Songs Entsetzen. Er erkennt sie und wirft sie hinaus. Song streift durch die Gassen und kehrt schließlich in ihr teures Hotel zurück. Der Verehrer ist sauer: »Du schuldest mir alles! Er oder ich!« Währenddessen sucht John nach Gloria und erfährt, dass sie schon längst über alle Berge ist. Jetzt erst dämmert es ihm, was er an Song hat. Er macht sich auf die Suche nach ihr.

Song tanzt in einem Kreis von aufgerichteten Säbeln, zwischen denen sie nur so herumwirbelt. Jeder Fehltritt kann sie das Leben kosten. John kommt gerade noch dazu, als sie über einem der Säbel zusammenbricht und sich dabei tödlich verletzt. Er hebt sie auf und trägt sie, trotz des Protests von Mr. Prager, aus dem Hotel zu sich nach Hause. Sie stirbt bei ihm. »Schön, dass du wieder siehst!«, sagt sie noch voller Freude. Aber dann ist sie schon tot, John starrt auf ihre Leiche, und damit endet der Film, bevor man sich versieht, urplötzlich.

Die Sensation dieses Films ist das Gesicht der Anna May Wong! Sie spielt nicht nur Heinrich George an die Wand, der noch ganz in der Stummfilmtradition des Zeigens verhaftet ist (wie Karl in dem anderen Film), sondern lässt völlig andere Innenwelten erahnen. Da blitzt schon eine Anna Karina auf. (Zum Beispiel, aber Sie werden Ihre eigenen Referenzen haben.) Und da ist man trotz der ganzen hanebüchenen Geschichte doch immer wieder ergriffen, weil dieses offene, kindliche Gesicht mit dem liebenswerten scheuen Lächeln einen geradezu zwingt, diese Figur ernst zu nehmen. So wie im Film vorher den Richard. Das menschliche Gesicht, das ist das größte Kinoerlebnis, und mir kommt es vor, als könne man in Stummfilmen noch einmal von vorne lernen, darin zu lesen. Die Stille um diese Angesichter herum tut gut.

■ Anna May Wong als Song in SONG. DIE LIEBE EINES ARMEN MENSCHENKINDES (D/GB 1928, Regie: Richard Eichberg)

»Jetzt hüpfen die Schwerarbeiter dahin«

Arbeitswelten im Weimarer Spielfilm

Annika Schaefer

Seite 88:
Willy Fritsch (Willy I) und Willi Forst (Willy II) in EIN BLONDER TRAUM (1932, Regie: Paul Martin)

Der Staatsmann und Gelehrte Thomas Morus schildert im zweiten Buch seiner 1516 in Dialogform verfassten Schrift *Utopia* das Konzept eines idealen Staatswesens. Er beschreibt die fiktiven Erfahrungen des weit gereisten Seemanns Raphael Hythlodeus mit der Gesellschaft der Utopier. Morus' Buch gilt heute als Gründungsmanifest des literarischen Science-Fiction-Genres. Innerhalb der republikanischen Ordnung auf der Insel Utopia, deren Bewohner in Städten leben und Familienverbände bilden, ist der von Hythlodeus skizzierte Arbeitsbegriff von besonderer Bedeutung: Zum ersten Mal wird hier in einem literarischen Werk eine Gesellschaft präsentiert, in der Arbeit nur noch einen geringen Teil des Alltags darstellt. Alle Utopier bedienen sich zur Selbstversorgung der Landwirtschaft, Geldwirtschaft und das Privateigentum sind abgeschafft, alle Arten von Arbeit sind gleich viel wert, und alle erhalten den gleichen Anteil an den erwirtschafteten Produkten. Handwerksberufe werden gleichberechtigt von Männern wie von Frauen erlernt, mehrere Berufswechsel sind in der Arbeitswelt der Utopier möglich, und man arbeitet nicht länger als sechs Stunden am Tag: drei am Vormittag und drei am Nachmittag – alles andere »[...] wäre ja eine mehr als sklavische Schinderei!«.[1]

Arbeit in dieser Form als Grundstein einer idealen Welt zu begreifen, das heißt, sie nicht nur als rein ökonomischen, sondern zugleich als kulturellen Begriff zu fassen, besitzt einen großen philosophischen Reiz, der sich seit der Antike in einem anhaltenden Diskurs widerspiegelt. Dieser wurde auch in der Zeit der Weimarer Republik geführt, in der das intellektuelle Klima von extremer Heterogenität bestimmt war. Die Folgen des Ersten Weltkriegs und der sich anschließenden Novemberrevolution bereitete in Deutschland den Boden für ein Gegeneinander von Ideen und Diskursen auf fast allen Gebieten: Idealismus gegen Materialismus, Kunst gegen Technik, Mensch gegen Maschine. »The result was a revival of romantic longings for utopia.«[2] Dies galt ebenso für den Diskurs über das Phänomen der Arbeit wie die daraus resultierenden medialen Erzeugnisse.

Das noch junge Medium Film näherte sich in Deutschland den Vorstellungen von Arbeitswelten, ihren Protagonisten und den damit verwandten Themen verstärkt erst ab Mitte der 1920er-Jahre. Als Ausdruck der gesellschaftlichen Realität stand die Kultur der Weimarer Republik in enger Verbindung zum politischen Geschehen. Der Anbruch der innen- sowie wirtschaftspolitischen Phase der »relativen Stabilisierung« ab 1924 ermöglichte die Entfaltung des künstlerischen und kulturellen Lebens der Weimarer Republik in eine neue Richtung: Die Neue Sachlichkeit, ihre »Suche nach der Wirklichkeit [und ihr] Ringen um Objektivität«[3] lösten die Extreme des Expressionismus ab. Auch der Film schloss sich dieser Suche nach einer neuen, »realistischen« Perspektive an. Die Themen und Protagonisten der Spielfilme veränderten sich. Dr. Caligari ging, der letzte Mann kam, und mit ihm ein neuer filmischer Schauplatz: die Arbeitswelt. Das Spektrum der Darstellung zeitgenössischer Erwerbsarbeit reicht von Bauarbeitern und Fensterputzern über Bergarbeiter und Ingenieure zu Beamten und Barbesitzern, von Verkäuferinnen, Sekretärinnen und Bardamen zu Artistinnen und Künstlerinnen. Dabei wird die Vielzahl der Berufsgruppen in so unterschiedlichen und in der Weimarer Republik beliebten Genres wie der Tonfilmoperette, dem Bergfilm oder dem Milieufilm präsentiert. Die Genres geben der jeweiligen Verhandlung von Arbeit ihren entsprechenden Modus vor. Sie definieren die audiovisuelle Ausgestaltung von Arbeit und deren Charakteristika.

Doch die Filme, die während der Weimarer Republik entstanden, handeln nicht nur von Arbeit als Grundtatbestand menschlicher Existenz beziehungsweise als kapitalistische Bedingung allein, sie beziehen auch das Gegenteil von Arbeit mit ein, das diese erst so wertvoll macht: Arbeitslosigkeit ist nicht nur in der historischen Realität der 1920er- und frühen 1930er-Jahre ein aktuelles, tagespolitisches Thema, sondern zugleich ein zentrales Motiv in vielen Filmproduktionen, mal kritisch beleuchtet und mit Anspruch auf Authentizität inszeniert, mal unterhaltsam in Szene gesetzt und mit flotten Musikstücken untermalt. Formen von »Arbeitslosigkeit«, also von sogenannter Nicht-Arbeit, finden sich in vielen Filmen: Der Erwerbslosigkeit und Arbeitssuche wird der Müßiggang und die Freizeit am Wochenende an die Seite gestellt. Diese Themen sind übersetzbar in wiederkehrende, wohlbekannte Figuren der Weimarer Republik und ihrer Kultur: der Arbeitslose und der Flaneur – beide unterwegs auf den Straßen der Großstadt, sich gleichfalls ziellos treiben lassend in den Filmen ihrer Zeit.

Arbeitssuchend

»Ohne Zweifel spukt hier noch stark die soziale Mitleidsideologie des Naturalismus herum, die die Erscheinung des Arbeiters mit Vorstellungen von grauem Hinterhauselend, von Freudlosigkeit und Hoffnungslosigkeit eines lichtlosen Daseins vermengt.«[4] Dies schrieb der Kritiker Frank Maraun (eigentlich Erwin Goelz) 1939 im Kontext seiner Betrachtung der Ufa-Produktion MANN FÜR MANN, Robert A. Stemmles filmischem Loblied auf die schaffende »Volksgemeinschaft« der Autobahnarbeiter, das er gekonnt als dramatischen Actionfilm inszenierte. Maraun spielt auf jene Filme aus der im Nationalsozialismus verhassten »Systemzeit« an, die den Arbeiter, damals noch: Proletarier, in ihr Zentrum stellten und von deren Bildern sich die Produktionen des »Dritten Reichs« abzusetzen hatten.

Das großstädtische Hinterhausmilieu ist hier zentraler Schauplatz von Filmen mit Protagonisten aus der zeitgenössischen Unterschicht. Sogenannte »Milljöh«-Filme hatten im Deutschland der 1920er-Jahre Konjunktur. In ihnen wurden vor allem Motive des Malers Heinrich Zille »als gruselige Staffage für irgendein auserwähltes Schicksal, das in prunkhaften Vorderhäusern happy endigt« »zu kitschigen Zwecken mißbraucht«,[5] wie es Siegfried Kracauer in seiner Besprechung von MUTTER KRAUSENS FAHRT INS GLÜCK auf den Punkt brachte. Der von Piel Jutzi inszenierte Film, der am 30. Dezember 1929 in den Berliner Alhambra-Lichtspielen zur Uraufführung kam, lässt sich doppelt einsortieren: Als Produktion der Prometheus-Film stellt er einerseits einen der wenigen Titel dar, die im Umfeld der linken Spielfilmproduktion gegen Ende der Weimarer Republik entstanden waren; andererseits greift er mit einigen weiteren Filmen die Thematik der Arbeitslosigkeit auf. Nach dem Ersten Weltkrieg war Arbeitslosigkeit ein ständiges Moment in der Erfahrungswelt der Deutschen, doch nach dem US-amerikanischen Börsencrash im Oktober 1929 nahm die Arbeitslosigkeit als Folge der Weltwirtschaftskrise neuartige Dimensionen an: Waren im März 1929 noch 2,7 Millionen Deutsche arbeitslos gemeldet, verzeichnete man im Januar 1931 bereits 4,7 Millionen sowie Mitte 1932 schließlich über 5,6 Millionen Arbeitslose.[6] Die Filme jener Jahre nahmen vor allem das Massenelend der Großstädte auf. Berlin, das Herz der jungen demokratischen Republik, und seine Landschaft verwinkelter Hinterhäuser und schattiger Höfe wurden als Setting ausgewählt, um auf die dramatische gesellschaftliche

■ Ilse Trautschold (Erna Krause), Alexandra Schmitt (Mutter Krause) in MUTTER KRAUSENS FAHRT INS GLÜCK (1929, Regie: Piel Jutzi)

Armutsentwicklung hinzuweisen. Sowohl in MUTTER KRAUSENS FAHRT INS GLÜCK als auch in den linken Produktionen UM'S TÄGLICHE BROT: HUNGER IN WALDENBURG (1929, Regie: Piel Jutzi), LOHNBUCHHALTER KREMKE von Marie Harder (1930) sowie in KUHLE WAMPE ODER WEM GEHÖRT DIE WELT? (1932, Regie: Slatan Dudow) stehen die Erwerbslosigkeit und die Suche nach Arbeit im Mittelpunkt.

Knappe fünfzig Jahre zuvor, in den 1880er-Jahren, wurde der Begriff »Arbeitslosigkeit« erstmals in den zeitgenössischen Lexika verzeichnet und tauchte in aktuellen Diskursen auf.[7] Arbeit stellte mit der Entwicklung der bürgerlichen Erwerbsgesellschaft im ausgehenden 17. Jahrhundert grundlegende Tugend und erste Bürgerpflicht dar. Das Gegenteil von Arbeit war damit nicht länger Armut wie im Mittelalter, sondern Arbeitslosigkeit, die zugleich den Ausschluss aus der gesellschaftlichen Ordnung bedeutete. Vor allem die von Max Weber identifizierte protestantische Arbeitsethik[8] prägte die verbreitete Vorstellung, dass Arbeitsfleiß mit Gottgefälligkeit gleichzusetzen war. Wer hart arbeitete und Reichtum erwirtschaftete, galt bei Gott und in der Gesellschaft als angesehen.

Das individuelle Scheitern an diesem Prinzip, die Schmach, die mit der Erwerbslosigkeit und dem Unvermögen, seinen Lebensunterhalt zu bestreiten, einhergeht, bringen fast alle Spielfilme, die Ende der 1920er-Jahre seitens der »Linksleute«, die nun ebenfalls »filmen gelernt«[9] hatten, in fatalistisch wirkender Radikalität zum Ausdruck: Der Selbstmord ist vielen Figuren ein letzter Ausweg aus ihrer scheinbar alternativlosen Situation. Über MUTTER KRAUSENS FAHRT INS GLÜCK hebt das *Film-Journal* in seiner Besprechung hervor: »Diese lebenswahre, aber unsäglich deprimierende Handlung, die in aller Schlichtheit zeigt, wie Tausende und Hunderttausende von Menschen nicht leben, sondern vegetieren [...].«[10] Mit bewusst gewählter Ruhe inszeniert Piel Jutzi etwa den

■ Lilli Schoenborn (Mutter Bönike) in KUHLE WAMPE ODER WEM GEHÖRT DIE WELT? (1932, Regie: Slatan Dudow)

Suizid von Mutter Krause, den sie begeht, nachdem sie alle denkbaren persönlichen Opfer gebracht hat, um ihrer Familie den Lebensunterhalt zu sichern. Die von Alexandra Schmitt so eindrücklich gespielte Frau Krause geht zwar als einziges Familienmitglied mit dem Zeitungsaustragen einer einigermaßen geregelten Arbeit nach; auf Dauer jedoch hält sie dem Druck des Großhändlers nicht stand, von dem sie ihre Zeitungen für den Verkauf bezieht: Nachdem er ihr zunächst wegen fehlender Einnahmen mit einer Anzeige gedroht hat, erfährt sie eines Tages aus einem Brief des preußischen Amtsgerichts, dass er die Drohung wahrgemacht hat. Jutzi verzichtet auf Textauszüge aus diesem Schreiben, stattdessen lässt er in der Montage das Wappen des Gerichts, das den Reichsadler zeigt, mit dem hölzernen Adler auf der großen Wanduhr in Krauses Wohnküche korrelieren. Die Kamera verharrt in der Nahaufnahme auf den ausgefahrenen Krallen des Reichsadlers, er ist bereit zuzugreifen. Am Ende des Films ist Mutter Krause gezeichnet von Resignation: Die von der Kritik viel gelobte Kamera von Piel Jutzi fängt ihr Gesicht immer wieder in der Nahaufnahme ein, ihr Blick ist starr auf den Boden gerichtet, ihre Frisur wirkt leicht unordentlich. Sie hat alles versucht und scheitert dennoch. Sie muss scheitern, weil das System keine Alternative zulässt. Die Handlung des Films legt eine Rettung in letzter Minute nahe: Der Verlobte ihrer Tochter möchte die Schulden begleichen. Jutzi lässt es jedoch nicht zur Rettung kommen. Stattdessen lässt sich Mutter Krause ein letztes Mal Zeit. Sie bereitet sich in einer etwa sechsminütigen Szene auf *ihre* Fahrt ins Glück vor, und noch einmal ist der Spruch zu lesen, der auf einer Stickerei an der Wand der karg eingerichteten Wohnküche hängt: »Nur nicht verzag, Glück kommt all Tag.«

Der Sinnspruch, meistens als Wandschmuck an einer Küchenwand hängend, ist ein wiederkehrendes Motiv in den Milieufilmen. Er zeugt zum einen vom Arbeitsethos des im Mittelpunkt stehenden Kleinbürgertums bzw. Proletariats, zum anderen spiegelt er dessen Motivation. Die Sinnsprüche formulieren Ideale, die niemals erreicht werden können. Sowohl in Piel Jutzis vorangegangener Regiearbeit UM'S TÄGLICHE BROT: HUNGER IN WALDENBURG, der 1929 im Auftrag des linken Volksfilmverbandes entstand, als auch in KUHLE WAMPE ODER WEM GEHÖRT DIE WELT? von Slatan Dudow zieren Wandteppiche mit erbaulichen Sprüchen die Wohnräume. In der Küche der Familie Bönike erinnert ein großer Wandbehang: »Beklage nicht den Morgen[,] der Müh und Arbeit gibt. | es ist so schön zu sorgen | Für Menschen die man liebt.« Dieser Wandschmuck zieht auch mit um, als die Familie ihre Wohnung verliert und in die Zeltstadt »Kuhle Wampe« übersiedelt. Die Aussagen der Sprüche stehen stets in ironisch-hartem Kontrast zu ihrer Umgebung und werden von der Armut und Verzweiflung, die aus der Arbeitslosigkeit erwachsen, eingeholt.

Die mediale Adaption der Verrichtung von Arbeit birgt inszenatorische Grenzen, die Darstellung von Arbeitslosigkeit stellt umso größere Herausforderungen an die Mise-en-scène. Es mag überraschen, dass

■ Holmes Zimmermann in UM'S TÄGLICHE BROT: HUNGER IN WALDENBURG (1929, Regie: Piel Jutzi)

■ Adolf Fischer (Kurt Bönike), Max Sablotzki (Vater Bönike), Hertha Thiele (Anni Bönike), Lilli Schoenborn (Mutter Bönike) in KUHLE WAMPE ODER WEM GEHÖRT DIE WELT? (1932, Regie: Slatan Dudow)

das Nicht-erwerbstätig-Sein in den Produktionen der linken Filmemacher oftmals als erhöhte Bewegung, als gesteigerte Aktivität dargestellt wird. Der Protagonist in UM'S TÄGLICHE BROT verlässt sein Elternhaus, um sich im Kohlerevier der schlesischen Gegend nach Arbeit umzusehen. Gespielt von Holmes Zimmermann, der auch in MUTTER KRAUSENS FAHRT INS GLÜCK den arbeitslosen Sohn Paul verkörpert, begibt sich der junge Mann im dritten Teil des Films – mit dem sinnigen Titel »Der Weg zum Glück« – auf die Arbeitssuche. Er durchquert zu Fuß eine idyllische Schneelandschaft, um ins Kohlerevier zu gelangen, wo er sich als einer von vielen Männern um eine Anstellung bewirbt. In einer unruhigen Menge steht er, mit seinen Papieren in der Hand, vor einem Schalter. Der Mitarbeiter hinter dem Tresen schickt ihn wieder fort. Der Zwischentitel »Fünf kurze Tage - -« birgt die Wiederholung dieser Szene und die ganze vergebliche Suche nach Anstellung; darüber hinaus zeugt sie von der begrenzten Darstellbarkeit der Arbeitssuche.

Auch die Arbeitslosigkeit in LOHNBUCHHALTER KREMKE, den Marie Harder als Leiterin des Film- und Lichtbilddienstes der SPD und frühzeitige Befürworterin einer eigenen Spielfilmproduktion der Partei[11] verantwortete, wird mittels Bewegung in Szene gesetzt. Als Kremke (Hermann Vallentin »in der Titelrolle [...] von erschütternder Wahrheit«[12]), seit Jahrzehnten Lohnbuchhalter in einer Lederfabrik, plötzlich entlassen wird, weil fortan eine Maschine seine Tätigkeit übernimmt, zerbricht sein Vertrauen in die Welt. Der Titel des Films gibt es vor: Die Arbeit ermöglichte ihm eine Existenz mit Heim und Familie, sie definierte seine Identität; er ist zuallererst Lohnbuchhalter, danach erst Kremke. Der Mann im mittleren Alter verliert mit seiner Arbeit – ähnlich wie Emil Jannings in Friedrich Wilhelm Murnaus DER LETZTE MANN (1924) – seine Stellung sowie seinen Halt in der Gesellschaft und wird damit »zum Symbol eines entwurzelten Kleinbürgertums«,[13] wie *Der Abend* anlässlich der ersten öffentlichen Aufführung des Films im Phoebus-Palast am 15. September 1930 befand. Die zentrale Szene des Films, die auf dem Arbeitsamt als Sammelstelle, als Ort aller Suchenden stattfindet, wird mit dem Ablauf eines Werktags vorbereitet: Die Sequenz wird von Bewegung dominiert und eröffnet mit der Aufblende einer herannahenden Straßenbahn, um dann zügig mit Szenen von Arbeitsabläufen montiert zu werden: Ein Großhandel wird mit Waren beliefert, an einem Gebäude finden Bauarbeiten statt. Anschließend wird wieder auf die Tram zurückgeschnitten, die nun zwar anhält; die Bewegung innerhalb des Bildausschnitts wird jedoch von den Aus- und Zusteigenden aufgenommen. Der darauffolgende Schnitt schließt hinsichtlich des Figurenensembles erneut an MUTTER KRAUSENS FAHRT INS GLÜCK AN, das Universum der Milieu-Typen ist überschaubar: Passanten hasten an einer alten Frau vorbei, die Zeitungen verkauft. Sie erinnert an Alexandra Schmitts Mutter Krause. Dann wieder drängelnde Menschen, gefilmt aus einer leichten Obersicht, eine anonyme Menschenmasse, die sich in eine Schlange zum Stempeln einreiht. Schließlich folgt der Schnitt auf Kremke, der sich auf dem Arbeitsamt mit einem anderen, etwa gleichaltrigen Arbeitslosen über seine Erfahrungen austauscht. Das Gespräch der beiden wirkt wie ein visueller Ruhepol in der Schnittfolge. Doch ihre gemeinsamen Erinnerungen an die Einführung der Maschinen in den Fabriken, in denen sie früher gearbeitet haben, werden in der an sowjetische Vorbilder

■ Serienprogramm zu LOHNBUCHHALTER KREMKE (1930, Regie: Marie Harder)

erinnernden Montage mit Bildern der Stempelstelle verschränkt und erzeugen eine in sich geschlossene, düster in die Zukunft weisende Bewegungsfolge.

In KUHLE WAMPE ist die Suche nach Arbeit als regelrechte Jagd inszeniert: Im ersten Teil des Films mit dem Titel »Ein Arbeitsloser weniger« sammeln sich Menschen an einer Litfaßsäule, überwiegend junge Männer auf Fahrrädern – die erhöhte Mobilität wird dadurch schon als Symbol bereitgestellt –, die auf die Ausgabe von Stellenanzeigen warten. Die Kamera fängt das Eintreffen des Boten und das Verteilen der Zeitungsblätter aus einer halbnahen Perspektive ein. Dadurch ist kein Horizont in der aus kleinteiligen, ungleichmäßigen Bewegungen bestehenden Szene sichtbar; er ist verstellt von drängelnden Arbeitssuchenden, die den Bildausschnitt vollständig ausfüllen. Nach zügigem Studium der Anzeigen radeln die Arbeitslosen in Gruppen durch Berlin, wobei vorwiegend auf die sich drehenden Räder auf den Straßen der Großstadt geschnitten wird. Unterstützt wird die

Plakat zu EIN BLONDER TRAUM (1932, Regie: Paul Martin), Grafik: Theo Matejko

Dynamik innerhalb der Szene von der temporeichen Musik Hanns Eislers, auf zusätzlichen Ton wird hier verzichtet. In der darauffolgenden Szene sitzt die Familie Bönike beim Essen und unterhält sich über die erfolglose Arbeitssuche von Sohn Kurt (Adolf Fischer). Dazwischen sind kurze Szenen des radelnden Trupps geschnitten. Vor allem nachdem Tochter Anni (Hertha Thiele) beteuert: »Es gibt keine Arbeit«, wirkt das sich anschließende Bild der sich schnell drehenden Fahrradräder als bestätigender Kommentar sowie gleichzeitig als ironische Verhöhnung dieser Hyperaktivität, die doch nichts gegen die Arbeitslosigkeit auszurichten vermag. Fast schon kann man die Tonfilmoperette EIN BLONDER TRAUM, die vier Monate nach KUHLE WAMPE in die Kinos kam, als naives Echo betrachten: Hier radeln die beiden Willys, gespielt von Fritsch und Forst, in Brot und Lohn stehend, mit ihrem Fensterputzer-Trupp »Blitz-Blank« von einem Auftrag zum nächsten.

Arbeitslosigkeit wird in den Milieufilmen der Weimarer Republik als Gegeneinander von Bewegung und Stillstand inszeniert. Ist Arbeit, definiert als Tätigkeit, immer auch Bewegung inhärent, könnte der Arbeitslosigkeit als ihrem Gegenteil vermeintlich Stillstand zugeschrieben werden. Doch die Filmbeispiele legen eine andere Interpretation nahe: Dem Stillstand wird gesteigerte Bewegung und Aktivität gegenübergestellt. Man mag hieran die politische Bedeutung des Themas Arbeitslosigkeit erkennen. Die Deutungshoheit über die Arbeitslosenzahl konnte das politische Geschehen entscheiden, das hat die Geschichte gezeigt.

Die neue Arbeitsstelle

Dass Filme der Weimarer Republik auch von der Überwindung der Arbeitslosigkeit handeln, davon zeugt die Tonfilmoperette DAS BLAUE VOM HIMMEL, zu der Billy Wilder gemeinsam mit Max Kolpé das Drehbuch verfasste und die von Victor Janson inszeniert wurde. Ende Dezember 1932 uraufgeführt, steht im Mittelpunkt der Spielfilmhandlung die junge Anni Müller (Marta Eggerth), die eine Stelle als Kartenver-

■ Marta Eggerth, Victor Janson (links) und vermutlich der Kameramann Heinrich Gärtner bei den Dreharbeiten zu DAS BLAUE VOM HIMMEL (1932, Regie: Victor Janson)

Marta Eggerth (Anni Müller) in DAS BLAUE VOM HIMMEL (1932, Regie: Victor Janson)

käuferin in der fiktiven Berliner U-Bahn-Station Wallenstein Platz[14] antritt und dort auf den Postpiloten Hans Meier (Hermann Thimig) trifft, in den sie sich verliebt. Aufgrund ihrer unterschiedlichen Arbeitszeiten – das gegenseitige Verpassen aufgrund von divergierenden Tag-Nacht-Schichten erinnert an Ludwig Bergers ICH BEI TAG UND DU BEI NACHT (1932) – gestaltet sich das gemeinsame Leben und Lieben zunächst als Herausforderung, die dem Genre entsprechend am Ende selbstverständlich mit einem Heiratsantrag gemeistert wird. Der erste Dialog des Films, in dem sich Anni auf dem Bahnsteig bei ihrem zukünftigen Kollegen Hugo (Ernö Verebes) nach dem Weg zum Stationsvorsteher (Jakob Tiedtke) erkundigt, widmet sich der überwundenen Arbeitslosigkeit. Hugo fragt Anni, ob sie denn etwas verloren habe, weil sie den Stationsvorsteher sprechen wolle: »... Ihre Fahrkarte, Ihren Freund, oder etwas Wertvolles?« Sie entgegnet ihm, sie habe, im Gegenteil, etwas Schöneres als Geld gefunden: »eine Stellung«. Dass Marta Eggerth dabei mit träumerischem Blick und freudestrahlendem Lächeln nicht mehr Hugo ansieht, sondern über die Kamera hinwegschaut, unterstreicht ihr Glücksempfinden in diesem Moment, das den Zuschauer adressiert. Eine Anstellung bedeutete in jener Zeit viel, sogar alles.

Anni wird vom flotten Hugo, der zeitgemäß überwiegend in Abkürzungen spricht, zum Stationschef geleitet, bei dem sie einen humorvoll inszenierten Einstellungstest erfolgreich absolviert. Im Fahrkartenschalter erkennt sie nun, dass es sich bei ihrer neuen Arbeit nicht um den Gang in ein Sanatorium oder Vergnügungslokal handelt, wie ihre altjüngferliche Kollegin Fräulein Fischer (Mathilde Sussin) berlinerisch-patzig bemerkt. Doch bevor sie realisiert, wie strapaziös die Arbeitsbedingungen unter der Erde sind – Kälte, kein Tageslicht, immer die gleichen sich wiederholenden Handgriffe –, setzt die beschwingte Musik von Paul Abraham ein und rettet die unbeschwerte Stimmung der Szene. An die Arbeit lässt es sich dadurch dann auch leichter gehen. Über anfängliche Fehler wie die Herausgabe von zu viel Wechselgeld wird hinweggesehen. Die Mühsal, die den Arbeitsbegriff der Neuzeit lange charakterisiert hat, wird hier durch den Modus der Komödie in Beschwingtheit verwandelt. Tonfilmoperetten wie Wilhelm Thieles DIE DREI VON DER TANKSTELLE (1930) oder EIN BLONDER TRAUM (1932) von Paul Martin stehen Jansons Film in ihrer Mise-en-scène diesbezüglich in nichts nach. Die Leichtigkeit der erwerblichen Tätigkeit dominiert die Inszenierung. Da »hüpfen [auch mal] die Schwerarbeiter dahin«,[15] wie Ernst Jäger in seiner Filmkritik über »die drei lustigen Brüder von der Tankstelle« schreibt.

Der Prozess, aus der Arbeitslosigkeit in eine Anstellung zu gelangen, wird auch in Richard Oswalds Sekretärinnenfilm ARM WIE EINE KIRCHENMAUS thematisiert, der Anfang November 1931 im Berliner Gloria-Palast uraufgeführt wurde. Die Handlung ist simpel: Die von Grete Mosheim dargestellte Susi Sachs wird vom Generaldirektor einer großen Wiener Bank, Baron Ullrich (Anton Edthofer), als Sekretärin eingestellt. Während einer Dienstreise nach Paris verliebt sich Susi in Ullrich, der sich nach einem amourösen Verwirrspiel mit seiner ehemaligen Sekretärin Olly Frey (Charlotte Ander) vorgenommen hat, zukünftig Geschäftliches und Privates voneinander zu trennen. Kurzerhand entlässt er Susi schließlich, um ihr mit einem letzten Text, den er ihr diktiert, einen Heiratsantrag zu machen. An der klischeebehafteten Erzählung »Sekretärin heiratet ihren Chef« ist jedoch mar-

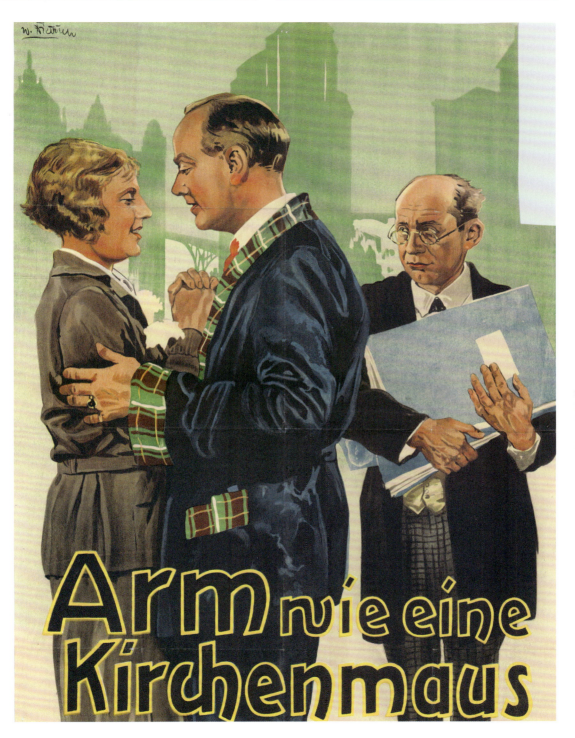

Plakat zu ARM WIE EINE KIRCHENMAUS (1931, Regie: Richard Oswald), Grafik: Willy Dietrich

Anton Edthofer (Baron Ullrich) und Grete Mosheim (Susi Sachs) in ARM WIE EINE KIRCHENMAUS (1931, Regie: Richard Oswald)

kant, dass die Liebeshandlung sich auf der Grundlage der Charakterisierung von Susi als arbeitswütige junge Frau entwickelt. Denn als Susi das erste Mal auftritt und den Portier (Ernst Wurmser) vor dem Eingang der Bank anspricht, ist sie noch arbeitslos. Nur aufgrund ihrer Beharrlichkeit verschafft sie sich Zugang zu den Büros. Ganz nach ihrem Motto »Kampf ums Dasein« lässt sie sich von Ullrichs Aussage, es sei keine Stelle zu vergeben, nicht beirren und überzeugt den Generaldirektor davon, dass sie um jeden Preis bei ihm arbeiten möchte. Susis Mimik ähnelt Annis glückseligem Gesichtsausdruck in DAS BLAUE VOM HIMMEL, wenn von anstehender Arbeit gesprochen wird. Passenderweise hat Susi ihre Ärmelscho-

ner für die Schreibmaschinenarbeit schon mitgebracht, die sie sich selbst genäht hat – so wie andere ihre Hochzeitskleider schneidern, kommentiert sie. Dabei sind ihre Ärmelschoner ebenso praktisch wie unmodisch und ergänzen ihren konventionellen Kleidungsstil perfekt. Susis äußere Erscheinung wirkt wie ihre gesamte Persönlichkeit ganz auf die Arbeit ausgerichtet: Ihre Kleidung ist schlicht und arbeitstauglich und steht damit im Gegensatz zur weiblich-aufreizenden Erscheinung ihrer Vorgängerin. Für Susi ist ihre fast proletarisch wirkende Bekleidung Arbeitsuniform und vermittelt damit auch visuell, worauf sie bei ihrem ersten Diktat insistiert: »Nutzen Sie meine Arbeitskraft, Herr Präsident!« Ihr extremer Arbeitseifer ist geradezu eine Überspitzung der protestantischen Arbeitsethik, wodurch sie zu einer Karikatur weiblicher Effizienz wird. »Das ist kein Fräulein. Das ist der Bestandteil einer Schreibmaschine«, fasst ihr Chef ihre Arbeitswut zusammen. Die Szene wirkt wie die Verkehrung der Denkfigur, die Friedrich Kittler in seiner Betrachtung *Grammophon Film Typewriter* (1986) im Typus der Sekretärin beschreibt, jenem Zusammenfallen von Beruf, Maschine und Geschlecht.[16] Denn die Schreibmaschinenmädchen, die zusammen mit den Kracauer'schen Ladenmädchen als neue soziale Schicht der Angestellten gern ins Kino gingen und sich in ARM WIE EINE KIRCHENMAUS ihrem »Filmdoppelgänger«[17] gegenübersahen, dürften sich zunächst vielmehr in der Prototypin Olly wiedererkannt haben als in der übereifrigen Susi.

Bei der Arbeit

Der Rhythmus eines Arbeitstages bestimmt die Großstadt der späten 1920er-Jahre. Walther Ruttmanns BERLIN. DIE SINFONIE DER GROSSTADT von 1927 zeigt dies vorbildhaft. Das Dokumentarexperiment beginnt mit Bildern von der erwachenden Hauptstadt, folgt den Erwerbstätigen auf ihrem Weg zur Arbeit und beobachtet sie bei ihrer Arbeit. Das Tempo der Stadt steigert sich, der (Arbeits-)Rhythmus wird immer schneller. Ruttmanns Films wirkt wie ein Querschnitt durch die Weimarer Arbeitswelten. Dabei ist er bei Weitem nicht der einzige Film des Weimarer Kinos, in dem ein differenziertes Spektrum damaliger Arbeitswelten entworfen wird: von Fabrikarbeitern über Handwerker bis zur individualisierten Arbeit von Künstlern.

Das prominenteste Beispiel einer filmischen Kritik an zeitgenössischen Zuständen der Fabrikarbeit formuliert Fritz Langs Science-Fiction-Meilenstein METROPOLIS, der nach der aufwendigen, knapp zweijährigen Produktionsphase 1927 in die Kinos kam. Der Diskurs über die Entfremdung des Menschen von seiner Arbeit war parallel dazu Mitte der 1920er-Jahre keine Neuheit mehr. Mit zunehmender Rationalisierung und Technisierung der Manufakturen und Fabriken bestimmte die Frage nach der Verbesserung von sogenannter Arbeitsfreude, also nach Motivation, die Schriften vieler Arbeitstheoretiker. Die damals innovative Abhandlung *Arbeit und Rhythmus* (1896) des Nationalökonomen Karl Bücher, einem Pionier auf dem Gebiet der Arbeitswissenschaft des ausgehenden 19. Jahrhunderts, identifizierte die moderne Fabrik mit ihren technisierten Arbeitsabläufen als unterdrückende, knechtende Welt, deren Protagonisten, die Arbeiter, von den Maschinen dazu gezwungen würden, sich ihrem Rhythmus anzupassen. Mit Anbruch des Maschinenzeitalters werde jeder natürliche Arbeitsrhythmus, der vom Menschen ausgehe, zerstört. »Der arbeitende Mensch ist nicht mehr Herr seiner Bewegungen, das Werkzeug sein Diener, sein verstärktes Körperglied, sondern das Werkzeug ist Herr über ihn geworden; das Tempo und die Dauer seiner Arbeit ist seinem Willen entzogen; er ist an den toten und doch so lebendigen Mechanismus gefesselt.«[18] Exakt diese Kritik nimmt Fritz Lang in der Darstellung der Unterwelt von Metropolis auf. Schaffen wird hier zum Schuften. Das Arbeiterheer bewegt sich in Formation unter Tage in die riesigen Hallen, in denen die Menschen an die Maschinen gebunden sind. Die Entfremdung hat hier ihren Höhepunkt erreicht: Die Arbeiter sind nicht nur von ihrer Tätigkeit dissoziiert, sie sind

■ BERLIN. DIE SINFONIE DER GROSS-STADT (1927, Regie: Walther Ruttmann)

außerdem gänzlich entindividualisiert. Die menschliche Gleichschaltung zeigt sich sowohl in den monotonen Bewegungen der Einzelnen als auch in ihrer einheitlichen Arbeitskleidung.

In METROPOLIS ist die Maschine der Kernpunkt der Erzählung. Wegen ihr und um sie dreht sich die Großstadt bzw. der Moloch Metropolis, der vielleicht selbst eine einzige große Maschine ist. Seit Beginn der Industrialisierung wurde ein kontinuierlicher Diskurs über die Dichotomie »Mensch – Maschine« geführt, der sich auch im Film fortsetzt. Während am Ende von Langs Film der von den Zeitgenossen vielfach kritisierte versöhnende »Mittler zwischen Hirn und Händen« steht – womit der Film der Utopie folgt, dass Mensch und Maschine in Eintracht koexistieren könnten –, setzt Friedrich Zelnik in seiner Literaturverfilmung DIE WEBER, der bemerkenswerterweise im gleichen Jahr wie METROPOLIS veröffentlicht

Szenenfoto aus METROPOLIS (1927, Regie: Fritz Lang)

wurde, diesbezüglich einen anderen Schlusspunkt. Gerhart Hauptmanns Bühnenstück folgend, kommt es nach einer drastischen Lohnkürzung durch den Fabrikanten Dreissiger (Paul Wegener) zum Aufstand[19] der schlesischen Weber unter der Führung des kürzlich heimgekehrten Kriegsveteranen[20] Moritz Jäger (Wilhelm Dieterle). Nachdem die revoltierenden Weber das Anwesen der Fabrikantenfamilie verwüstet haben, ziehen sie weiter zu Dreissigers Weberei-Fabrik im benachbarten Dorf. »Arm soll er werden ... arm, wie eine Kirchenmaus!«, so der Zwischentitel, der die Zerstörung der Villa kommentiert und Ausblick auf das Schicksal der Weberei gibt. Diese erhält mit dem ersten Bild der Arbeitsplätze verschlingenden Maschine eine menschliche Komponente: Die Kamera von Frederik Fuglsang und Friedrich Weinmann fängt ein Maschinenteil ein, das im gewählten Bildausschnitt wie ein bewegungsloser menschlicher Kopf wirkt. Ob dieses Bild Mitleid evozieren soll, bleibt offen. Der Maschinensturm wird davon jedenfalls nicht aufgehalten, die ärgsten Feinde der Weber liegen schließlich am Boden.

DIE WEBER lässt sich gleichfalls als Kontrast zu den vorab erwähnten Tonfilmoperetten anführen. Vergleicht man Blicke und Mimik von deren Protagonistinnen mit den leidgeprüften Gesichtern der Frauen an den heimischen Webstühlen, wird der Gegensatz evident zwischen dem glückseligen Strahlen von Anni und Susi über ihre neue Anstellung und dem düster-apathischen Ausdruck der Weberinnen, während sie Garn spinnen und Stoff weben. Arbeit ist hier keine mythische Glücksverheißung wie in DAS BLAUE VOM HIMMEL, sondern alttestamentarische Mühsal. Dabei wirken die Behausungen der Arbeiterinnen, gestaltet von dem russischen Filmarchitekten Andrej Andrejew, und das Maskenbild der Frauen nach Entwürfen von George Grosz noch geradezu adrett im Vergleich zu den ebenfalls in Schlesien verorteten, aber an realen Schauplätzen gefilmten Bildern von Heimarbeit in UM'S TÄGLICHE BROT.

Dass sich in Zelniks Film trotz allem ein echtes Berufsethos ausmachen lässt, gibt Aufschluss über

■ Hertha von Walther (Emma Baumert) in DIE WEBER (1927, Regie: Friedrich Zelnik)

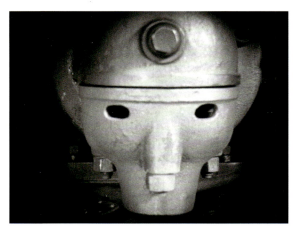

■ Teil einer Maschine in DIE WEBER (1927, Regie: Friedrich Zelnik)

das Drehbuch und die Anlage der Figuren von Fanny Carlsen und Willy Haas. Der alte Weber Hilse (Arthur Kraußneck) wird als gottesfürchtiger, arbeitsamer Patriarch eingeführt, der sich nicht an dem Aufstand beteiligt, sondern seinem Tagesgeschäft nachgeht. Am Ende wird er (dafür) an seinem Webstuhl von einer verirrten Kugel getötet.

Kritisch-zynische filmische Kommentare angesichts der Tatsache, dass der sogenannte vierte Stand die am schlechtesten bezahlten und zugleich am meisten gesundheitsgefährdenden Arbeiten übernehmen muss, finden sich auch in Georg Wilhelm Pabsts Katastrophendrama KAMERADSCHAFT von 1931. Der Spielfilm über ein Grubenunglück an der deutsch-französischen Grenze, der über seine spektakuläre Handlung hinaus die Botschaft von Völkerverständigung und internationaler Solidarität der Arbeiter propagiert, reiht sich in das Ensemble jener deutschen Spielfilme ein, die am Ende der 1920er-Jahre den Arbeiter als Protagonisten entdeckten. Bemerkenswert ist, dass KAMERADSCHAFT ein tadelloses Arbeitsethos der Männer unter Tage transportiert: Die Bergarbeiter in den Stollen – die Bauten der Filmarchitekten Ernö Metzner und Karl Vollbrecht entstanden vollständig in den Studios in Berlin-Staaken –, verrichten ihre Arbeit in einem ehrenhaften Selbstverständnis, als dessen Apotheose das Filmplakat zu KAMERADSCHAFT verstanden werden kann: Zu sehen sind darauf die Silhouetten zweier Arbeiter mit Schaufel und Spitzhacke, die sich die Hände reichen.

■ Filmbauten des Stollens für KAMERADSCHAFT (1931, Regie: Georg Wilhelm Pabst)

Die muskulöse Statur der beiden Männer lehnt sich an die Darstellung typisierter Arbeiter auf den zeitgenössischen Wahlplakaten von SPD, KPD und NSDAP an, die alle um die Gunst dieser großen Wählergruppe kämpften.

Dem Typus des Arbeiters wird in den späten Spielfilmen der Weimarer Republik eine weitere zentrale Figur gegenübergestellt: Der Ingenieur als Held der Moderne, bereits seit der Gründerzeit Protagonist zahlreicher literarischer Werke wie etwa Max Eyths *Die Brücke über die Ennobucht* (1899), fand Eingang in die deutsche Filmproduktion. Sowohl der im November 1929 uraufgeführte SPRENGBAGGER 1010 von Karl-Ludwig Acház-Duisberg, als auch Mario Bonnards Bergfilm DIE HEILIGEN DREI BRUNNEN (1930) rücken den Ingenieur in den Mittelpunkt des Geschehens. Geistig unterstützt wurde diese Entwicklung auch seitens nationalistischer Intellektueller: Während Ernst Jünger 1932 in seiner Abhandlung *Der Arbeiter. Herrschaft und Gestalt* über die Rolle des Arbeiters in der Gesellschaft reflektierte, hatte Oswald Spengler zehn Jahre zuvor im zweiten Band seines 1922 erschienen Werks *Der Untergang des Abendlandes* den Aufstieg des Ingenieurs als Führerfigur der Industrie, als »wissende[n] Priester der Maschine«[21] skizziert. Spenglers fraglos kritikwürdiges Hauptwerk stellt mit dem Ingenieur eine Figur heraus, die er als Ikone der Moderne stilisiert. Der Bühnenschauspieler Karl-Ludwig Acház-Duisberg, Sohn des Chemikers und Großindustriellen Carl Duisberg, übersetzte diese Deutung des Ingenieurs in sein Regiedebüt SPRENGBAGGER 1010, das am 25. November 1929 im Berliner Mozartsaal uraufgeführt wurde. Hauptperson ist der junge Ingenieur Karl Hartmann (Iwan Kowal-Samborski), der einen neuen Sprengbagger konstruiert, welcher in seiner Heimat, auf dem Grundbesitz seiner Verlobten Camilla von Einerm (Ilse Stobrawa) erstmals zum Einsatz kommen soll. Diese gibt nur widerstrebend ihr Gut Nilsenhöh zugunsten des Braunkohleabbaus auf. Die Resonanz auf den Film war mäßig: Die Filmhandlung spiegele lediglich »die entwaffnende Naivität und die infantile

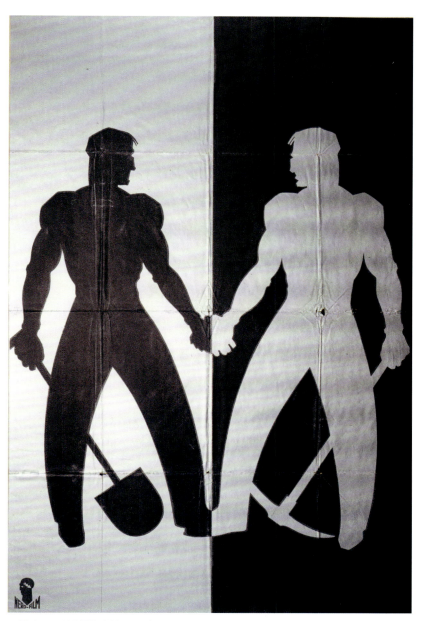

■ Plakat zu KAMERADSCHAFT (1931, Regie: Georg Wilhelm Pabst)

Viola Garden (Olga Lossen), Iwan Kowal-Samborski (Karl Hartmann) in SPRENGBAGGER 1010 (1929, Regie: Karl-Ludwig Acház-Duisberg)

Weltfremdheit des Manuskriptdichters und des Regisseurs«[22] wider. Dabei erzähle der Film einen »bedeutsame[n], typische[n] Vorgang unserer Zeit- und Wirtschaftsgeschichte«,[23] so Fritz Walter im *Berliner Börsen-Courier*. Honoriert wurde dagegen die Kameraarbeit des dreiköpfigen Teams unter der Leitung von Helmar Lerski, das die riesigen rauchumhüllten Industrieanlagen und »den majestätisch stampfenden ›Sprengbagger 1010‹, eine ins Technische versetzte Courths-Mahler-Apotheose«,[24] in Szene setzte. Acház-Duisbergs Film zeichnet sich insbesondere durch seinen ins Utopisch-Verklärende abgleitenden Arbeitsbegriff aus. Der Betriebsingenieur Hartmann und seine ganz dem Typ der »Neuen Frau« entsprechende Konstruktionszeichnerin Olga Lossen (Viola Garden) – die romantische Dreiecksgeschichte ist hier vorprogrammiert – stellen das junge, tatkräftige Paar dar, das im Glauben an den technischen Fortschritt den Sprengbagger am Reißbrett entwirft. Arbeit wird hier zur hingebungsvollen Pflichterfüllung. Der Fortschritt scheint unaufhaltsam, das suggeriert die dynamische Schnittfolge der experimentellen Kameraperspektiven, die dem Maschinenkoloss ein Eigenleben und eine fantastische Schönheit zugestehen.

Regisseur Acház-Duisberg lässt Hartmann, was sein Äußeres betrifft, ambivalent erscheinen: In vielen Szenen kleidet er die Figur in einen bürgerlichen Anzug, manchmal aber tritt Hartmann auch hemdsärmelig-proletarisch auf. Hier verschmelzen Arbeiter und Ingenieur zu einem neuen Typus, der in Kurt Bernhardts DER TUNNEL (D/F 1933) mit der Figur des Mac Allan (Paul Hartmann / Jean Gabin) eine ähnliche Ausgestaltung erhielt und schließlich im »Dritten Reich« als Prototyp des »Arbeiters der Stirn und der Faust« verherrlicht wurde. Mario Bonnard hingegen inszeniert seinen Protagonisten in DIE HEILIGEN DREI BRUNNEN gemäß einem traditionellen Ingenieursbild. Der Ingenieur mit dem sprechenden Namen Christomanus (Luis Trenker) wird zunächst auf dem Weg in sein Heimatdorf gezeigt, wo er den Bau einer Bergbahn und eines Staudamms verantworten

soll. Während die gesamte Dorfgemeinschaft damit beschäftigt ist, seine über mehrere Minuten hinweg dargestellte Ankunft gebührend vorzubereiten, befindet sich Christomanus bereits in Bewegung: Er fährt mit dem Auto, einem der zentralen Insignien der modernen urbanen Welt, durch die Gebirgslandschaft; die Kamera begleitet ihn als Beifahrer. Er trägt Anzug und Hut, die er im Verlauf des Films auch bei seiner Arbeit im Ingenieursbüro und auf der Baustelle trägt. Sein Kleidungsstil hebt ihn deutlich von seinen Arbeitern ab: Er ist derjenige, der die Technik beherrscht und der über seine Baustelle regiert. Unterstützt wird dieses Bild auch von Christomanus' Inszenierung an seinem Arbeitsplatz: In der Untersicht gefilmt, blickt der Ingenieur über sein detailreich gefilmtes Baustellen-Reich, scheinbar untätig die Hände in den Hosentaschen, die Pfeife im Mund. Er könnte ebenso gut einen Kapitän auf seinem Schiff darstellen, einen Kommandeur über die vielen Arbeiter, die in Bonnards Film als bloße Statisten vernachlässigt werden. Dass sie immerhin gut verpflegt werden, zeigt der Regisseur ausführlich anhand der Menüfolge in der Mittagspause der Arbeiter.

Verlässt man die maschinelle Industriewelt des Weimarer Spielfilms, zeigt sich mit der filmischen Verhandlung von Handwerksromantik ein weiterer Aspekt der zeitgenössischen Arbeitswelt, der ursprünglich allerdings aus dem literarischen Diskurs des

■ ABWEGE
(1928, Regie: Georg Wilhelm Pabst)
Links: Jack Trevor (Walter Frank)
Rechts: Brigitte Helm (Irene Beck) und Gustav Diessl (Thomas Beck)

wilhelminischen Deutschlands entsprang. Aus dem Kaiserreich stammt entsprechend auch das Bühnenstück *Mein Leopold* (1873) des deutschen Volksstückautors und Theaterleiters Adolph L'Arronge, das bis dato insgesamt sechs Mal verfilmt wurde. Während der Weimarer Republik entstanden gleich drei Verfilmungen des Stoffes über einen kleinbürgerlichen Schuhmachermeister, dessen mittelständisches Unternehmen zugrunde geht, weil sein von ihm vergötterter Sohn, ein arbeitsscheuer Gerichtsreferendar, sein gesamtes Vermögen verschwendet. Bereits 1919 und noch einmal 1924 inszenierte Heinrich Bolten-Baeckers MEIN LEOPOLD, 1931 folgte die erste Tonfilmversion unter der Regie von Hans Steinhoff. Die Schusterwerkstatt von Gottlieb Weigelt (Max Adalbert) steht hier in der begrifflichen Tradition des »Schaffens« im Sinne eines schöpferisch-kreativen Akts. Die angestellten Schuhmacher und ihr Werkführer Rudolf Starke (Gustav Fröhlich), die Inkarnation der Arbeitstugenden Fleiß, Ordnung und Pünktlichkeit, können sich Zeit für ihre Arbeiten nehmen, weil keine Maschine ihnen den Arbeitsrhythmus diktiert.

Qualitätsarbeit steht zunächst noch über Quantitätsproduktion. Dies ändert sich zum Ende des Films, als sich Starke, inzwischen selbst Inhaber eines Schuhgeschäfts, entschließt, eine Besohlungsmaschine für seine Reparaturwerkstatt zu erwerben. Zwar hält damit der Fortschritt Einzug und mit ihm der Optimismus, mittels der Maschine den Gewinn zu steigern, doch bleibt der Schuhmachermeister Weigelt bei seinem Grundsatz: »Schuster bleibt Schuster.« Denn: »Ein Ingenieur kann keine Stiefel machen.«

Berufstreue und Handwerksromantik schreiben sich in der modernen Weimarer Arbeitswelt fort und konnten im Arbeitsdiskurs der Weimarer Republik neben der Rationalisierungsdebatte oder den Ideen zum Arbeitspflichtdienst stehen. »Nowhere was the confusing pluralism of Weimar cultural life more evident than with respect to the ideology of work.«[25] Gilt die Diskussion über die Entfremdung der menschlichen Arbeit als maximale Kritik und damit als ein Extrem dieses Spektrums, stellt die Individualisierung von Arbeit den anderen Pol dar. Dazu zählen insbesondere künstlerische Berufe, zum Beispiel Schauspieler, Maler, Musiker, aber auch Sportler. Georg Wilhelm Pabst stellt in seinem Drama ABWEGE eben diese Berufe zur Disposition. Der 1928 uraufgeführte Film schildert den Zeitvertreib einer gelangweilten Ehefrau, gespielt von Brigitte Helm. Ihr Mann, der Rechtsanwalt Dr. Thomas Beck (Gustav Diessl), zeichnet sich in erster Linie durch seine berufsbedingte Abwesenheit aus, sodass Irene Zerstreuung bei anderen Männern und im Nachtleben sucht. Hans Feld definiert Beck in seiner Besprechung des Films als »tbm«, als »tired business man, der sich um die Frau nicht kümmern kann, weil er Geschäfte hat«.[26] Seine Konkurrenten um Irenes Gunst sind eben jene Männer, die einer individualisierten Arbeit nachgehen: der Maler Walter Frank (Jack Trevor) und der Boxer Sam Taylor (Nico Turoff). Im Vergleich zum statisch wirkenden Anwalt Beck, für dessen Interpretation sich Gustav Diessl hinsichtlich Mimik und Gestik wenig Aktionsradius erlaubt, sind der Maler Frank und der Boxer Taylor von intensiver beziehungsweise ausgelassener Emotionalität. Gleiches gilt auch für ihre Arbeitsweise: Sie sind durch ihre Berufswahl in der Lage, ihre Gefühle auszudrücken, ob auf dem Papier oder im Boxring. Das Zusammenfallen von Arbeit und Emotionalität zu einem an romantischen Idealen entsprechenden organisch-ästhetisches Gebilde, bei dem der Tätige zu sich selbst kommt, ist damit annähernd eingeholt.

Nach der Arbeit

Paul Lafargue, der Schwiegersohn von Karl Marx und damalige Wortführer des marxistischen Flügels der französischen Arbeiterbewegung, publizierte 1883 seine satirische Streitschrift *Das Recht auf Faulheit* (original: *Le droit à la Paresse*) mit dem Ziel, dem Menschenrecht auf Arbeit die Gültigkeit abzusprechen. Das Recht auf Arbeit geht ursprünglich auf den frühen Sozialisten Charles Fourier zurück und fand schließlich mit dem Artikel 163 Eingang in die Weimarer Reichsverfassung vom 11. August 1919. Lafargue beklagt in seinen Ausführungen »die Liebe zur Arbeit, die rasende, bis zur Erschöpfung der Individuen und ihrer Nachkommenschaft gehende Arbeitssucht«.[27] Denn »[a]lles individuelle und soziale Elend entstammt [der] Leidenschaft für die Arbeit«.[28] Sekretärin Susi Sachs hätte demnach Lafargues scharfe Kritik an ihrer Arbeitsobsession erdulden müssen, arbeitet sie doch deutlich mehr als die von ihm vorgeschlagenen drei Stunden pro Tag. Den Rest des Tages solle man sich, so Lafargue, in der Tugend der Faulheit üben. Erst hierdurch erfahre Arbeit eine nützliche Sinngebung.

Der Korpus von Weimarer Spielfilmen, die unterschiedliche Formen von Müßiggang, das heißt die freie Gestaltung von Zeit als gegenläufigen Begriff von Arbeit,[29] zeigen, ist ähnlich umfangreich und vielseitig wie die Darstellung von konkreten Arbeitswelten. Dass die Linie, die beide Sphären voneinander trennt, nicht immer klar zu definieren ist, zeigt zum Beispiel Joe Mays Tonfilmoperette IHRE MAJESTÄT DIE LIEBE.[30] Der Anfang 1931 uraufgeführte Film über zwei zerstrittene Industriellen-Brüder, die Heiratsabsichten des einen und die damit verbundenen Familienkomplikationen, enthält eine anspielungsreiche Szene, die als freizeitlicher Kaffeeklatsch beginnt und in einer geschäftigen Vorstandssitzung endet. Die sechs Damen am reich gedeckten Kaffeetisch schwatzen zunächst noch über eine standesgemäße Partie für Familienmitglied und Lebemann Fred (Franz Lederer), um dann beim Hinzukommen der männlichen Verwandten die Generalversammlung der Wellingen-Motorenfabrik zu eröffnen. Man muss wissen: Die Unternehmensaktien befinden sich im anteiligen Besitz von sämtlichen Familienangehörigen. Die Sphären privater Muße und kapitalistischer Geschäftswelt werden hier an einem Ort zusammengebracht: ins für die Versammlung umfunktionierte Esszimmer der von Wellingens; der Gugelhupf des Kaffeegedecks wird entsprechend ganz pragmatisch mit an den »Konferenztisch« gebracht. Man erkennt: IHRE MAJESTÄT DIE LIEBE ist kein Film über die Arbeitswelt von Fabrikbesitzern, sondern eine Komödie über alles, was Arbeit ausschließt, aber dabei über die Arbeit anderer finanziert wird. Demnach müsse die »Art, die reichen

Plakat zu DIE GRÄFIN VON MONTE CHRISTO (1932, Regie: Karl Hartl), Grafik: Ursula Bartning

Industriellen als schmarotzerhafte Drohnen zu zeigen, unweigerlich zum Klassenhaß aufreizen«,[31] so Fritz Olimsky in seiner Filmkritik. Schon August Bebel stellte fest: »Die alberne Behauptung, die Sozialisten wollten die Arbeit abschaffen, ist ein Widersinn sondergleichen. Nichtarbeiter, Faulenzer gibt es nur in der bürgerlichen Welt.«[32]

Muße und Arbeit können ebenfalls in einer Person zusammenfallen: Die Figur des Hochstaplers zieht sich bedingt durch seine lange literarische Tradition gleicherweise durch das Kino der Weimarer Republik. In der Ufa-Produktion DIE GRÄFIN VON MONTE CHRISTO (1932) von Karl Hartl wetteifern gleich zwei professionelle Hochstapler, gespielt von Rudolf Forster und Gustaf Gründgens, mit den beiden Komparsinnen Jeanette (Brigitte Helm) und Mimi (Lucie Englisch), die, ihre Schauspielambitionen hinter sich lassend, vom Filmset fliehen und unter falscher Identität in einem vornehmen Wintersporthotel unterkommen. Dort wird die angebliche »Gräfin von Monte Christo« (Helm) vom eleganten Rumowski (Forster) umgarnt, weil dieser an ihr – in Wahrheit nicht existierendes – Vermögen herankommen möchte. Der Umstand, dass er sich in sie verliebt, hebt die Grenze zwischen seiner »Arbeit« der Kapitalerschleichung und privater Sphäre auf.

Die Vorstellung, mit wenig Arbeitsaufwand größtmöglichen Gewinn zu erzielen, ist erzählerischer Bestandteil von Weimarer Spielfilmen, die neben dem Hochstapler auch den Kleinganoven zu ihrem Figurenensemble zählen. Erneut findet sich im Genre der Tonfilmoperette das ideale Beispiel: Erich Engels WER NIMMT DIE LIEBE ERNST? von 1931 erzählt von dem Kleinkriminellen Max (Max Hansen), der während seiner permanenten Flucht vor der Polizei die Bekanntschaft von Ilse (Jenny Jugo) macht und sich in sie, die angehende Schönheitskönigin des Berliner Lunaparks, verliebt. Eingeführt wird Max als Trickbetrüger: Er stiehlt mit seinem »Arbeitskollegen« Jacob (Willi Schur) vor dem Postamt angeleinte Hunde älterer Damen, um diese dann kurze Zeit später gegen einen angemessenen Finderlohn an ihre Frauchen zurückzugeben. Faul ist Max zwar nicht, durch einen besonderen Willen, einer geregelten Arbeit nachzugehen, zeichnet er sich allerdings ebenfalls nicht aus – ein Taugenichts Eichendorff'scher Prägung.

Seinen literarischen Ursprung hat der Gedanke, mit so wenig Aufwand wie möglich maximales Kapital zu erwirtschaften, in den Märchen von Wilhelm Hauff oder den Gebrüdern Grimm. In Hauffs *Das kalte Herz* (1827) beispielsweise wird der Protagonist zu einem Dasein frei von finanziellen Nöten verführt, wobei sein Vermögen allerdings keiner menschlichen Arbeit entstammt. Die Utopie vom reinen Dasein im Müßiggang wird im Laufe der Erzählung in einen Fluch verkehrt. Balance entsteht erst durch die Partizipation des jeweils anderen: Muße ohne Arbeit ist nicht denkbar, umgekehrt aber auch Arbeit nicht ohne Muße, sie bedingen einander. Deswegen werden die Protagonisten in MENSCHEN AM SONNTAG, der 1929 unter der Regie von Robert Siodmak, Rochus Gliese und Edgar G. Ulmer entstand, auch zunächst in ihrem jeweiligen Arbeitsumfeld am vorhergehenden Werktag vorgestellt, auf den der titelgebende Sonntag folgt. Die fünf

■ Max Hansen (Max) in WER NIMMT DIE LIEBE ERNST? (1931, Regie: Erich Engel)

■ Lilian Harvey (Jou-Jou), Paul Hörbiger (Landstreicher »Vogelscheuche«) in EIN BLONDER TRAUM (1932, Regie: Paul Martin)

jungen Protagonisten des Films werden in den erklärenden Zwischentiteln nicht nur mit ihren Namen vorgestellt, sondern zusätzlich mit ihrer beruflichen Tätigkeit: Erwin ist Taxifahrer, Brigitte verkauft Schallplatten, Wolfgang dagegen Wein, Christl ist Komparsin beim Film und Annie Mannequin. Der gemeinsame Sonntagsausflug an den Wannsee erhält seine erzählerische Relevanz vor allem aufgrund des vorab und am Schluss gezeigten Samstags, an dem alle noch arbeiten. Der Berufsalltag rahmt das ab Mitte der 1920er-Jahre zum Modewort und zur »sozialen Institution«[33] avancierte »Weekend«, das frei gestaltet wird.

Die Menschen, die am Sonntag gezeigt werden, sind keine reinen Müßiggänger. Dieses Stereotyp lässt sich nur in wenigen Produktionen des Weimarer Kinos ausmachen. Es sind meistens die Nebenfiguren, die den gesellschaftlichen Außenseiter, den Arbeitsverweigerer verkörpern: Der Landstreicher »Vogelscheuche« (Paul Hörbiger) aus EIN BLONDER TRAUM ist ein solcher. Mit dem ironischen Charme des Subversiven wird er von Willy I und II als »unser Kammerdiener, unser Hausarzt, unser Privatsekretär, unser Steuerberater« vorgestellt. Selbstverständlich übt der arbeitslose Vagabund keinen dieser Berufe aus, sondern macht sein Recht auf Faulheit geltend. Reiner Müßiggang als Kritik am modernen Zeitregime sowie an der kapitalistischen Geldkultur bleibt damit ein weiteres utopisches Element der Darstellung von Arbeitswelten im Weimarer Kino – ebenso wie in Thomas Morus' *Utopia*, wo nämlich allgemeine Arbeitspflicht herrscht.

1 Thomas Morus: Utopia, übersetzt von Gerhard Ritter, Stuttgart 2017 [1516], S. 67
2 Joan Campbell: Joy in Work, German Work. The National Debate, 1800–1945, Princeton (NJ) 1989, S. 107
3 Peter Gay: Die Republik der Außenseiter. Geist und Kultur der Weimarer Zeit 1918–1933, Frankfurt am Main 2004 [1970], S. 162
4 Frank Maraun: »Warum sieht man das nie im Spielfilm?«, in: Der Deutsche Film, 3. Jg., Heft 8, Februar 1939, S. 211–214, hier S. 213
5 Siegfried Kracauer: »Wedding im Film«, in: Frankfurter Zeitung, Nr. 74, 28.1.1930
6 Vgl. Heinrich August Winkler: Weimar 1918–1933. Die Geschichte der ersten deutschen Demokratie. Durchgesehene Auflage, München 1998 [1993], S. 352, 399, 482
7 Vgl. Jürgen Kocka: Mehr Last als Lust. Arbeit und Arbeitsgesellschaft in der europäischen Geschichte. Kölner Vorträge zur Sozial- und Wirtschaftsgeschichte, Heft 44, Köln 2006, S. 16
8 Vgl. Max Weber: Die protestantische Ethik und der Geist des Kapitalismus, in: ders.: Gesammelte Aufsätze zur Religionssoziologie in 3 Bdn., hg. v. Marianne Weber, Bd. 1, Tübingen 1988 [1904/05], S. 17–206
9 Ernst Jäger: »Heinrich Zille zum Gedenken. Mutter Krausens Fahrt ins Glück«, in: Film-Kurier, 12. Jg., Nr. 1/2, 1.1.1930
10 A. S.: »Mutter Krausens Fahrt ins Glück«, in: Film-Journal, 7. Jg., Nr. 1, 1. Beiblatt, 5.1.1930
11 Ähnlich wie auch innerhalb der KPD wurde die Frage nach einer eigenen Spielfilmproduktion seit den frühen 1920er-Jahren parteiintern lange diskutiert. Ausschlaggebend für die Ablehnung war stets das Argument, die hohen Kosten für Spielfilme nicht aufbringen zu können. Erst Ende der 1920er-Jahre konnten die wenigen Spielfilme, meistens Auftragsarbeiten der verschiedenen Parteiinstitutionen, auf den Weg gebracht werden.
12 F. Sch.: »Ein Film von der Arbeitslosigkeit. ›Lohnbuchhalter Kremke‹«, in: Der Abend, Spätausgabe des Vorwärts, 47. Jg., Nr. 416, 5.9.1930
13 F. Sch.: »›Lohnbuchhalter Kremke‹. Phoebus-Palast«, in: Der Abend, Spätausgabe des Vorwärts, 47. Jg., Nr. 434, 16.9.1930
14 Die Szenen auf dem U-Bahnsteig entstanden vollständig im Studio. Für die realistischen und von der Kritik gelobten Bauten zeichnete der russische Filmarchitekt Jacek Rotmil (auch Jacques Rotmil) verantwortlich, der während der Weimarer Republik vor allem Kulissen für Unterhaltungsfilme schuf, u. a. auch für DAS ABENTEUER EINER SCHÖNEN FRAU (1932, Regie: Hermann Kosterlitz).
15 Ernst Jäger: »Die Drei von der Tankstelle«, in: Film-Kurier, Nr. 219, 16.9.1930
16 Vgl. Friedrich Kittler: Grammophon Film Typewriter, Berlin 1986, S. 273
17 Ebd., S. 264
18 Karl Bücher: Arbeit und Rhythmus. Zweite, stark vermehrte Auflage, Leipzig 1899, S. 381
19 Zum Motiv der Revolution im Kino der Weimarer Republik siehe den Beitrag von Jörg Schöning in diesem Band.
20 Zur Figur des Heimkehrers im Weimarer Kino siehe den Beitrag von Philipp Stiasny in diesem Band.
21 Oswald Spengler: Der Untergang des Abendlandes. Umrisse einer Morphologie der Weltgeschichte. Zweiter Band: Welthistorische Perspektiven, München 1922, S. 632
22 Heinz Pol: »Sprengbagger 1010«, in: Vossische Zeitung, Nr. 559, 27.11.1929, zitiert nach: Gero Gandert (Hg.): Der Film der Weimarer Republik 1929. Ein Handbuch der zeitgenössischen Kritik, Berlin / New York 1997, S. 620 f., hier S. 620
23 Fritz Walter: »Sprengbagger 1010«, in: Berliner Börsen-Courier, Nr. 552, 26.11.1929, zitiert nach: Gandert (Hg.), a. a. O., S. 619 f., hier S. 619
24 Hans Sahl: »Sprengbagger 1010«, in: Der Montag Morgen, Nr. 48, 2.12.1929, zitiert nach: Gandert (Hg.), a. a. O., S. 622
25 Campbell, a. a. O., S. 241
26 Hans Feld: »Abwege«, in: Film-Kurier, Nr. 213, 6.9.1928
27 Paul Lafargue: Das Recht auf Faulheit, Hamburg 2001 [1883], S. 14
28 Ebd., S. 18
29 Ausführlich dargestellt von Kurt Röttgers in seinem Aufsatz »Muße«, in: Wieland Jäger / ders. (Hg.): Sinn von Arbeit. Soziologische und wirtschaftsphilosophische Betrachtungen, Wiesbaden 2008, S. 161–182
30 Siehe zu IHRE MAJESTÄT DIE LIEBE auch den nachfolgenden Beitrag von Dietrich Brüggemann in diesem Band.
31 Fritz Olimsky: »Ihre Majestät die Liebe«, in: Berliner Börsen-Zeitung, 10.1.1931
32 August Bebel: Die Frau und der Sozialismus, Frankfurt am Main 1976 [1878], S. 414
33 Kaspar Maase: Grenzenloses Vergnügen. Der Aufstieg der Massenkultur 1850–1970, Frankfurt am Main 1997, S. 134

Das Glück vor unserer Nase

Über IHRE MAJESTÄT DIE LIEBE (1931)

Dietrich Brüggemann

Seite 114: Szöke Szakall (Bela Török) in IHRE MAJESTÄT DIE LIEBE (1931, Regie: Joe May)

Wenn man »1920er-Jahre« und »Berlin« denkt, dann denkt man: Tanzlokal. In unserer Erinnerung (oder Imagination, denn wir waren ja nicht dabei) ist die ganze Stadt ein einziger Amüsiertempel. In Walther Ruttmanns BERLIN. DIE SINFONIE DER GROSSSTADT (1927) kann man sich davon überzeugen, dass die Discokugel keine Erfindung unserer Tage ist. Filme aus den Zwanzigern, hat man so den Eindruck, kennen überhaupt nur zwei Themen: einerseits Asphalt, andererseits Amüsement. Das ist natürlich grob verkürzt und historisch nicht haltbar, aber ganz falsch ist es auch nicht: Die Arbeiterklasse haust unter haarsträubenden Bedingungen, zehnköpfige Familien sitzen in feuchten Kellerwohnungen, während die bessere Gesellschaft es im Metropol-Theater krachen lässt. Und dazwischen die Schicht, die uns bis heute am meisten fasziniert: die Künstler, die Schauspieler, die mittellosen Mädchen aus der Provinz, die in der Großstadt stranden und sich als »Flapper« neu erfinden.

In dem heute komplett vergessenen, 1926 erschienenen Roman *Der Weg aus der Nacht* des ebenso vergessenen Schriftstellers Edmund Kiss (der später dann durch Nähe zu den Nazis und fragwürdige germanische Geschichts- und Welttheorien von sich reden machte) wird beschrieben, wie der Ich-Erzähler die Witwe eines gefallen Kriegskameraden ehelichen will und ihm Letzterer andauernd als Geist erscheint. Er verkehrt auf rauschenden Bällen, wo die bessere Gesellschaft sich die Klinke in die Hand gibt, er langweilt sich mit den Honoratioren und lauert auf den nächsten Tanz mit der Angebeteten, und währenddessen steht immer wieder ein schweigsamer toter Soldat im Raum, schaut ihn an und führt nachdenkliche Gespräche mit ihm. Und ungefähr so wird es wohl tatsächlich gewesen sein: Man feierte rauschende Bälle, auf denen die Toten unsichtbar und schweigend herumstanden. Denn der Weltkrieg, der damals noch nicht der »erste« hieß, weil der zweite noch bevorstand, war erst ein paar Jahre her. Das industrialisierte Massaker hatte nicht nur Millionen Tote hinterlassen, sondern ebenso viele Verletzte, Traumatisierte, Versehrte, die überall zum Straßenbild gehörten. In den Bildern von Otto Dix und George Grosz springen sie uns in aller Wucht ins Ge-

Szöke Szakall (Bela Török) und Käthe von Nagy (Lia Török)

IHRE MAJESTÄT DIE LIEBE (1931, Regie: Joe May) Käthe von Nagy (Lia Török) und Franz Lederer (Fred von Wellingen)

sicht, also legen wir sie im Geiste in ihre eigene Schublade, in eine Otto-Dix- und George-Grosz-Welt, irgendwie in ein separates Universum. Doch damals waren sie allgegenwärtig. Wer männlich und älter als 25 oder 30 oder 35 war (je nachdem, in welches Jahr wir uns versetzen), der hatte seine Jugend im Schützengraben verbracht und den Tod gesehen – und auch wenn er selber mit allen Gliedmaßen und Sinnesorganen heil nach Hause gekommen war, dann muss man davon ausgehen, dass eigentlich in allen das wütete, was man damals noch nicht als »posttraumatische Belastungsstörung« bezeichnete. Die 1920er-Jahre waren ein Tanz auf dem Vulkan, und in diesem Vulkan brodelte eben nicht nur der bevorstehende Horror, sondern auch der vergangene.

Der Schauspieler Kurt Gerron (1897–1944) beispielsweise wurde mit siebzehn Jahren an die Front geschickt, dort schwer verletzt, war danach dienstuntauglich und konnte das tun, was er eigentlich wollte, nämlich Medizin studieren. Schon im zweiten Studienjahr aber musste er wieder an die Front, diesmal als Arzt. Drei Semester Medizin waren offenbar ausreichend. Mit einundzwanzig kam er zurück, hatte vermutlich mehr Schreckliches gesehen als der Schreiber (und sämtliche Leser) dieser Zeilen im gesamten Leben, kehrte der Medizin den Rücken und wurde Schauspieler. Weil die Kriegsverletzung aber irgendein stoffwechselrelevantes Organ zerfetzt hatte, nahm er stark zu, bekam ein unvorteilhaftes Mondgesicht und war dann halt Charakterdarsteller.

Der Regisseur Joe May (1880–1954) hatte seine ganz eigene Tragödie, die gleichwohl wenig mit dem Krieg zu tun hatte: Er hatte mit seiner Frau, der Schauspielerin Mia May, eine einzige Tochter, die dann auch Schauspielerin wurde. Im zarten Alter von zweiundzwanzig Jahren hatte sie schon drei gescheiterte Ehen und einen Selbstmordversuch hinter sich. Der zweite war dann von Erfolg gekrönt. Ihre Mutter drehte danach keinen Film mehr. Welche Tragödien sich jeweils hinter diesen lapidaren Wikipedia-Fakten verbergen, kann man sich mit wenig Fantasie ausmalen.

Für einen Text, der ein federleichtes Lustspiel behandeln soll, ist das alles ziemlich weit ausgeholt – aber genau das ist der Hintergrund, vor dem IHRE

MAJESTÄT DIE LIEBE 1930/31 in der Regie von Joe May entstand und vor dem man ihn vermutlich sehen sollte. Der eben erwähnte Kurt Gerron sitzt in der ersten Szene in einem Tanzlokal (wo sonst) am Tresen als einer von drei Herren, die der hübschen Bardame spaßhafte Komplimente zuwerfen und über die Unterteilung zwischen Frauen, Damen und Weibern schwadronieren. Joe May ist der Regisseur, und von all diesen Schrecklichkeiten ist im Film einfach keine Spur zu sehen. Es geht um die Wellingen-Motorenfabrik, beziehungsweise deren Besitzer, die Familie von Wellingen, deren Personal aus lauter Klassikern der Theaterklamotte besteht: Der geschäftstüchtige Patriarch (Otto Wallburg), dessen lebensfrohe Tochter (Gretl Theimer), die mit ihrem Gymnastiklehrer (Tibor von Halmay) durchbrennen will, die komische Oma (Alexandra Schmitt), der hoffnungslos vertrottelte Onkel (Ralph Arthur Roberts) und der jugendfrische Held (Franz Lederer), der die familiären Bande abstreift und für den es nur eine Majestät gibt, nämlich die Liebe. Und der ist natürlich unser Mann. Fred von Wellingen heißt er, und eigentlich hat er gar nichts gegen seine Familie, so degeneriert sie auch ist. Die mit dem Reichtum einhergehenden Annehmlichkeiten nimmt er gern mit, Rebellion ist nicht sein Ding, und auch gegen Karriere hat er nichts einzuwenden, eine gutdotierte Stellung als Generaldirektor der Wellingen-Motorenfabrik wäre ihm schon recht, warum denn auch nicht. Aber dafür soll er irgendeine reiche Erbin heiraten, so will es die Familie, und darauf hat er keine Lust. Lieber macht er der schönen Bardame (Käthe von Nagy) den Hof, und um die Verwandtschaft zu ärgern, macht er ihr sogar kurzerhand einen Heiratsantrag. Die Dame ist hinwiederum nicht nur *love interest*, sie hat ihr eigenes Leben sowie einen alten Ungarn als Vater (Szöke Szakall), der in einem früheren Leben mal Zirkusartist war und deswegen mit einem großen Sprung ins bereitstehende Auto hineinhopsen und vor versammelter Mannschaft mit Tellern jonglieren kann, die dann aber doch alle zu Bruch gehen, was dann wieder den Graben zwischen ihm und der besseren Gesellschaft zementiert. Eine Verbindung mit einer solchen Person darf es nicht geben, also wird das geplante Verlobungsbankett kurzerhand zur Beförderungsfeier für unseren Helden umfunktioniert. All seine materiellen und Karrierewünsche sollen erfüllt werden, wenn er auf die Ehe verzichtet. Und erstaunlich bereitwillig, wenn auch traurigen Herzens, geht er darauf ein und lässt sich in den Dienst des zusammenzuhaltenden Familienvermögens spannen. Woraufhin der depperte Onkel, der bei aller Vertrottelheit scharf erkannt hat, daß das Mädchen mehr Substanz hat als der ganze verkommene Familienclan, seine Chance gekommen sieht und sie mit Heiratsanträgen und Blumensträußen überschüttet, was dann wiederum Anlass für diverse Slapstickeinlagen bietet.

Kein Rezept zur Rettung der Welt

All das anzusehen ist eine helle Freude, wie man sie heute im deutschen Film kaum mehr hat (und im internationalen auch selten). Die Figuren sind präzise gezeichnete Witzfiguren – klingt einfach, muß man aber erst mal hinkriegen. Und wie jede wirklich gute Komödie gibt es in IHRE MAJESTÄT DIE LIEBE kein größeres Thema, keine Erlösung für alle und kein Rezept zur Rettung der Welt.

Die Tragödie will uns weismachen, es gäbe ein Jenseits, eine bessere Welt, in der man das erreichen kann, was einem hier verwehrt bleibt, da begegnet sie sich mit den Religionen und Ideologien, mit Sozialismus und Nationalsozialismus, die sich damals schon in den Straßen die Köpfe einschlugen und kurz darauf die Welt in Brand steckten – sie waren und sind unterschiedlich und auch unterschiedlich schlimm, aber alle wollen sie uns etwas von besseren Welten erzählen, für die man kämpfen und sich im Zweifelsfall opfern muß. Die Komödie weiß dagegen: Alles Quatsch. Sie macht sich keine Illusionen. Es gibt nur das Private, und das ist eben nicht politisch. Das Wahre, Gute und Großartige existiert nicht in irgendeiner besseren Welt, sondern hier vor unserer Nase, und man muss zugreifen, sonst ist es weg.

■ Otto Kanturek
(1897–1941)

■ Otto Wallburg
(1889–1944)

Man bezeichnet solche Filme gemeinhin als »leicht«. Sind sie ja auch. Aber es ist die Leichtigkeit, die in den Abgrund geschaut hat. Sie kommt von Leuten, die wirklich wussten, was schwer war, und die auch hinterher wieder bitter erfahren sollten, wie recht sie hatten mit ihrer Botschaft, das Glück im Moment zu suchen und festzuhalten. Joe May floh vor den Nazis nach London, dann weiter nach Hollywood, wo er jedoch nicht mehr richtig Fuß fassen konnte. Er war in seinen letzten Lebensjahren auf Almosen alter Freunde angewiesen und starb verarmt am 29. April 1954, zwei Monate bevor ein aus Ruinen auferstandenes Wirtschaftswunderland wieder Fußball-Weltmeister wurde. Kurt Gerron war Jude und wurde von den Nazis ins KZ gesteckt, wo sie ihn zwangen, einen Propagandafilm über Theresienstadt zu drehen (THERESIENSTADT. EIN DOKUMENTARFILM AUS DEM JÜDISCHEN SIEDLUNGSGEBIET, 1945, Regie: Kurt Gerron), dann wurde er nach Auschwitz gebracht und noch am selben Tag vergast. Otto Wallburg (1889–1944), der den Familienpatriarchen spielt, emigrierte erst nach Österreich, dann in die Niederlande, wollte weiter in die USA, versteckte sich vor den Deutschen, wurde denunziert und verhaftet und deportiert und ebenfalls in Auschwitz ermordet. Otto Kanturek (1897–1941), der Kameramann des Films, emigrierte 1933 nach England und starb 1941 bei den Flugaufnahmen für einen Fliegerfilm namens A YANK IN THE R.A.F. (USA 1941, Regie: Henry King), als zwei Flugzeuge in der Luft kollidierten.

Andere hatten mehr Glück: Franz Lederer (später: Francis Lederer, 1899–2000), der den jungen Helden spielt, ging schon 1932 nach Amerika, machte dort keine spektakuläre, aber ordentliche Karriere und starb mit hundert Jahren in Palm Springs, Kalifornien, im Jahr 2000. Er war einer der letzten Überlebenden der Österreichisch-Ungarischen Armee des Ersten Weltkriegs. Was er da so alles erlebt hat, weiß keiner und wird nie jemand wissen. Hoffen wir einfach, dass Ihre Majestät, die Liebe, immer für ihn da war.

Joe May (1880–1954)

Kurt Gerron (1897–1944)

Franz Lederer (1899–2000)

»Möchte doch wissen, wozu wir eigentlich auf der Welt sind!«

Zur Inszenierung von Kindheit und Jugend im Weimarer Kino

Ioana Crăciun

Seite 120:
Ralph Ludwig (Peter), Fee Wachsmuth (Frida) und Margot Misch (Lotte) in DIE UNEHELICHEN (1926, Regie: Gerhard Lamprecht)

Plakat zu MÄDCHEN IN UNIFORM (1931, Regie: Leontine Sagan) Grafik: Emmerich Weninger, Atelier König, Wien

In seiner im amerikanischen Exil verfassten psychologischen Geschichte des deutschen Films *Von Caligari zu Hitler*, einem wegweisenden, wenn auch kontrovers diskutierten Werk, das sich mit der kinematografischen Kultur der Jahre 1895 bis 1933 auseinandersetzt, behauptet der Soziologe, Film- und Kulturkritiker Siegfried Kracauer, dass die meisten »Jugendfilme jener Zeit – Filme mit Kindern oder Jugendlichen in der Hauptrolle – [...] Variationen zu Wedekinds *Frühlings Erwachen*« seien.[1] Kracauer hatte dabei vornehmlich die von ihm so bezeichnete »Stabilisierungszeit« vor Augen, jene Zeitspanne zwischen 1924 und 1929, in der das Chaos der Nachkriegsjahre überwunden zu sein schien und man wieder hoffnungsvoll in die Zukunft schaute. Umso verstörender wirken gerade einige Weimarer Jugendfilme: Siegfried Kracauer bezog sich in seiner Analyse hauptsächlich auf Richard Oswalds gleichnamige Verfilmung des Wedekind'schen Dramas, FRÜHLINGS ERWACHEN. EINE KINDERTRAGÖDIE (1929), und auf Robert Lands BOYKOTT (auch: PRIMANEREHRE, 1930), ohne jedoch damals erfolgreiche, heute beinahe in Vergessenheit geratene Filme wie DIE RÄUBERBANDE (1928, Regie: Hans Behrendt) oder DER KAMPF DER TERTIA (1928, Regie: Max Mack) außer Acht zu lassen, die Kinderschicksale aus anderen, nicht weniger dramatischen Blickwinkeln beleuchten.

Die Jugendfilme der Weimarer Ära zeigen Pubertierende, die in Konflikt mit der (Sexual-)Moral ihrer autoritären Erzieher geraten, Kinder und Jugendliche, die gegen die Verhaltensnormen einer oppressiven Gesellschaft rebellieren und den Selbstmord oft als einzigen Ausweg aus dem Konflikt mit ihrem gefühl- und verständnislosen Umfeld sehen. Das Motiv des Selbstmords als eine Form der juvenilen Rebellion gegen die Autorität tyrannischer Eltern und Erzieher – und zugleich als paradoxe Form der Bejahung des Autoritätsgedankens – schlägt eine Brücke zwischen den stummen Jugendfilmen der Stabilisierungszeit und dem frühen Tonfilm MÄDCHEN IN UNIFORM (1931) von Leontine Sagan. Er avancierte zum Kult-Jugendfilm, dessen revolutionäre Botschaft zu Beginn der 1930er-Jahre weltweit gefeiert und zugleich deutlich überschätzt wurde, plädiert der Film doch weniger für eine dezidierte Auflehnung gegen die Tyrannei autoritärer Erziehung als vielmehr für deren Abmilderung und Humanisierung. Das »Frühlingserwachen« als Metapher für die ersten Regungen der Sexualität wird bei Leontine Sagan um eine bedeutende Dimension erweitert: um die Homoerotik, die in der Weimarer Republik strafrechtlich verfolgt wurde und deren Entsprechung im deutschen Sexualstrafrecht der seit 1870 bestehende, berüchtigte § 175 war, gegen den sich schon Richard Oswalds Aufklärungsfilm ANDERS ALS DIE ANDERN (1919) mit Conrad Veidt und Reinhold Schünzel in den Hauptrollen ausgesprochen hatte. Mitreflektiert werden in Leontine Sagans Film Erziehungsmethoden, -prinzipien und -institutionen, die aus kindlichen Opfern schuldlos Schuldige machen, die von einer inhumanen, bigotten Gesellschaftsordnung inkriminiert und zum Außenseitertum gezwungen werden. Es sind Themen, die auch Georg Wilhelm Pabsts Stummfilm TAGEBUCH EINER VERLORENEN (1929) in drastischer Weise anspricht.

Kinderschicksal als gesellschaftlicher Seismograf

»Möchte doch wissen, wozu wir eigentlich auf der Welt sind!«, sagt Frank Wedekinds Held Melchior Gabor zu seinem Freund Moritz Stiefel gleich bei ihrem ersten Dialog zu Beginn der vorexpressionistischen Kindertragödie.[2] Diese gegen Ende des 19. Jahrhunderts rhetorisch intendierte Frage eines ratlosen Pubertierenden ist konstitutiv für die Darstellung von Kindern und Jugendlichen im Film der Weimarer Republik. Im selben Jahr 1929, als Richard Oswald Wedekinds *Frühlings Erwachen* (1891) und Georg Wilhelm Pabst den Roman Margarete Böhmes, *Tagebuch einer Verlorenen* (1905), verfilmt haben, richtet Mutter

Krause, die Protagonistin in Piel Jutzis proletarischem Zille-Film MUTTER KRAUSENS FAHRT INS GLÜCK, eine ähnliche Frage an das schlafende Kind ihrer Untermieter, bevor sie es auf die gemeinsame, euphemistisch so bezeichnete Fahrt ins Glück mitnimmt, den Selbstmord durch Gas: »Was hast du armet [sic!] Wesen auf dieser Welt zu verlieren?« Noch deutlicher tönt der Titel einer Weimarer Filmkomödie von Alexander Korda, MADAME WÜNSCHT KEINE KINDER (1926), deren Drehbuch von keinem Geringeren als Béla Balázs verfasst wurde.[3]

Im Weimarer Kino galten Kinder als arme Wesen, deren Schicksal nur wenige Filmemacher kümmerte, anders als beispielsweise im zeitgenössischen nordamerikanischen oder im französischen Kino – man denke beispielsweise an Jacques Feyders VISAGES D'ENFANTS (KINDERGESICHTER, F/CH 1925), einen Film, der die Welt der Erwachsenen ausschließlich aus der Perspektive des Kindes darstellt. Wenn das Weimarer Kino dennoch Kinder und Jugendliche zeigte, dann mit Vorliebe als Opfer der postmonarchischen Gesellschaftsordnung. Diese Kinder und Jugendlichen werden von der bürgerlichen Gesellschaft

■ Werbung zu MADAME WÜNSCHT KEINE KINDER (1926, Regie: Alexander Korda)

■ BERLIN. DIE SINFONIE DER GROßSTADT (1927, Regie: Walther Ruttmann)

instrumentalisiert und manipuliert, in grausamer Art und Weise missbraucht und missachtet, zu Objekten der Lust und der Gier degradiert, gekauft, verkauft und getötet. Sie treten im Weimarer Kino als Opfer inhumaner Erziehungsmethoden und ideologischer Manipulationen auf, als Opfer sexueller Gewalt und tief sitzender Vorurteile. Ihr tragisches Schicksal artikuliert in aller Deutlichkeit die Zukunftsängste der damaligen Epoche, entschlüsselt ihre Obsessionen und Phobien, erforscht ihre Traumata, zerlegt ihre Utopien, hinterfragt ihr Selbstverständnis und entlarvt ihre Selbstinszenierung. Kinder und Jugendliche tragen im Weimarer Kino maßgeblich zur Dekonstruktion einer krisengeschüttelten Epoche bei, die ihre Identität in den Trümmern des Ersten Weltkriegs verloren hatte und gerade erst dabei war, sich jenseits vom preußischen Militarismus an eine neue Identität heranzutasten, die der Moderne besser anstand.

In Walther Ruttmanns Experimentalfilm BERLIN. DIE SINFONIE DER GROßSTADT (1927) gibt es ein Bildzitat aus Karl Grunes berühmtem Film DIE STRAßE (1923): Ein Polizist in Uniform stoppt den chaotischen Berliner Verkehr, um einen kleinen Jungen sicher über die Straße zu geleiten. Öffentlich bekennt sich die junge Weimarer Demokratie zu ihrer Schutzpflicht Kindern gegenüber. Das ist demonstrativ zur Schau gestellte paternalistische Pose, deren schönen Schein die darauffolgenden Filmsequenzen Ruttmanns hinterfragen: Kleine Mädchen in zerschlissener Kleidung werden gezeigt, die am Straßenrand mit einem Puppenwagen spielen und sich dabei auf ihre sozial festgeschriebene Mutterrolle vorbereiten, während Inschriften wie »Lumpen« oder »Gebrauchte Säcke« an der Hauswand im Hintergrund auf ihr Elend heute und in der Zukunft hinweisen. Zwei hungrige Kinder klammern sich verzweifelt an den Hals ihrer arbeitslosen Mutter, die auf der Außentreppe eines öffentlichen Gebäudes vergeblich auf ein Almosen wartet, während in Berliner Luxuslokalen Champagner, Hummer und Austern aufgetragen werden.

Solche grellen Kontraste prangern inakzeptable soziale Missstände an, die in Fritz Langs METROPOLIS (1927) als die natürliche, selbstverständliche und daher auch unanfechtbare Gesellschaftsordnung geschildert werden. Die Kinderscharen, die hier nach der apokalyptischen Zerstörung der Arbeiterstadt den sogenannten »Klub der Söhne« betreten, gleichen trotz der Dramatik ihrer Rettung durch die Arbeiterführerin Maria (Brigitte Helm) und ihren Freund Freder (Gustav Fröhlich) einer Schulklasse, die in Begleitung ihrer Lehrer einen wundervollen Museumsbesuch absolviert. Offenbar ist der Platz dieser bedauernswerten Arbeiterkinder nicht dort, im paradiesisch ausgestatteten Klub der Söhne, wo Theater, Bibliotheken, Hörsäle und Sportstadien nur den privilegierten Kindern der Reichen zur Verfügung stehen. Dass die mangelhaft mit Nahrung und Kleidung versorgten, resignierten Arbeiterkinder nach der berühmt-berüchtigten sentimentalen Versöhnung zwischen Kapital und Arbeitskraft den Klub für die Kinder der Reichen räumen müssen, scheint für Fritz Lang und seine Drehbuchautorin Thea von Harbou erschreckend selbstverständlich.

Jugend jenseits der Normalität

Wenn sie nicht als Opfer der bürgerlichen Gesellschaftsordnung inszeniert werden, dann ist den Kindergestalten des Weimarer Kinos eine seltsame Dämonie eigen, die den Erwachsenen in den Wahnsinn treibt und ihn ins kriminelle Abseits zwingt. Durch die Dämonisierung des Kindes, wie sie uns etwa in Friedrich Wilhelm Murnaus PHANTOM (1922) in der Gestalt des schönen Mädchens Veronika Harlan (Lya de Putti) begegnet, werden pädophile Neigungen legitimiert bzw. exkulpiert, welche die bürgerliche Gesellschaft einerseits drastisch sanktioniert, andererseits in der Institution der Ehe zu kaschieren sich bemüht. Ein gutes Beispiel in dieser Hinsicht liefert Ernst Lubitschs hintergründige Komödie ICH MÖCHTE KEIN MANN SEIN (1918), in der zum Schluss der Vormund, Dr. Kersten (Curt Goetz), seinen Schützling, die noch minderjährige Ossi (Ossi Oswalda), nach ihren zweideutigen nächtlichen Eskapaden heiratet. Dass sol-

■ Kinderdarsteller und Brigitte Helm als Maria (Mitte) in METROPOLIS (1927, Regie: Fritz Lang)

che Strategien der Exkulpierung und der Kaschierung pädophiler Neigungen nicht erst im Film der Weimarer Republik entwickelt wurden, sondern tradiertes Filmgedankengut darstellen, beweist Urban Gads Film ENGELEIN (1914), in dem Asta Nielsen ein süßes Mädchen spielt, das seinem Onkel das Küssen beibringt, bevor es aus der ihm vorgespielten Rolle eines zwölfjährigen Mädchens herausschlüpft und zu seiner Ehefrau wird. Auch wenn in ENGELEIN der (Film-)Schein der Pädophilie angeblich trügt: Urban Gad wie Ernst Lubitsch haben mit ihren hintergründigen Komödien die Selbstinszenierung der bürgerlichen Gesellschaft als einer kinderfreundlichen Welt mehr als in Zweifel gezogen.

Im Film der Weimarer Republik ist selten Platz für das Kind als liebreizendes Sinnbild der Hoffnung und der Erfüllung, als Quelle reiner Freude aufseiten der Erwachsenen, als Grund legitimen elterlichen Stolzes. Wenn in Georg Wilhelm Pabsts psychoanalytischem Film GEHEIMNISSE EINER SEELE (1926) der von seiner rätselhaften Messerphobie – sprich: sexuellen Impotenz – geheilte Dr. Martin Fellman (Werner Krauß) seinen kleinen Sohn in die Arme nimmt und ihn wie eine lang begehrte Trophäe gen Himmel erhebt, dann zeigt sich in diesem Bild weniger das unverhoffte Vaterglück eines nicht mehr jungen Chemieprofessors als der Triumph der Phallokratie über den rebellischen Außenseiter, der sich geweigert hatte, seine traditionelle Vaterrolle zu übernehmen. Und wenn König Etzel (Rudolf Klein-Rogge) in KRIEMHILDS RACHE (1924), dem zweiten Teil des monumentalen, dem deutschen Volk mit Pathos gewidmeten NIBELUNGEN-Films von Fritz Lang, seinen kleinen Sohn und Erben stolz gen Himmel hebt, dann währt sein Vaterglück nur für kurze Zeit: Kriemhild (Margarete Schön) opfert das gemeinsame Kind dem politischen Kalkül mit einer Unbarmherzigkeit, die Fritz Lang und Drehbuchautorin Thea von Harbou als Ausdruck der unerforschlichen deutschen Seele ins Bild gesetzt haben.

Im selben Jahr 1926, als in Friedrich Wilhelm Murnaus *Faust*-Verfilmung die Geburt des unehelichen Kindes von Gretchen mit der Geburt Jesu parallelisiert und Gretchen als Mater dolorosa inszeniert wurde, hatte in Berlin der Film DIE UNEHELICHEN des Regisseurs Gerhard Lamprecht Premiere. Das unterschiedlich gewichtete Thema des unehelichen Kindes und seines tragischen Schicksals in einer oppressiven Gesellschaft verbindet zwei Stummfilme miteinander, die entgegengesetzten Stilrichtungen verpflichtet sind und sich dennoch nicht nur thematisch, sondern auch in ihrer Vorliebe für einen symbolbefrachteten Bilddiskurs berühren. Zeigt Murnau in seinem expressionistischen FAUST Ringelreihen, Blumenkränze, Ketten und Ringe als Variationen zum Thema Liebe, so greift Lamprecht als Vertreter der Neuen Sachlichkeit auf Ausstattung und Requisiten wie Karusselle, Roulettes, Wind- und Kaffeemühlen zurück, um dieselben Kreisbewegungen und -formen wiederzugeben. Diese Kreisbewegungen und -formen, die uns in beiden Filmen begegnen, knüpfen an das alte Symbol des Rads der Fortuna an und bieten einen Schlüssel zum Verständnis des Plädoyers beider Filme für die Liebe als Antwort auf die Widrigkeiten des Lebens und als (zumindest fiktionale) Lösung unterschiedlichster existenzieller Dilemmata.

■ Curt Goetz (Dr. Kersten) und Ossi Oswalda (Ossi Oswalda) in ICH MÖCHTE KEIN MANN SEIN (1918, Regie: Ernst Lubitsch)

■ Fee Wachsmuth, Gerhard Lamprecht und der Kameramann Karl Hasselmann bei den Dreharbeiten zu DIE UNEHELICHEN (1926, Regie: Gerhard Lamprecht)

DIE UNEHELICHEN – Kinder als Sozialfälle

Unter den Filmen der Weimarer Ära mit Kindern oder Jugendlichen in den Hauptrollen ist Gerhard Lamprechts Werk insofern eine Ausnahmeerscheinung, als es, anders als die meisten Jugendfilme jener Zeit, keine Variation zu Frank Wedekinds *Frühlings Erwachen* ist, sondern das kindliche Anderssein in einer doppelten Hypostase thematisiert. Aus diesem Grund verdient Lamprechts Film besondere Aufmerksamkeit im Rahmen des vorliegenden Beitrags. An Wedekind erinnert lediglich der ursprüngliche, später nicht mehr geführte Untertitel: »Eine Kindertragödie«. Das tragische Schicksal unehelicher Kinder stellt hier das soziale Gegenmuster des Schicksals ehelicher Kinder dar, so wie die Lamprecht'schen Kindergestalten selbst mit ihrem Altruismus, ihrer Menschlichkeit und ihrer Sensibilität das emotionale Gegenmuster einer als egoistisch und gefühllos geschilderten Erwachsenenwelt ausmachen. Dieses zweifache – soziale und emotionale – Anderssein seiner Helden wird von Lamprecht im Rahmen einer Filmstory (Co-Autorin war Luise Heilborn-Körbitz) mit quasi dokumentarischem Charakter präsentiert, die nicht nur als realistisch gezeichnetes Panoramabild der Zwanzigerjahre, sondern zugleich auch als Plädoyer für die Beseitigung der geschilderten Missstände intendiert war.

Lamprechts Sozialdrama erzählt vom Schicksal dreier unehelicher Kinder, Peter, Lotte und Frieda

DIE UNEHELICHEN (1926, Regie: Gerhard Lamprecht) Lilli Schoenborn (Lottes Mutter), Margarete Kupfer (Frau Zielke), Max Maximilian (Zielke), Fee Wachsmuth (Frieda)

(gespielt von Ralph Ludwig, Margot Misch und Fee Wachsmuth), die bei Pflegeeltern in ärmlichen Verhältnissen im Berliner »Milljöh« aufwachsen. Von ihren leiblichen Eltern werden sie nicht »gebraucht«, sie »stören«, und von der bürgerlichen Gesellschaft werden sie eher geduldet: Peters Vater, der Schiffer Lorenz, kann auf seinem Spreekahn ein zu schwerer körperlicher Arbeit untaugliches Kind nicht gebrauchen; Lottes Mutter arbeitet als Dienstmädchen, das mit einem unehelichen Kind keine Anstellung finden würde; Friedas Mutter wird bald heiraten, und ihr Kind aus einer früheren Beziehung, an die sie nicht erinnert werden möchte, würde in ihrer Ehe nur stören. Die drei »Unehelichen«, wie der Filmtitel sie generisch nennt, um auf ihr soziales Stigma hinzuweisen, werden von ihren Pflegeeltern grob vernachlässigt, brutal behandelt und ausgebeutet. Zielke, der Pflegevater (Max Maximilian), ist ein alkoholsüchtiger Proletarier, der zur Gewalt neigt. Eines Tages tötet er im Rausch das Kaninchen der drei Kinder, das einzige Wesen, das ihnen Wärme und Trost spendete. Peter und Lotte begraben das Tier bei Nacht, als es draußen stark regnet. Tropfnass, wie sie sind, haben die Kinder dennoch Angst, nach Hause zurückzukehren, wo Zielke gerade tobt. Lotte erkrankt an Lungenentzündung. Weil ihre Pflegemutter (Margarete Kupfer) sich nicht um sie kümmert und zu spät den Arzt holt, stirbt sie.

Als Todesursache figuriert neben »Pneumonie« auch »Herzschwäche« auf dem Totenschein des Kindes. Peter, der den Totenschein auf das Standesamt bringen muss, streicht »Herzschwäche« aus und kritzelt darüber »Verhungert«. Ein Polizeikommissar geht dieser scheinbaren Fälschung nach, die sich als Anklage eines unglücklichen Kindes entpuppt. Den Zielkes wird daraufhin das elterliche Sorgerecht entzogen. Zielke droht noch eine Vorladung vors Gericht. Die kleine Frieda hat Glück: Sie wird einer Müllerfamilie anvertraut, die sich ihrer liebevoll annimmt und ihr ein sorgloses Leben auf dem Land bietet. Peter scheint zunächst auch Glück zu haben. Nach einem Verkehrsunfall, der sich ereignet hat, als er verstört vom Standesamt wegrannte und unachtsam die Straße überquerte, nimmt ihn Frau Berndt (Hermine Sterler) in ihre Obhut, eine wohlhabende und kultivierte Dame, die ihm viel Aufmerksamkeit schenkt und sich liebevoll seiner (Um-)Erziehung widmet. Doch ausgerechnet an Peters Geburtstag meldet sich sein Vater (Bernhard Goetzke) bei Frau Berndt, um das Kind als Arbeitskraft zu sich zu nehmen. Der Schiffer hat sein uneheliches Kind inzwischen adoptiert. Als gesetzlicher Vormund des Jungen hat er nun das Recht, über den Aufenthaltsort Peters zu bestimmen, was aus einem Dokument hervorgeht, das den Stempel des Preußischen Amtsgerichts Berlin-Mitte trägt und von einem Richter unterzeichnet ist.

Frau Berndt fällt es schwer, sich von Peter zu trennen. Auch der Junge ist zutiefst unglücklich. Er hält es auf dem Boot bei seinem leiblichen Vater, der ihn an den alkoholsüchtigen Zielke erinnert, nicht lange aus. Aus Verzweiflung versucht er, sich das Leben zu nehmen, wird jedoch aus der Spree gerettet. Frau Berndt überzeugt den Schiffer Lorenz, Peter in ihrer Obhut zu lassen. Auf Frau Berndts Zusicherung: »Nun wird uns niemand mehr trennen, kleiner Peter«, antwortet ihr das Kind mit einem einzigen Wort: »Mutter!«⁴

Entgegengesetzte Welten

Auch der antithetische Bildschnitt verdeutlicht das soziale und emotionale Anderssein der drei unehelichen Kinder. In den ersten Filmsequenzen wird geschildert, wie zwei Kinderpaare mit unterschiedlichem sozialen und wirtschaftlichen Status den Sonntag verbringen. Eine kleine Kutsche mit zwei Ponys wird von einem Diener für den etwa zwölf Jahre alten Sohn einer großbürgerlichen Familie vorbereitet. Der Bub übernimmt Peitsche und Zügel und fährt mit sei-

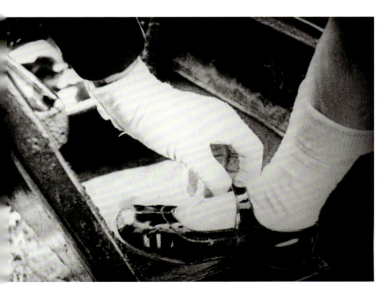

■ DIE UNEHELICHEN (1926, Regie: Gerhard Lamprecht)

ner Kutsche durch den parkähnlichen Garten einer imposanten Villa. Seine jüngere Schwester sitzt gerade mit den Eltern am reichlich gedeckten Frühstückstisch. Der Junge fragt die Eltern um die Erlaubnis, die Kleine auf eine Kutschfahrt mitnehmen zu dürfen, und ihm wird die Bitte gewährt. Beim Einsteigen in die Kutsche merkt das kleine Mädchen, dass sein Lackschuhriemen offen ist. Der Diener beugt sich zu ihr und verschließt den Schuhriemen. In einer Nahaufnahme wird der elegant beschuhte kleine Fuß gezeigt, den die weißen Handschuhe des Dieners kaum berühren. Unmittelbar darauf werden in einer antithetischen Nahaufnahme die nackten Hände eines Jungen gezeigt, der die Schnürsenkel eines ausgetretenen Kinderschuhs am Fuß eines kleinen Mädchens bindet. Während die Kinder der großbürgerlichen Familie Eltern und Diener haben, die sich um ihr Wohl kümmern, ist das andere Kinderpaar offenbar auf sich allein gestellt. Die reichen Kinder drehen mehrere Runden durch den Park in ihrer drolligen Ponykutsche – das Motiv der Fortuna und ihres Rades wird an dieser Stelle eingeführt –, während die beiden ärmlich gekleideten Kinder, Peter und Lotte, sie durch die herrschaftlichen Gitter des Grundstückszauns bestaunen.

Peter und Lotte sind, wie die Gitterstäbe es suggerieren, Außenseiter der im Wohlstand lebenden bürgerlichen Gesellschaft, Gefangene ihrer Gesetze und Vorurteile, arme Zaungäste des Lebens. Die beiden Kinderpaare gehören zwei entgegengesetzten sozialen Schichten an. Doch ob arm oder reich, ob ehelich oder unehelich, ob gewünscht oder geduldet: Freude und Spaß haben die Kinder am selben Treiben und an denselben Spielen. Peter bemerkt, mit welch leuchtenden Augen Lotte die Runden der Ponykutsche verfolgt, und beschließt: »Du sollst auch mal fahren, Lotte!« Die Kreisbewegungen der Ponykutsche findet man in der nächsten Szene wieder, die ein sich drehendes Karussell auf einem Jahrmarkt zeigt, in dessen aufgehängten Sitzen fröhliche Kinder ihren Eltern zuwinken. Peter hat kein Geld, eine Fahrt für Lotte zu bezahlen, doch der Karussellbesitzer lässt Lotte mitfahren, wenn Peter das Karussell dreht. Peters Bewegungen im Kreis, während er das Drehwerk antreibt, ähneln denjenigen schwer arbeitender Pferde und Ochsen beim Dreschen und zeugen von einem beispiellosen Altruismus, der in der Beziehung dieser Kinder zueinander herrscht.

Dieselben Drehbewegungen en miniature findet man in der darauffolgenden Szene wieder, die sich in der Wohnung der Familie Zielke abspielt. In einer Nahaufnahme wird eine Kaffeemühle auf dem Schoß Frau Zielkes gezeigt, die kräftig die Kurbel dreht. Als traditionelles Sinnbild der schützenden und ernährenden Mütterlichkeit ist der Schoß in dieser häuslichen Filmszene, anders als erwartet, negativ konnotiert. Frau Zielkes Mutterschoß ist eine Quelle der Gewalt, wie schon die energischen Drehbewegungen ihrer groben Hand an der Kurbel vermuten lassen. Unterdrückung, Qualen und Demütigungen aller Art erleiden die drei Pflegekinder in einer metaphorisch zu verstehenden »Mühle«. Die Gewalt, der diese Kinder ausgesetzt sind, suggeriert auch der gebrochene Schädel der Puppe in den Händen der kleinen Frieda. Vergeblich versucht sie, den Kopf ihrer abgenutzten Puppe zu reparieren, während Frau Zielke zusammen mit ein paar ähnlich grob aussehenden Freundinnen Kaffee trinkt und über ihre Arbeit als Pflegemutter wie über ein schlechtes Geschäft schimpft: »Ach, nichts wie Ärger hat man mit den Fratzen. [...] Wegen der paar Netsch, die man bekommt, lohnt sich's wirklich nicht.« Frau Zielkes Egoismus wird mit Peters Uneigennützigkeit kontrastiert. Während er am Karussell schuftet, um Lotte den Sonntag ein bisschen zu verschönern, kassiert Frau Zielke Geld für ihr Nichtstun und ist damit noch unzufrieden.

Das Bild des Ehepaars Zielke wird in der nächsten Szene vervollständigt, die Zielke beim Kegeln und Trinken mit seinen Kumpanen zeigt. Das Motiv des Spiels ist in DIE UNEHELICHEN sowohl in der Welt der Kinder als auch in der Welt der Erwachsenen präsent – mit dem Unterschied, dass die Spiele der Kinder friedlich und heiter sind, die Spiele der Erwachsenen hingegen als Wettbewerbe verlaufen, die

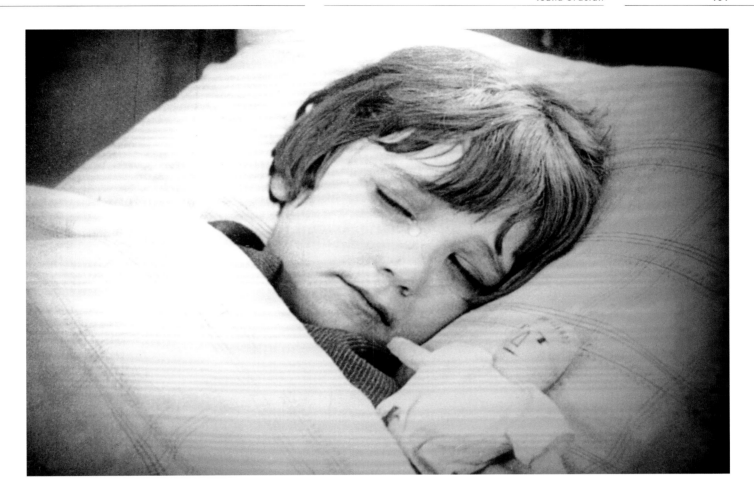

Margot Misch (Lotte) in DIE UNEHELICHEN (1926, Regie: Gerhard Lamprecht)

Rivalität, Konkurrenz und Kampf implizieren. Zielke ist eine rohe Gestalt und neigt, wie erwähnt, zur Gewalt, die er im Rausch lautstark ankündigt und zu Hause in die Tat umsetzt: »Jetzt gibt's a Hetz! Ich geh' nach Haus und hau meiner Alten ein paar herunter.« Eine Nahaufnahme zeigt die Kegel, die Zielke beim Spiel umwirft. Die Subtilität des symbolbefrachteten Bilddiskurses (Kamera: Karl Hasselmann) kommt in dieser Spielszene voll zur Entfaltung: Bekanntlich hat das Wort »Kegel« die zusätzliche Bedeutung »uneheliches Kind«, man denke an die aus dem Mittelalter stammende Redewendung »mit Kind und Kegel«. Ein »Kegel« hatte weniger Rechte als ein eheliches Kind und wurde deshalb auch anders bezeichnet. Die Kegel, die Zielke beim Kegelspiel umwirft, versinnbildlichen die vom Leben bzw. der Gesellschaft hin und her geworfenen Pflegekinder Peter, Lotte und Frieda, die Zielke zu Hause schlägt und misshandelt. Im schlichten Bild der im Spiel umgeworfenen Kegel ist die ganze Tragödie der unehelichen Kinder auf den Punkt gebracht.

Der Graben zwischen der von Gewalt und Egoismus beherrschten Welt der Erwachsenen und der von Menschlichkeit, Sensibilität und Selbstlosigkeit regierten Welt der Kinder wird in Gerhard Lamprechts Film von Szene zu Szene immer tiefer. Ein paar

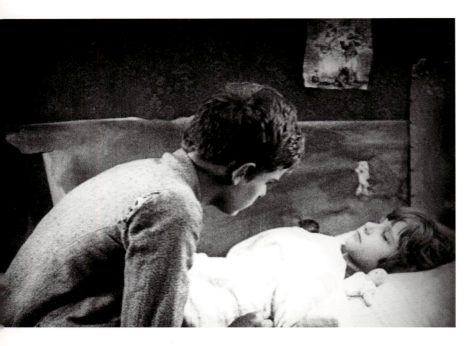

Ralph Ludwig (Peter) und Margot Misch (Lotte) in DIE UNEHELICHEN (1926, Regie: Gerhard Lamprecht)

Beispiele antithetischer Gegenüberstellungen mögen hier genügen: In einem Park rupfen Peter und Lotte ein bisschen Gras für ihr Kaninchen – der Parkwächter beschimpft sie und vertreibt sie mit einer Peitsche. Die Kinder füttern und streicheln das Kaninchen – der betrunkene Zielke wirft es samt Stall zum Fenster hinaus und tötet es. Zielke nimmt Peter die letzten Pfennige aus der Hosentasche, während Paule, ein anderes auf sich gestelltes Kind (Alfred Großer), ihm eine Geldmünze schenkt, die er geschickt aus der Kanalisation herausgefischt hat. Zielke beutet Peter aus – »Wieviel hast du heute verdient? Her damit!«, fragt er ihn täglich –, während der immer gut gelaunte kleine Paule dem Jungen beibringt, wie man beim Glücksspiel seine paar Münzen vermehren kann: »Jetzt werde ich Dir zeigen, wie Du mit einem Pfennig so viel verdienen kannst, als Du willst!« Im Spiellokal, wo Jugendlichen der Zutritt verboten ist, was Peter einschüchtert und Paule augenzwinkernd übersieht, dreht sich das Roulette – ein weiteres Bild des Rads der Fortuna. Der Unterschied ist hier, dass Kinder miteinander, Erwachsene gegeneinander spielen. Peter und Lotte begraben liebevoll ihr Kaninchen und streuen Blumen auf dessen Grab – die Zielkes entledigen sich der Leiche Lottes, für deren Tod sie verantwortlich sind, ohne eine Spur von Trauer. Peter und Frieda fertigen für die sterbende Lotte eine Puppe an und wachen am Sterbebett – Frau Zielke und ihr Mann lassen sich nicht blicken. Die kleine Frieda streichelt und tröstet Lottes Mutter, das Dienstmädchen, das um sein uneheliches Kind trauert: »Vielleicht wäre alles anders gekommen, wenn ich meine Lotte hätte behalten können«, klagt sie. »Aber welche Herrschaft nimmt ein Dienstmädchen mit einem Kind!« Frieda schenkt der untröstlichen Frau eine Puppe, ein rührender Ersatz für ihr verlorenes Kind – Frau Zielke hingegen fährt die weinende Mutter Lottes grob an: »Dann sind Sie halt das nächste Mal ein bißchen vorsichtiger, Fräulein!« Der Film bietet weitere Momente vergleichbarer Antithesen in den Schauspielermasken bzw. -physiognomien: nichts sprechender beispielsweise als der groteske Kontrast zwischen der zarten Figur Friedas und dem walfischartigen, zur Pädophilie neigenden Bräutigam ihrer leiblichen Mutter, der das Mädchen mit seinen dicken Fingern begrapscht und es als »miekrige Jöhre« [sic!] beschimpft, für die er sein Geld »hinausschmeißt«.

Erlösung durch Liebe?

Diese antithetische Gegenüberstellung zwischen der Welt der Erwachsenen und der Welt der Kinder ist insofern politisiert, als die Anklage des Films – paradoxerweise und etwas kurzsichtig – hauptsächlich den unteren Gesellschaftsschichten der Kleinbürger und der Proletarier gilt, während das Großbürgertum und der Staat selbst verschont bleiben, ja als Gegenmodell zur angeprangerten Haltung verklärt werden. Kleinbürger, wie der Schneider Martens und seine Ehefrau (Eduard Rothauser, Elsa Wagner), begnügen sich damit, den Pflegekindern die Kleider trocken zu bügeln, ihnen gelegentlich ein belegtes Brot zu schenken und über ihr Wohl unpersönlich und im Konjunktiv zu reden: »Man müßte dafür sorgen, daß die beiden anderen Kinder fortkommen, ehe es zu spät ist.« Frau Berndt hingegen, als Vertreterin des Großbürgertums, bemitleidet zwar auch die Kinder (»Arme Kinder! Was können sie dafür, daß sie unehelich sind!«), sie setzt sich jedoch aktiv für ihr Wohl ein. Den Selbstvorwürfen, die sich Frau Berndt macht (»Und wir haben das Elend dieser Kinder mit angesehen, ohne zu helfen!«), folgen bald Taten: Sie nimmt sich Peters an und schenkt ihm vor allem ihre bedingungslose Liebe. Aus einem traurigen Zaungast des Lebens macht sie »ihren« kleinen Peter, wie sie ihn mütterlich possessiv nennt, zu einem fröhlichen Jungen. Bestaunte er am Anfang des Films die Ponykutsche durch die Stäbe eines herrschaftlichen Gitterzauns, so wird er im Garten der Frau Berndt von Paule durch die Stäbe eines ähnlichen Zauns beim Spielen beobachtet, mit dem Unterschied, dass Peter seinen armen Freund Paule einlädt mitzuspielen, während Lotte und er nicht eingeladen wurden, mit der Ponykutsche mitzufahren.

Als aktive und sozial engagierte Vertreterin des Großbürgertums spricht Frau Berndt beim Kinderschutzverband vor und macht auf die Unzulänglichkeiten der geltenden Kinderschutzgesetze aufmerksam: »Gibt es denn kein Gesetz, das diese Kinder vor Ausnutzung durch die eigenen Eltern schützt?!« Vor Kritik an die Adresse der Gesetzgeber scheut die idealisiert dargestellte, großzügige und einfühlsame Frau Berndt nicht zurück: »Denkt denn niemand daran, was so ein Kind innerlich leidet, wenn es hin und her gezerrt wird?!« Wenn sie Peter schließlich adoptiert, dann dem Wohl des Kindes zuliebe, anders als Lorenz, der seinen unehelichen Sohn aus pragmatischen Gründen adoptiert hatte: um eine Arbeitskraft an ihm zu haben. Vergleichbar Positives lässt sich auch über die Müllerfamilie sagen, die Frieda zu sich in die Pflege nimmt. Weder Geld noch Kultur (als Attribute des Großbürgertums), sondern die Liebe, die es bekommt, entscheidet maßgeblich über das Glück eines Kindes, so die sentimentale emotionale Botschaft des Lamprecht'schen Films. Das glückliche Leben, das Peter und Frieda nach all den erlittenen Qualen zuteilwird, wird durch ein Karussell bzw. eine Windmühle als Hypostasen des Rads der Fortuna versinnbildlicht: Peter fertigt mit viel Geschick ein Minikarussell an, während Frau Berndt ihm beim Basteln lächelnd zuschaut; Frieda betrachtet auf dem Arm des Müllers die sich im Sonnenschein drehenden Flügel der Windmühle, bevor sie aus der Hand der Müllerin ein großes Glas Milch als Symbol der mütterlichen Liebe nimmt und durstig austrinkt. Wie sehr Frieda die Milch schmeckt, das heißt wie lange sie die Mutterliebe entbehren musste, die ihr nun endlich zukommt, sieht man deutlich auf dem ausdrucksvollen Gesicht der kindlichen Darstellerin. Trotz dieser glücklichen Fügung kann man die Frage der sterbenden Lotte an Peter unmöglich vergessen: »Ob alle Engel im Himmel eine Mutter haben?«

Am stärksten spürt man jedoch diese Tendenz zur Idealisierung in der Schilderung der staatlichen Autorität, die sich der misshandelten Kinder annimmt, nachdem man den Zielkes das Sorgerecht entzogen hat. Ein uniformierter Polizeibeamter führt Frieda an der Hand aufs Polizeirevier, wo die Müllerin sie abholen wird. Das Bild des schutzbedürftigen Kindes an der Seite des Vertreters der staatlichen Autorität könnte nicht harmonischer sein. Auf dem Polizeirevier wird der kleinen Frieda viel, ja unglaubwürdig viel Aufmerksamkeit geschenkt. An die sieben Polizeibeamte mit ihrem Chef an der Spitze lassen ihre Arbeit liegen und stehen bereit, Frieda zu umsorgen und mit ihr zu spielen. Für ein paar Stunden verwandelt sich das Polizeirevier in einen Kindergarten, mit Polizisten, die nichts als das Wohl des Kindes im Sinn haben. Demonstrativ wird dadurch die offizielle Haltung des Staates unehelichen Kindern gegenüber gezeigt, als ob die im Film geschilderten Missstände ein Einzelfall, eine Ausnahme wären und keine breitere soziale und politische Relevanz besäßen. Der Glaube an die segensreiche Präsenz des Staates im Leben des Bürgers scheint in diesem Film unerschütterlich.

Gerhard Lamprechts Film tendiert zum Schluss dazu, die darin deutlich artikulierte soziale und politische Anklage zurückzunehmen, anstatt sie konsequent zu Ende zu führen. Das konformistische Happy End wiederholt das Schema des Films DIE VERRUFENEN (DER FÜNFTE STAND), den Lamprecht ein Jahr zuvor gedreht hatte. Heiratet in diesem Film die großbürgerliche Retterin den unverdienterweise sozial Geächteten, der durch die Ehe wieder in die bürgerliche Gesellschaft integriert wird, so adoptiert die großbürgerliche Retterin Frau Berndt in DIE UNEHELICHEN das unverdienterweise sozial geächtete Kind und lässt es durch diese Adoption, vor allem aber durch Umerziehung, zum integrierten Mitglied der bürgerlichen Gesellschaft werden. Wenn Frau Berndt zu Peter sagt: »Du mußt vergessen, was Du bisher gelernt hast. Wir wollen von vorne anfangen, kleiner Peter«, dann meint sie damit, dass das Kind seine proletarische Vergangenheit verdrängen muss, um Mitglied der bürgerlichen Gesellschaft zu werden. Der Konflikt zwischen Frau Berndt und dem Schiffer Lorenz, die gegeneinander um den Jungen als Personifikation der Zukunft kämpfen, ist nicht zuletzt auch ein politischer Konflikt, ein Klassenkampf, den das Großbürgertum mit seinen ihm eigenen Waffen – Geld, Macht und Kultur – gewinnt. Die Zukunft – so die konservativ-reaktionäre, rechtsgerichtete politische Botschaft des Films – gehört dem Großbürgertum, der finanziellen und kulturellen Elite. Eine vergleichbare politische Deutung war auch in der Rettung der Kinder in Fritz Langs METROPOLIS enthalten. Wenn Schiffer Lorenz über Peter sagt: »Glücklich ... kann er auch bei mir werden«, dann gibt er sich der selbst täuschenden Illusion hin, die auch die proletarische Revolution in Deutschland genährt hatte. Erst Peters Selbstmordversuch weckt seinen Vater aus seinem proletarischen Tag-

Fee Wachsmuth (Frieda) in DIE UNEHELICHEN (1926, Regie: Gerhard Lamprecht)

traum und zwingt ihn, seine Niederlage im Kampf gegen die Bourgeoisie zu akzeptieren.

Die geschilderten sozialen Probleme, als deren Träger die sozial Geächteten fungieren, werden jedoch mit deren Integrierung in die bürgerliche Gesellschaft keineswegs gelöst, sondern nur kaschiert. Wenn man die ödipale Mutter-Sohn-Beziehung bedenkt, die für den Stummfilm der Weimarer Ära so charakteristisch ist, dann hat Frau Berndts Zusicherung »Nun wird uns niemand mehr trennen, kleiner Peter« eine ambivalente Bedeutung. Sie kündet die Erlösung als eine Form der prolongierten Unmündigkeit an, vergleichbar derjenigen, die in Joe Mays ASPHALT (1929) thematisiert wird. Ob und wie sich der »kleine Peter« eines Tages aus der ökonomischen und vor allem der emotionalen Abhängigkeit von seiner Adoptivmutter befreien wird, das verrät Gerhard Lamprechts Film freilich nicht.

TAGEBUCH EINER VERLORENEN – »gefallene« Mädchen und die bigotte Gesellschaft

Unter den Stummfilmen der Weimarer Ära mit Kindern bzw. Jugendlichen als Protagonisten nimmt Georg Wilhelm Pabsts TAGEBUCH EINER VERLORENEN mit der amerikanischen Schauspielerin Louise Brooks in der Rolle der vierzehnjährigen Apothekertochter Thymian und Fritz Rasp in der Rolle ihres Verführers und des Vaters ihres unehelichen Kindes eine Sonderstellung ein. Der Film, dessen Drehbuch aus der Feder Rudolf Leonhards stammt, verstand sich als kritische Auseinandersetzung mit der bürgerlichen Doppelmoral, an der das Leben eines minderjährigen Verführungsopfers scheitert. Anders als der Roman Margarete Böhmes gleitet Pabsts Film immer wieder ins Groteske und ins Karikaturhafte ab, was einerseits seiner sozialen Relevanz Abbruch tat, andererseits wurde die darin artikulierte Anklage durch eine betonte Ästhetisierung aber wieder verschärft. Der Film erzählt die Geschichte eines verführten Mädchens, das – selbst beinahe noch ein Kind – ein uneheliches Kind auf die Welt bringt und daraufhin von der Familie verstoßen, ins Heim gesteckt und schließlich zu einem Dasein als Dirne gezwungen wird.

Das für die Jugendfilme der Zeit typische Wedekind'sche Thema des »Frühlingserwachens« wird hier durch die Gestalt der Dirne als einer im Weimarer Kino häufig begegnenden Hypostase des Weiblichen ergänzt und vertieft. Zwischen dem Schicksal des verführten und von der bürgerlichen Gesellschaft verstoßenen Kindes Thymian und dem Schicksal der späteren Dirne Thymian gibt es gesellschaftlich verdrängte Kausalzusammenhänge, geheime Symmetrien, die in TAGEBUCH EINER VERLORENEN schonungslos entlarvt werden. In der Dämonisierung des Verführers Thymians klingt zugleich auch die Dämonisierung der eigenen Sexualität, des »Frühlingserwachens«, mit, das im Film, anders als im Roman, nur eine sekundäre Rolle spielt. Ihre erwachende Sexualität macht aus der Romanheldin Margarete Böhmes nicht nur ein Objekt der Begierde, sondern auch ein sexuell begehrendes Subjekt. Die Heldin bei Pabst hingegen ist ausschließlich Objekt der sexuellen Begierde und wird als solches auch inszeniert.

Die Kritik wilhelminischer Erziehungsmethoden und -prinzipien in der Tradition der Prosa Heinrich Manns (*Professor Unrat oder Das Ende eines Tyrannen*, 1905) ersetzt im Film die Kritik an den Kirchenvertretern, die im Roman jene Besserungsanstalt betreiben, in die Thymian als »gefallenes« Mädchen eingeliefert wird. Der Geist des preußischen Militarismus lebt unter pädagogischer Tarnung weiter, so die Botschaft des Films, der sich, gleich dem späteren Tonfilm MÄDCHEN IN UNIFORM, zum Ziel gesetzt hat, diese Tarnung zu entlarven. Die Besserungsanstalt ist in Pabsts Film ein kaleidoskopisch gezeichneter Raum mit vergitterten Fenstern und opaken Fensterscheiben, der von Szene zu Szene bald an ein Internat, bald an eine Kaserne, bald an ein Gefängnis, bald an eine Fabrik, bald an ein Irrenhaus denken lässt. Beachtung verdient das Detail, dass das von außen unscheinbare Gebäude, in dem die preußisch-militaristischen Erziehungsmethoden einer versunkenen Ära weiterhin in die Praxis umgesetzt werden, die Hausnummer 11 trägt. Bekanntlich ist in der christlichen Symbolik diese Zahl, die die Verletzung des Dekalogs markiert, ein Sinnbild der Gesetzesüberschreitung und der Sünde. Hinter der unscheinbaren Fassade bürgerlicher Anständigkeit wohnt im Haus Nummer 11 das Böse in janusköpfiger Gestalt. Einen preußischen Gebotskatalog zeigt die Kamera Sepp Allgeiers gleich beim Betreten des Gebäudes: An einer Wand erblickt man in übergroßer Fettschrift mehrmals das Wort »Verboten« – das Schlüsselwort einer repressiven Gesellschaftsordnung, die die kindlichen Opfer bestraft und einsperrt und die eigentlichen Täter zu ihren Wächtern macht.

Zwischen der Hölle zu Hause und der Hölle im Internat gibt es zahlreiche Korrespondenzen, welche

Plakat zu TAGEBUCH EINER VERLORENEN (1929, Regie: Georg Wilhelm Pabst), Grafik: Heinz Schulz-Neudamm

■ TAGEBUCH EINER VERLORENEN (1929, Regie: Georg Wilhelm Pabst) Louise Brooks (Marie, genannt Thymian), Kurt Gerron (Dr. Vitalis)

die sogenannte Umerziehung Thymians als grotesk entlarven. Zu Hause lauert ein pädophiler Verführer, Provisor Meinert, auf sie – im Internat treibt ein Sadist, der Vorsteher der Erziehungsanstalt (Andrews Engelmann), sein Unwesen. »Erika bestrafen«, notiert der Vorsteher in seine Agenda und malt mit Lippenstift unter den Namen seines Opfers ein Herzchen. Die sexuelle Natur der geplanten Bestrafung wird durch dieses kleine Herz deutlich suggeriert. Schaute sich Provisor Meinert in der Apotheke heimlich Fotos von nackten Frauen an, so betrachtet sich der Vorsteher der Erziehungsanstalt im Spiegel, während er Lippenstift aufträgt und sich heimlichen, narzisstisch-homoerotischen Fantasien hingibt. Schnüffelte Meta (Franziska Kinz), die Stiefmutter Thymians, in Thymians Tagebuch nach Intimem, so versucht ihr öffentliches Pendant, die Vorsteherin der Erziehungsanstalt (Valeska Gert), dasselbe zu tun. Drückte Meta einen Schlüsselbund an die Brust als Symbol ihrer grenzenlosen Macht im Hause ihrer Stieftochter, so trägt die Vorsteherin einen Schlüsselbund am Gürtel als Symbol ihrer absoluten Macht in der Besserungsanstalt.

Zucht, Ordnung und Revolte

Vorsteher und Vorsteherin der Erziehungsanstalt sind grotesk gezeichnete, schillernde, janusköpfige Gestalten, die entsprechend dem Raum, über den sie jeweils herrschen, verschiedene komplementäre Identitäten ausagieren: Mal sind sie Lehrer, mal Drilloffiziere, mal Gefängniswärter oder Fabrikaufseher, mal Patienten einer Irrenanstalt und dann wieder KZ-Aufseher *avant la lettre*. Die Vorsteherin trägt demonstrativ ein übergroßes Kreuz um den Hals, was sie nicht daran hindert, teuflische Grimassen zu schneiden, während ihr Mann, dessen Glatzkopf und Visage an Murnaus Nosferatu erinnern, genauso diabolisch grinst, wenn er seine Opfer herumkommandiert und quält. Die sogenannte Umerziehung im Internat zielt darauf ab, alles Individuelle in den Zöglingen zu vernichten. Sie werden gedrillt, im gleichen Tempo ihre Suppe zu löffeln, im gleichen Tempo ihre Uniformen an- und auszuziehen, im gleichen Tempo ihre Handarbeit zu erledigen, im gleichen Tempo ihre Gymnastikübungen zu machen. In der Besserungsanstalt herrscht der alles uniformierende, sadistische Ordnungszwang einer Diktatur, ähnlich derjenigen, die zuvor schon in METROPOLIS gezeigt wurde. Die uniformierten Zöglinge in der Besserungsanstalt werden gedrillt, der absurden Choreografie einer tyrannischen Herrschaft zu folgen und sich ähnlich den schwarz uniformierten Arbeitermassen in METROPOLIS zu bewegen, die gesenkten Hauptes im Gleichschritt durch die Gänge ihrer unterirdischen Stadt marschieren.

Wie bei Lang, so ist auch in Georg Wilhelm Pabsts TAGEBUCH EINER VERLORENEN die Revolution weiblich, mit dem Unterschied, dass sie als Weg zur Befreiung von einer tyrannischen Herrschaft nicht dämonisiert, sondern bejaht wird. Thymian läutet mit ihrem

■ TAGEBUCH EINER VERLORENEN (1929, Regie: Georg Wilhelm Pabst) Mitte: Louise Brooks (Marie)

Tagebuch, das sie nicht aus der Hand geben möchte, die Revolte gegen die Vorsteherin der Besserungsanstalt – und gegen ein ganzes System – ein. Die Vorsteherin wird symbolisch entmachtet, indem Thymian ihr den Schlüsselbund entwendet. Diese Episode der Revolte im Internat gipfelt in einer orgiastischen Verprügelung der Vorsteherin und ihres Mannes durch die entfesselten Zöglinge; es ist ein weiterer Eingriff des Drehbuchautors Rudolf Leonhard in seine literarische Vorlage, der dem Film Dramatik und Spannung verleiht. Die Revolte dieser Jugendlichen verweist auf die Solidarität aller Unterdrückten als Weg zur Befreiung, sie ist jedoch in ihrer starken Emotionalität zugleich auch ein Zeichen der (politischen) Ratlosigkeit.

Rudolf Leonhard hat die ausgeprägte intellektuelle Persönlichkeit der Heldin Margarete Böhmes aus seiner filmischen Figur gestrichen und Thymian klischeehaft und sexistisch gezeichnet. Während die Romanheldin mehrere Fremdsprachen spricht, schriftstellerisches Talent, kritischen Geist und Humor hat, Nietzsche, Fontane und Keller liest, sich für die Wissenschaft interessiert und ungewöhnliche Kenntnisse auf vielen Wissensgebieten besitzt, ist ihr filmisches Pendant lediglich die naive Schöne mit dem großen Herzen. Für die ambivalente Persönlichkeit Thymians hat Margarete Böhme eine Erklärung, die generisch grundiert ist und das Klischee der Französin als des Inbegriffs der Kokotte bemüht: In Thymians Adern fließt das Blut ihrer französischen Urgroßmutter Claire, die, gleich ihr, aus moralischen Gründen aus der Geschichte ihrer Familie gestrichen wurde.

Ähnlich wie in Lamprechts DIE UNEHELICHEN wird auch in G. W. Pabsts TAGEBUCH EINER VERLORENEN für die Liebe als Weg zur (Re-)Integration der schuldlos Geächteten in die bürgerliche Gesellschaft plädiert. Ließ sich das soziale Stigma des unehelichen Peter durch die Adoption als Ausdruck der selbstlosen Liebe beseitigen, so ist das soziale Stigma der »Verlorenen« durch ein tief greifendes Umdenken zu löschen, dessen Basis die Liebe als Synonym der sozialen Solidarität und der Toleranz bildet. Die Utopie der Liebe als eines sozialen Kohäsionsfaktors – am deutlichsten und zugleich vielleicht am peinlichsten in Fritz Langs METROPOLIS artikuliert – ist zweifelsohne eine thematische Konstante des Weimarer Kinos. In Friedrich Wilhelm Murnaus FAUST, Untertitel: EINE DEUTSCHE VOLKSSAGE, hatte sie schwärmerisch-religiöse Formen angenommen.

Reaktionäre Formen nahm sie an, als sie, so wie in METROPOLIS, die konkrete politische Handlung ausschloss und dämonisierte; sie klingt, wie im TAGEBUCH EINER VERLORENEN, trivial, wenn sie als melodramatischer Appell der Elite an das Gewissen der Massen inszeniert wird. Die Liebe als Heilmittel für soziale Missstände und Konflikte zwischen Generationen bleibt doch auf die Leinwand und die Fiktion beschränkt.

FRÜHLINGS ERWACHEN – und kein Sommer in Sicht

Lieferte Frank Wedekinds Kindertragödie *Frühlings Erwachen* den Urkonflikt, das ideologische Urmuster für die meisten Jugendfilme des Weimarer Kinos, so stellte die Verfilmung durch Richard Oswald 1929 (Drehbuch: Friedrich Raff und Herbert Rosenfeld) eine Mischung aus Ausdrucksmitteln expressionistischer Provenienz und neusachlichen Stilmitteln dar. Der Neuen Sachlichkeit ist der Film insofern verpflichtet, als er auf alle grotesk verzerrenden Ingredienzien des Theaterstückes zugunsten eines realistischen Darstellungsmodus verzichtet – etwa auf die grotesken Namen der Gymnasialprofessoren, die bei Wedekind Hungergurt, Knochenbruch, Affenschmalz, Knüppeldick, Zungenschlag und Fliegentod heißen. »Der vermummte Herr«, der bei Wedekind am Ende als Allegorie der Lebensbejahung fungiert, wird bei Oswald durch eine realistisch gezeichnete Gestalt ersetzt, einen aufgeklärten wie mitfühlenden Lehrer, dessen sachliches Porträt nur noch vage an die Allegorie des »müden Todes« in Fritz Langs expressionistischem Klassiker von 1921 erinnert. Beide Rollen wurden übrigens von Bernhard Goetzke gespielt.

Carl Balhaus (Moritz Stiefel) und Ita Rina (Ilse) in FRÜHLINGS ERWACHEN (1929, Regie: Richard Oswald)

Richard Oswalds Film zeichnet sich durch eine prononcierte filmästhetische Selbstreflexivität aus. Einerseits erzählt die Kamera Eduard Hoeschs die Geschichte vom »Frühlingserwachen«, eine gesellschaftlich tabuisierte Geschichte von den ersten Regungen der Sexualität; andererseits reflektiert die Inszenierung dabei immer wieder die filmspezifischen Ausdrucksmittel, die aus dieser Geschichte eine Filmstory machen. Heimliche Beobachter werden infolge dieses Verfahrens zu voyeuristisch Beobachteten, sodass das »Frühlingserwachen« zugleich auch als Chiffre für das filmspezifische Sehen fungiert. Ein Beispiel: Moritz (Carl Balhaus) wird in der Schule heimlich von einem Lehrer (Fritz Rasp) durchs Schlüsselloch beobachtet und dabei beim Lesen einer »Scham und Wollust« betitelten Schrift ertappt; kurz darauf wird der Lehrer selbst vom Schuldiener durchs Schlüsselloch beobachtet und dabei ertappt, wie er beim Lesen dieser Schrift sexuell erregt wird.

Die Vorliebe des Films für symbolisch chiffrierte Handlungsräume, für archetypische und mythische Konfliktstrukturen, für antithetische Montageeffekte, für Bildzitate verschiedener Provenienz ist auf das Erbe des filmischen Expressionismus zurückzuführen. Agieren bei Richard Oswald Eltern und Lehrer in fensterlosen Ess-, Schlaf- und Arbeitszimmern, in dunklen Fluren und Unterrichtsräumen, so werden die Jugendlichen auf der Straße am helllichten Tag oder inmitten der Natur gezeigt. Sie plaudern und spielen fröhlich auf blühenden Wiesen, sie lachen, tanzen, trinken

■ FRÜHLINGS ERWACHEN (1929, Regie: Richard Oswald) Links: Carl Balhaus (Moritz Stiefel), stehend Rechts: Ita Rina (Ilse), Carl Balhaus (Moritz Stiefel), Toni van Eyck (Wendla Bergmann) und Rolf von Goth (Melchior Gabor)

und feiern zusammen in sonnigen Gärten. Die überbordende Vitalität dieser fast dionysisch gezeichneten jungen Leute entspricht der Vitalität einer romantisch geschilderten Natur, die jede Regung ihrer Psyche empathisch wiedergibt. Zurück in ihren Elternhäusern, laufen die jungen Filmhelden wie Gefangene immer wieder ans Fenster, von wo aus sie mit Gleichaltrigen Kontakt aufnehmen. Fenster machen Blickkontakte möglich, Fenster lassen ihre emotional aufgeladene Zeichen- und Gebärdensprache zu einem kindlichen Kommunikationsmodus werden, der zur stillen Rebellion gegen eine autoritäre Gesellschaftsordnung, gegen übermächtige Väter und hilflose Mütter wird, die ihre Kinder bourgeoisen Leistungs- und Moralprinzipien opfern. So stirbt etwa Wendla (Toni van Eyck), die Freundin von Melchior (Rolf von Goth), nach einer Abtreibung.

Dank seiner Leitmotive erreicht der Bilddiskurs in Oswalds Film Rhythmus, Kohärenz und Klarheit. Eines der wichtigsten Leitmotive ist das geheime Schriftstück, das in Form eines versteckten Briefes, eines versteckten Heftes oder einer versteckten Aktzeichnung Explosives enthält und die Jugendlichen in immer neue Krisen stürzt. Eng damit verbunden ist das Leitmotiv der Tür zu einem verbotenen Raum (der symbolisch auch die Sexualität repräsentiert), wo sich ausschließlich Erwachsene aufhalten dürfen. Wenn ihn Jugendliche betreten, dann nur zu ihrer Bestrafung und zu ihrer Vernichtung. Ein solcher Raum ist beispielsweise das väterliche Arbeitszimmer, in dem Moritz als Schulversager von seinem Erzeuger blutig geschlagen wird, ein anderer ist das Lehrerkonferenzzimmer, dessen Tür die mythische Schwelle zwischen zwei antithetisch sich gegenüberstehenden, miteinan-

der unversöhnbaren Welten markiert. Im Lehrerkonferenzzimmer wird über das Schicksal Melchior Gabors und seines Freundes Moritz Stiefel entschieden. Konservative und liberale Erziehungsprinzipien prallen dort aufeinander, und die Auseinandersetzungen gipfeln in vernichtenden Urteilen, die paradoxerweise die Opfer selbst durch ihren Freitod vollstrecken. Auf die Frage nach dem Sinn ihres Lebens – »Möchte doch wissen, wozu wir eigentlich auf der Welt sind!« – antworten Kinder und Jugendliche im Weimarer Kino nicht selten auf diese tragische Weise. FRÜHLINGS ERWACHEN. EINE KINDERTRAGÖDIE wurde am 14. November 1929 in Berlin und am selben Tag in München uraufgeführt. Der Film erhielt von den staatlichen Prüfstellen das begehrte Prädikat »künstlerisch« – und Jugendverbot.

1 Siegfried Kracauer: Von Caligari zu Hitler. Eine psychologische Geschichte des deutschen Films, übersetzt von Ruth Baumgarten und Karsten Witte, Frankfurt am Main 1979, S. 169
2 Frank Wedekind: Frühlings Erwachen. Eine Kindertragödie, Stuttgart 1971, S. 7 (1. Akt, 2. Szene)
3 So freigeistig der Titel dieses Films auch klingt – seine Schlussfolgerung betont gerade die traditionelle gesellschaftliche Rolle der Frau als Ehefrau und Mutter.
4 Die Zwischentitel werden zitiert nach: Gerhard Lamprecht: DIE VERRUFENEN (DER FÜNFTE STAND) & DIE UNEHELICHEN (Doppel-DVD),

■ FRÜHLINGS ERWACHEN (1929, Regie: Richard Oswald)

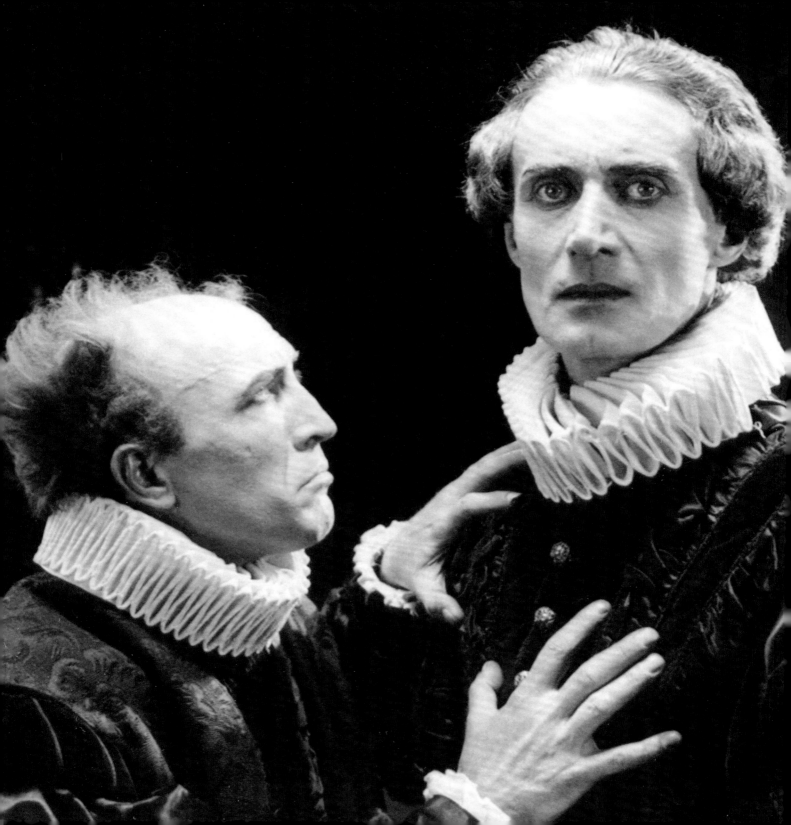

Auf den zweiten Blick modern

Gedanken zu DER FAVORIT DER KÖNIGIN (1922)

Philipp Stölzl

■ Seite 144:
Josef Karma (Arzt) und Alf Blütecher (Henry Lyde) in DER FAVORIT DER KÖNIGIN (1922, Regie: Franz Seitz sen.)

Vermutlich wird es in hundert Jahren Menschen geben, die interessiert auf das Filmschaffen unserer Zeit schauen, genauso wie wir heute auf die Filme der 1920er-Jahre blicken – so stelle ich mir das jedenfalls vor oder erhoffe es mir. Und vermutlich werden dabei einige wenige Filme hervorstechen, in Erinnerung bleiben und das Bild unserer Nachfahren vom Kino des beginnenden 21. Jahrhunderts prägen.

Viele andere Filme dagegen werden wahrscheinlich vergessen und nur noch als Titel auf ellenlangen Archivlisten überdauern. Erst kürzlich habe ich auf der Suche nach potenziellen Vorbildern für künftige Remakes die Inhaltsangaben sämtlicher Ufa-Komödien aus den 1920er-Jahren gelesen; das hat tatsächlich Tage gedauert, weil damals einfach so unfassbar viel produziert worden ist. Vertraute Titel waren nur ganz wenige darunter.

Für einen Filmemacher ist es eine harte Wahrheit: Nur weniges bleibt. »Good but not great« genügt nicht, es muss mehr sein. Natürlich hofft man, dass das eine oder andere eigene Werk es in die Halle des Bleibenden schafft. Tun kann man dafür, glaube ich, nicht viel mehr, als sich bei jeder Produktion aufs Neue anzustrengen, einen tollen Film zu machen.

Den Rest bestimmt die rätselhafte Alchemie des Erfolgs und der Rezeption im Allgemeinen. Warum manche Filme zu Zuschauer- oder Festivalhits werden und andere eben nicht, bleibt uns Machern am Ende verschlossen – sosehr wir auch versuchen, ein Muster zu erkennen und es beim nächsten Mal besser zu treffen.

Wenn ich auf die 1920er-Jahre blicke, habe ich den Eindruck, dass wir – wenn wir nicht gerade Filmhistoriker sind – von den vielen Filmen dieser Zeit nur die »Leuchttürme« wahrnehmen: vom radikal-expressiven DAS CABINET DES DR. CALIGARI (1920, Regie: Robert Wiene) bis zu Fritz Langs monströsem METROPOLIS (1927). Der riesige Rest der Filmproduktion dieser Jahre ist quasi unsichtbar, wie bei einem Eisberg. Bei etwas Hintergrundrecherche überrascht, dass die große Bedeutung, die wir den »Leuchtturmfilmen« heute beimessen, manchmal im Gegensatz zur damaligen Auffassung steht, wie man sie zum Beispiel aus Kritiken und Statistiken von Zuschauerzahlen herauslesen kann.

Umgekehrt gibt es Filme, die in ihrer Entstehungszeit großen Anklang fanden, heute jedoch zum unsichtbaren Teil des Eisbergs gehören. Das Rad der Geschichte dreht offenbar vieles um – man kennt das

von Antonio Salieri und Wolfgang Amadeus Mozart: der eine ein umjubelter Star seiner Zeit, der andere vergessen im Armengrab. Und heute: das Gegenteil.

DER FAVORIT DER KÖNIGIN, 1922 in der Regie von Franz Seitz sen. (1888–1952) entstanden, gehört nicht zur Gattung der Leuchttürme, eher zum unsichtbaren Teil des Eisbergs. Ich zumindest hatte von diesem Film bis vor Kurzem noch nie gehört. Ob er in Wirklichkeit ein vergessenes Meisterwerk ist? Vielleicht. Ist er nur »good but not great«? Ich weiß es nicht. Als Filmemacher kann ich aber mit Sicherheit sagen, dass in diesem Film eine Menge Moderne steckt, die man allerdings erst auf den zweiten Blick entdeckt.

Worum geht's überhaupt? Die Geschichte spielt im 16. Jahrhundert in London, zur Zeit Elisabeths der Ersten. Eine Seuche geht um, der »Graue Tod«, eine rätselhafte, höchst ansteckende Krankheit, an der die Infizierten binnen Stunden ohne sichtbare äußere Symptome versterben. Der Hofarzt Sir Gordon Pembroke (Wilhelm Kaiser-Heyl) beschließt, heimlich eine der Leichen zu sezieren, um der Krankheit auf die Spur zu kommen; er weiß, dass er sich damit der Gotteslästerung schuldig macht und die Todesstrafe riskiert. Seine Tochter Evelyne (Maria Minzenti), eine junge Hofdame der Königin, gerät unterdessen in ein mörderisches Eifersuchtsdreieck am Königshof: Elisabeth (Hanna Ralph), eine Diva mit der Attitüde einer absoluten Herrscherin, pflegt eine Liebschaft mit Lord Surrey (Erich Kaiser-Titz), der dem historischen Lord Essex nachempfunden ist, dem »Favoriten der Königin«. Als dieser sich leidenschaftlich in Evelyne verliebt, reagiert die Königin mit rasender Eifersucht. Evelyne wiederum ist in Henry Lyde (Alf Blütecher), den sympathischen Assistenten ihres Vaters, verliebt.

So weit das breit gespannte und rasant etablierte Figurenpersonal dieses historischen Gemäldes: Medizin-Religion-Thriller auf der einen Seite, manisches Eifersuchtsdrama auf der anderen.

Nun führt der Film die beiden Stränge zusammen: Surrey geht zu Pembroke, bittet um die Hand von dessen Tochter. Pembroke lehnt ab; er weiß um die Eifersucht der Königin und um die Liebe seiner Tochter zu Henry. Surrey wiederum schöpft Verdacht, was Pembrokes heimliche Sezierpläne betrifft. Er lässt ihn beobachten und schließlich in flagranti mit frisch angelieferter Leiche samt dem Assistenten Henry verhaften.

Dann setzt er Evelyne unter Druck: Sei mein, dann rette ich deinen Vater. Die Königin verfolgt eine andere Agenda: Sie will ihre Nebenbuhlerin aus ihrem Umfeld entfernen und verlobt sie mit dem zufällig an-

■ DER FAVORIT DER KÖNIGIN (1922, Regie: Franz Seitz sen.) Von links nach rechts: Erich Kaiser-Titz (Lord Surrey), Hanna Ralph (Königin Elisabeth), Maria Minzenti (Evelyne), Max Schreck (Jack, Leichenhändler), Carl Götz (Narr), Oskar Marion (Earl Warwick), Alf Blütecher (Henry Lyde), Wilhelm Kaiser-Heyl (Sir Gordon Pembroke)

wesenden Earl Warwick (Oskar Marion), Gouverneur von Neu-England. Er soll Evelyne möglichst schnell heiraten und sie nach Amerika mitnehmen. Um Surrey auch sein Unterpfand bei Evelyne zu nehmen, lässt sie den armen Pembroke tatsächlich hinrichten.

Evelyne bittet die Königin, wenigstens Henry freizulassen, und verspricht im Gegenzug, dem Gouverneur eine gute Ehefrau zu sein. Die Königin willigt ein, aber sobald Henry frei ist, steckt Evelyne sich absichtlich bei dem am »Grauen Tod« erkrankten Narren (Carl Goetz) der Königin an: Lieber tot als mit dem falschen Mann verheiratet! Ihre Leiche wird in das verwaiste Haus ihres Vaters gebracht, wo der erschütterte Henry sie entgegennimmt.

Zu seiner (und unserer) Überraschung stellt er jedoch fest, dass Evelyne gar nicht tot ist, sondern sich nur in einem todesähnlichen Zustand befindet. Schließlich schlägt sie sogar wieder die Augen auf. Henry kommt zu einer atemberaubenden medizinischen Erkenntnis: Der »Graue Tod« ist nur ein Scheintod, und die bisher Erkrankten sind offenbar alle lebendig begraben worden. Henry wendet sich sofort an die Öffentlichkeit – weitere Opfer müssen verhindert werden. Das Volk feiert ihn als Erlöser. Surrey lässt ihn jedoch unter dem Vorwand der Gotteslästerei verhaften.

Nun kulminiert die Story: Auf den Straßen revoltiert das Volk und protestiert gegen Henrys drohende Hinrichtung, es wird von berittenen Soldaten nur mühsam unter Kontrolle gehalten. Gleichzeitig erkrankt aber die Königin selbst am »Grauen Tod«. Geschwächt übergibt sie ausgerechnet Surrey die Staatsgeschäfte.

In letzter Sekunde gelingt es dem Gouverneur, der sich als Mensch mit einem intakten moralischen Kompass erweist, den Hof davon zu überzeugen, dass nur Henry die Königin retten kann. Dieser wird gerade noch rechtzeitig vom Schafott geholt; man bringt ihn zur Königin, und er heilt sie. Surrey wird seiner Machenschaften überführt und zum Tode verurteilt. Die Königin löst Evelynes Verlobung mit dem Gouverneur, die junge Frau darf den begnadigten Henry heiraten.

Man sieht schon: Eine Menge Plot, selbst für einen Film von zwei Stunden Länge. Was mich an DER FAVORIT DER KÖNIGIN überrascht und sofort für ihn eingenommen hat, ist die Modernität seines Erzählstils und seines Rhythmus. Über die meisten berühmten Stummfilmklassiker kann man das meiner Ansicht nach nicht sagen: Trotz der Genialität der visuellen Gestaltung und seiner epischen Dimension wirkt beispielsweise Fritz Langs DIE NIBELUNGEN (1924) auf mich wie ein Blick in eine fremde, vergangene Zeit des Kino-Erzählens, in der die Bilder und Worte wuchtig, biblisch und holzgeschnitzt waren, metaphernschwer – unglaublich kraftvoll, aber weit weg von uns.

Was macht die Modernität von DER FAVORIT DER KÖNIGIN aus? Um es vorwegzunehmen: An der Optik liegt es nicht. Der Film sieht wie ein typischer Stummfilm seiner Zeit aus: Statische Kamera, die Darsteller sind ob des geringen Kontrastumfangs des Filmmaterials geschminkt wie im Kabuki-Theater. Der Film wurde vollständig in den Studios bzw. auf dem Studiogelände der Produktionsfirma Emelka in München-Geiselgasteig gedreht. Er hat den typischen »weichen« Lichtlook der damaligen Tageslicht-Studios mit ihren (teilweise abgehängten) Glasdächern. Wenn Nacht erzählt werden soll, sind die Bilder einfach blau eingefärbt, bei Kerzenlicht orange – heute wirkt das fast wie eine Avantgardekunst-Geste. Die Gestaltung der Sets ist erkennbar von der klassischen Malerei inspiriert; oft sind die Film-Bilder mit Vorhängen oder Säulen »gerahmt«. Die Bildsprache von DER FAVORIT DER KÖNIGIN steht noch mit einem Bein im Theater und in der Malerei und ist noch nicht im heutigen Sinn »filmisch«.

Meine These ist: Die Modernität dieses Films liegt in seiner speziellen Erzählweise begründet. Dazu gehört zunächst das rasante Tempo, mit dem sich die Handlung in den verschiedenen Strängen entwickelt, außerdem die prägnante Kürze der Szenen, aber auch die Art, wie die Figuren eingeführt werden, die narrativen Auslassungen und spannungsvollen Parallelmontagen, die wirkungsvollen Story-Twists – das alles würde man heute vermutlich ganz genauso denken und umsetzen, wenn man die gleiche Vorlage für ein breites Publikum zu einem Film machen würde.

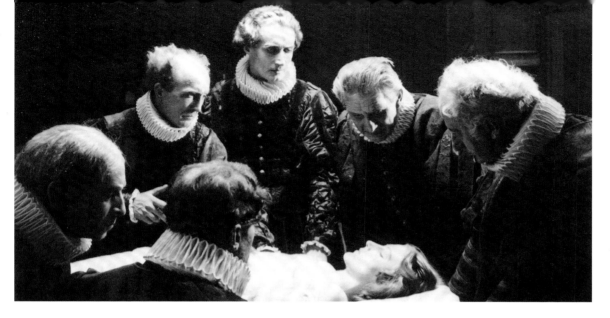

■ Maria Minzenti (Evelyne), hinten links: Josef Karma (Arzt) und Alf Blütecher (Henry Lyde) in DER FAVORIT DER KÖNIGIN (1922, Regie: Frank Seitz sen.)

Die Dichte an Plot-Points und Twists erinnert in gewisser Weise an heutiges horizontal-serielles Erzählen, das den Zuschauer – wenn es gut gemacht ist – immer »dranhält«. Nach meinem Eindruck ist die Narration von DER FAVORIT DER KÖNIGIN so wirkungsvoll konstruiert, dass sie uns sofort am Haken hat – und das, obwohl sie ohne Ton auskommen muss, ohne Dialoge, Geräusche und vor allem ohne Musik, also ohne die klassischen Mittel der Suggestion.

Auch die zentralen Themen des Films und die Figuren erinnern mich in vielfacher Hinsicht an das populäre Kino unserer Zeit. Trotz des großen Ensembles steht wie bei einem US-Blockbuster das junge Liebespaar im Zentrum der Story: die schöne junge Evelyne und der junge Arzt mit dem reinen Herzen, Henry. Beide müssen in einer von Machtintrigen und religiösem Fundamentalismus geprägten Umgebung um ihre Liebe und um Gerechtigkeit kämpfen. Ihnen gegenüber steht der obsessiv dämonische Surrey, ein Antagonist wie aus dem Lehrbuch. Es ist eine sehr klare »Good vs. Bad«-Konstellation, die das deutsche Kino der 1920er-Jahre mit seinen oft gebrochenen Hauptfiguren und seinem schicksalhaft-düsteren Grundtenor kaum kennt.

Auch die Kombination eines großen historisch-politischen Themas mit einem melodramatischen Eifersuchtsdrama lässt den Film sehr heutig wirken: Da ist auf der einen Seite der Kampf der Ärzte um wissenschaftliche Vernunft, ihr Eintreten für das Sezieren der Opfer, um die Seuche aufzuhalten; ihnen gegenüber stehen die lebensbedrohliche Ignoranz und der religiöse Fundamentalismus des nicht säkularen Staates. Dieses epische Thema ist in dem Film verwoben mit dem sich rasch entspinnenden Eifersuchtsdrama am Hof der Königin: Surreys obsessiv lodernde Leidenschaft für Evelyne, die Königin, die über Leichen geht, um Surrey für sich zu behalten; Evelyne und Henry, die sich gegenseitig alles opfern – es ist, ich spreche das Wort einfach mal aus, eine tolle, saftige Soap, die sich hier entfaltet. Und genau diese Mixtur aus Soap und prächtigem Historienpanorama zeichnet einen auf ein großes Publikum zielenden Film dieses Genres auch heute aus. Soweit meine sehr subjektive Wahrnehmung. Wirklich verblüfft hat mich bei der näheren Beschäftigung mit diesem Film, wie viel er thematisch und hinsichtlich seiner Erzählweise mit meinem eigenen Historienepos DER MEDICUS (2013) gemeinsam hat. Das war ein bisschen, als würde ich plötzlich auf einen Vorfahren stoßen, von dessen Existenz ich bisher nichts wusste. Auch aus diesem Grund wünsche ich diesem entfernten »Verwandten« natürlich einen Platz ganz oben auf der Liste der wiederzuentdeckenden Filme.

Mit dem Kurbelkasten um die Welt

Orientalismus und (Post-)Kolonialismus im Weimarer Kino

Tobias Nagl

Seite 150: Dreharbeiten zu DAS INDISCHE GRABMAL (1921, Regie: Joe May)

Mit Blick auf das »verwandelte Weltbild« der Deutschen nach Ende des Ersten Weltkriegs diagnostizierte der Reisejournalist und Filmemacher Colin Ross Mitte der 1920er-Jahre: »Der Deutsche ist gegenüber der großen Welt in der Lage eines Mannes, der infolge schwerer Krankheit zehn Jahre das Haus hüten mußte und infolgedessen nichts von den Änderungen merkte, die sich außerhalb seiner vier Wände in der Zwischenzeit vollzogen. Blockade und Inflation haben uns lange Jahre den Zutritt zur überseeischen Welt gesperrt, und die schweren Sorgen unserer inneren Not ließen uns weder Zeit noch Muße, uns auch nur zu Hause über die außereuropäischen, ja auch nur über die außerdeutschen Probleme zu orientieren. Der Weltkrieg und seine Nachwirkungen haben das Antlitz der Erde von Grund aus gewandelt. Große Veränderungen haben sich vollzogen, größere bereiten sich vor, die das Verhältnis nicht nur der einzelnen Völker, sondern der Rassen und Kontinente zueinander grundlegend verändern.« Und einige Absätze später erklärte er hinsichtlich seines eigenen Filmschaffens wie der Möglichkeiten des Kinos: »In uns Deutschen lebt unauslöschlich die Sehnsucht nach der Ferne und nach exotischer, tropischer Schönheit, und je weniger wir reisen können, desto stärker brennt in uns die Sehnsucht nach dieser unerreichbaren exotischen Ferne.«[1]

Die durch Krieg und Kriegsniederlage bewirkten Veränderungen, von denen Ross sprach, betreffen sowohl die deutsche Filmindustrie wie die kulturellen Figurationen des Globalen in und außerhalb des Kinos. Mit dem Friedensvertrag von Versailles musste Deutschland seine Kolonien in Afrika, Asien und der Südsee abtreten. Über Nacht war das Land zu einem »postcolonial state in a still-colonial world« geworden, wie die US-amerikanische Historikerin Marcia Klotz treffend schreibt.[2] Anders als in anderen westlichen Ländern war die Dekolonisierung Deutschlands nicht das Resultat von Aufständen und Unabhängigkeitskämpfen, sondern diplomatisches Diktat der Sieger- und der konkurrierenden Kolonialmächte gewesen. In den Augen vieler Deutscher hatte Deutschland mit den Kolonien nicht nur Prestige und Einfluss verloren, sondern war selbst zu einer gedemütigten Kolonie der Entente geworden. Zugleich hatte die Beteiligung am Weltkrieg das Selbstbewusstsein der nicht-weißen Welt deutlich gestärkt; amerikanische Rassisten wie Lothrop Stoddard fürchteten gar eine Bedrohung der »weißen Welt-Vorherrschaft«, wie es sich im Untertitel seines Bestsellers *The Rising Tide of Color: The Thread Against White World Supremacy* (1920) zeigt. Stoddard mobilisierte Ängste, die auch in Deutschland einen Resonanzraum fanden, als die Franzosen bei der Rheinlandbesetzung ab 1919 afrikanische Kolonialsoldaten einsetzten und dies von der politischen Rechten in der »Schwarze Schmach«-Kampagne mittels propagandistischer Fake News von angeblichen Massenvergewaltigungen weißer deutscher Frauen durch schwarze Männer lautstark und pornografisch skandalisiert wurde.[3]

Carl Boese, der als Co-Regisseur bei Paul Wegeners DER GOLEM, WIE ER IN DIE WELT KAM (1920) Bekanntheit erlangt hatte, drehte im Rahmen der Kampagne für die Bayerische Filmgesellschaft Fett & Wiesel den Propagandaspielfilm DIE SCHWARZE SCHMACH (1921). Auf Druck der französischen Botschaft und deutscher Stellen wurde der Film nicht nur verboten, sondern angeblich auch zerstört.[4] Wenn revisionistische Historiker des Weimarer Kinos wie Anton Kaes von einer durch die Wunde der Kriegserfahrung ausgelösten Krise der Männlichkeit sprechen,[5] dann sollte diese Perspektive durch das Konzept einer Krise des »Weißseins« komplementiert werden. Denn die kinematografische Suche nach »tropischer Schönheit«, von der Colin Ross sprach, stellte genauso wie die »Schwarze Schmach«-Kampagne nur eine von verschiedenen Möglichkeiten dar, nationale Identität imaginär als *weiße* Identität zu rekonstituieren. Unabdingbar für beides waren dabei stereotype Konstruktionen des »Anderen« und eine obsessive Faszination für die physischen Momente rassischer Differenz.

Die deutsche Filmindustrie war als Gewinnerin aus dem Krieg hervorgegangen. Vor dem Ersten Welt-

Mia May als Maud Gregaards in DIE HERRIN DER WELT (1919/20, Regie: Joe May)

krieg besaß sie auf dem heimischen Markt nur einen Anteil von zehn bis fünfzehn Prozent; der viel größere Anteil des Kinogeschäfts wurde von französischen, US-amerikanischen, italienischen oder skandinavischen Produktionen bestimmt. Durch die Blockade und das Verbot ausländischer Filme erlebte die deutsche Filmindustrie einen Boom, der 1917 in der Gründung der Ufa gipfelte. Eine der einfachsten Methoden, das von ausländischen Produktionen hinterlassene Vakuum zu füllen, war die Imitation populärer Formeln und Muster (Detektivgenre, »Weiße Sklavinnen«-Filme, frühe Serienfilme, Sensations- und Abenteuerfilme, Preisrätselfilme etc.), die Filmemacher wie Joe May bereits in den ersten Kriegsjahren perfektioniert hatten. Diese Produktionsformen unterschieden sich durch Tempo, unverhohlene Kolportageelemente wie etwa Mädchenhandel und zur Schau gestellte Amerikanismen selbstbewusst von den literarischen Kunst- und Autorenfilmen der frühen 1910er-Jahre mit ihren national spezifischen Referenzen. Der Boom der heimischen Filmindustrie setzte sich auch in den ersten Nachkriegsjahren vor dem Hintergrund von Inflation und Hyperinflation dank niedriger Produktionskosten fort: 1919 wurden bereits 470 Filme produziert, 1920 waren es sogar 510 – so viele Filme wurden später nie wieder in einer Jahresproduktion der Weimarer Republik hergestellt.⁶ Nach Schätzungen von Jörg Schöning waren unter den mehr als 4.000 Filmen, die in der Weimarer Republik entstanden sind, mindestens 170 Filme, die sich in Spiel- oder Kulturfilmform mit dem Themenkomplex »Exotik«, mit kultureller und »rassischer« Alterität, kurz: mit der realen oder imaginierten Begegnung mit dem/den (post-)kolonialen »Anderen« befassten.⁷

Der exotische Abenteuerfilm

Eines der Genres, in dem exotische Settings, Charaktere und Narrationsfiguren eine prominente Rolle spielen, ist der oftmals mehrteilige, vor heimischen Kulissen gedrehte Abenteuerfilm, der in den Jahren zwischen 1919 und 1922 eine Blüte erlebte. Nach Thomas Brandlmeier muss dieser Exotismus als »wesentlicher Bestandteil des Nachkriegsbooms im Kino« betrachtet werden; er erlaubte es, das »Nachkriegselend« imaginär mit Bildern von »sorglosluxuriöse[m] Genuss« zu kompensieren.⁸ Diese Möglichkeit zum »Genuss« des Anderen stellte sich nicht allein durch aus dem Reservoir des literarischen Orientalismus des späten 19. und frühen 20. Jahrhunderts entlehnte Narrationsmuster her. Vielmehr lag der Fokus auf visuellen Schauwerten, wie sie etwa Ernst Lubitschs DIE AUGEN DER MUMIE MA (1918) und SUMURUN (1920) sowie Fritz Langs HARAKIRI (1919) und DIE SPINNEN (1919/20, 2 Teile) ebenso auszeichneten wie Robert Reinerts OPIUM (1919), Karl Gerhardts DIE JAGD NACH DEM TODE (1920, 4 Teile), Artur Holz' DAS GEHEIMNIS VON BOMBAY (1921), DIE SONNE ASIENS (1920) von Edmund Heuberger oder DAS INDISCHE GRABMAL (1921, 2 Teile) von Joe May.

Eine nicht zu unterschätzende Rolle für die Herausbildung des exotischen Abenteuerfilms in Deutschland spielten der in Wien unter dem Namen Julius Otto Mandl geborene Joe May und sein achtteiliger Blockbuster DIE HERRIN DER WELT (1919/20), dessen Plot die Zuschauer unter anderem nach China, Ostafrika, Dänemark, in die USA und ins sagenhafte Ophir entführte. Wie Ernst Lubitsch repräsentierte auch der Regisseur, Produzent und Drehbuchautor Joe May die oft vergessenen Traditionslinien, die das Weimarer Kino mit dem wilhelminischen verbinden und die weniger von Kunstanspruch und Nobilitierungsstrategien als von einem kommerziellen Gespür für populäre Stoffe, Markterfordernisse und Zuschauerbedürfnisse geprägt waren.⁹

Nach Tätigkeiten in der Textil- und Automobilindustrie und als Operettenregisseur hatte Joe May 1911 begonnen, beim Film Regie zu führen. Er machte sich schnell einen Namen bei der Entwicklung des deutschen Serienfilms, beispielsweise mit den Serien um die Detektive Stuart Webbs (ab 1914) und Joe Deebs (ab 1915), für die er mehr als ein Dutzend einstündige Folgen drehte. Wenig später gründete er zusammen mit seiner Frau, der Schauspielerin Mia May, eine eigene Produktionsfirma, die unter anderem eine »Mia-May-Serie« herstellte. Die Fähigkeit, auch mit großen Produktionen und Budgets umzugehen, demonstrierte May in den letzten Monaten des Ersten Weltkriegs, als er am Historienspektakel VERITAS VINCIT (1919) arbeitete, das sich mit den Themen Lüge/Wahrheit und Seelenwanderung in drei verschiedenen Epochen an drei verschiedenen Orten befasst, Mia May erneut in der Hauptrolle zeigt und stolze 750.000 Reichsmark kostete.¹⁰ In DIE HERRIN DER WELT kamen schließlich alle Elemente zusammen, die May für einen großen Erfolg brauchte: seine Erfahrung mit der Serienform, seine inzwischen zum Star avancierte Frau Mia in der weiblichen Hauptrolle, Kolportage, ein monumentales Setdesign und das Potenzial der Kamera, den Zuschauerblick sowohl auf der räumlichen wie auf der zeitlichen Achse zu mobilisieren.

Basierend auf einem parallel als »Film-Roman« vermarkteten Buch Karl Figdors, das sich freizügig bei Alexandre Dumas' *Le Comte de Monte Christo* (1844–46) und Henry Rider Haggards *She. A History of Adventure* (1886–87) bediente – beide waren zuerst als Fortsetzungsromane erschienen –, erzählt DIE HERRIN DER WELT eine in der Tat weltumspannende Geschichte: Mia May spielt die dänische Heldin Maud Gregaards, die sich vom undurchsichtigen Baron Murphy (Hans Mierendorff), der ihren Vater ruiniert hat, verführen lässt. Wegen einer Spionageaffäre um einen Geheimvertrag kommt sie ins Gefängnis und bringt ein Kind zur Welt, das sie für tot hält. Um Geld für ihre Rache an Murphy aufzutreiben, reist sie nach China, wo es in einer abgelegenen jüdischen Gemeinde einen Rabbi geben soll, der vom Verbleib des antiken Schatzes der Königin von Saba weiß. Maud nimmt eine Stelle als Gouvernante in Kanton an, wird jedoch von chinesischen Mädchenhändlern in ein Bordell entführt. Mit ihren Rettern, Konsul Madsen (Michael Bohnen) und Dr. Kien-Lung (Henry Sze), reist sie nach Ostafrika ins Reich des Königs Makombe und stößt in der Stadt Ophir auf eine vergessene Zivilisation, deren Angehörige sie als Göttin Astarte verehren. Nach ihrer Flucht mit dem Schatz der Königin von Saba wird Maud in den USA in einen Zeitungskrieg verwickelt und gründet eine »Akademie der Menschheit« für mittellose Knaben. Ihr Verehrer Baron Stanley baut inzwischen eine pazifistische Waffenschmelzmaschine, die jedoch zusammen mit ihrem Erfinder von Baron Murphy vernichtet wird. Schließlich gelingt es Maud, an Murphy Rache zu nehmen. Am Ende ist sie mit ihrem nun erwachsenen Sohn wiedervereint.

Nicht nur die immense geografische Ausdehnung der Handlung des Films und seine Länge von 16.000 Metern oder fast zwölf Stunden waren für damalige Verhältnisse monumental; mit 5,9 Millionen Reichsmark Herstellungskosten, drei Co-Regisseuren[11] und 30.000 Mitarbeitern war DIE HERRIN DER WELT auch die bis dato aufwendigste deutsche Filmproduktion. Bereits die Dreharbeiten auf einem Studiogelände in Woltersdorf gestalteten sich als zugkräftiges exotisches Spektakel, zu dem Joe May immer wieder Pressevertreter einlud. Auf einem knapp 19 Hektar großen Areal am Kalksee hatte May für die Außenaufnahmen großzügig exotisches Ambiente nachbauen lassen, inklusive einer chinesischen Stadt samt Hafen, außerdem afrikanische Dörfer, Tempel und eine künstlich entwässerte unterirdische Grotte. Ein Kritiker von *Der Film* schrieb nach einem Besuch auf dem Studiogelände: »Wir haben es wirklich herrlich weit gebracht. Die Hamburg-Amerika-Linie, der norddeutsche Lloyd, Zeppelin und Flugzeug sind wieder ein-

■ Plakat zu DIE HERRIN DER WELT, TEIL 1 – DIE FREUNDIN DES GELBEN MANNES (1919/20, Regie: Joe May), Grafik: Theo Matejko

mal übertrumpft. Mit der Stadtbahn fährt man in wenigen Stunden durch die ganze Welt. Man löst am Bahnhof Zoo um 9 eine Fahrkarte nach Erkner und ist bereits um ½ 11 in Afrika. Man sieht sogar etwas, was bisher keines Sterblichen Auge erblickt, nämlich die Stadt Ophir, in der der König Salomon die Königin von Saba begrüßt.«[12] Die Traditionslinien dieser architektonischen Simulation führen zurück zu den Völkerschauen der Jahrhundertwende. Für dieses Setdesign, dessen Authentizität in der Presse immer wieder von Historikern, ehemaligen Kolonialbeamten und anderen Experten bestätigt wurde, hatte May durch Vermittlung des Regisseurs John Hagenbeck aus der Tierpark-Dynastie den mit Hagenbecks verwandten Hamburger Ethnografika-Händler Johannes Umlauff engagiert. Umlauff hatte mehrere Eisenbahnwaggons voll mit Exponaten aus dem Bremer Museum für Natur-, Völker- und Handelskunde ausgeliehen. Die afrikanischen und asiatischen Komparsen stammten meist aus größeren Städten wie Hamburg und Berlin; um ihre Reihen aufzustocken, hatte Umlauff jedoch auch »mongolische Typen«[13] aus einem Kriegsgefangenenlager mit russischen Gefangenen ausgeliehen. Da Filmemacher in den Vorkriegsjahren oftmals weiße Schauspieler als *blackface* oder *yellowface* eingesetzt hatten, schwärmten Journalisten von der unerhörten ethnischen »Rassenechtheit«[14] des Films; zentral für solche Befunde war es, Unterschiede zwischen dem Schauspiel der migrantischen Darsteller, dem Alltag nach Drehschluss und klischeehaften rassistischen Zuschreibungen einzuebnen. Aus nicht-weißen Performern wurden so rückständige Repräsentanten von Rasseneigenschaften, die nicht schauspielerten, sondern vor der Kamera einfach »sie selbst« waren.

■ Filmbauten auf dem Studiogelände für DIE HERRIN DER WELT (1919/20, Regie: Joe May)

Um diese Schauwerte angemessen zu repräsentieren, bemühten exotische Abenteuerfilme wie DIE HERRIN DER WELT, DAS INDISCHE GRABMAL oder DIE JAGD NACH DEM TODE eine Filmsprache, die im historischen Kontext oftmals anachronistisch wirkt und an das frühe »Kino der Attraktionen« (Tom Gunning) erinnert: Panoramen von Architektur und Landschaft betören mit ihren Schauwerten; Totalen und ein langsames Tempo bestimmen den Erzählfluss – nicht die narrative Effizienz und die Stringenz der Plotentwicklung. Auch inhaltlich verwies der exotische Abenteuerfilm in die Wilhelminische Epoche. Mauds Verschleppung in ein chinesisches Bordell folgte älteren Vorstellungen und Kolportagemustern einer »gelben Gefahr« und der abolitionistischen Kampagne gegen die »weiße Sklaverei«, die bereits in den Vorkriegsjahren von dänischen Produzenten in einem Zyklus von in Deutschland populären Mädchenhandel-Melodramen ausgeschlachtet worden war[15] und neben dem Madame-Butterfly-Topos ein Schlüsselmotiv für die filmische Repräsentation Asiens bildete. Diese Elemente überlagerten sich immer wieder dort, wo der Ursprung des Mädchenhandels im Orient, in Asien oder in den in einigen europäischen Großstädten seit der Jahrhundertwende anwachsenden »Chinatowns« angesiedelt und die »Schändung« weißer Frauen politisch-symbolisch aufgeladen wurde. Kinematografisch artikuliert sich die damit verbundene Angstlust meist im kontrastiven Umschlag von zur visuellen Aneignung einladenden Totalen in klaustrophobe Kadrierungen beengter Innenräume, die Chinatown, Kasbah, Opiumhöhle oder Bordell signifizieren. In den afrikanischen Episoden recycelte DIE HERRIN DER WELT »first contact«-Szenarien,

■ Dreharbeiten zu DAS INDISCHE GRABMAL (1921, Regie: Joe May)

wie sie bereits frühe ethnografische Filmemacher liebten (etwa der Österreicher Rudolf Pöch: BUSCHMANN SPRICHT IN DEN PHONOGRAPHEN, A 1908). Mays Abenteuerfilm zeigte hier »primitiv«-unverständige Reaktionen auf die Insignien westlicher Lebensart und griff zugleich den an archäologischen Funden entsponnenen Ophir-Mythos von einer antiken weißen Zivilisation im Inneren Afrikas auf.[16] Dieser hatte schon die Fantasie so unterschiedlicher Autoren wie Henry Rider Haggard, des deutschen Abenteuerschriftstellers Friedrich Wilhelm Mader oder des brutalen Kolonialisten Carl Peters befeuert, weil er die Legitimation für den europäischen Kolonialismus in die Vorgeschichte verlegte.

Einer der Ersten, die auf diese Bezüge als eine Art »politisch Unbewusstes« (Fredric Jameson) hingewiesen haben, war Siegfried Kracauer, der über den exotischen Abenteuerfilm schrieb: »Alle diese Filme glichen, in ihrer Lust an exotischen Schauplätzen, dem Tagtraum eines Gefangenen. Gefängnis war, in diesem Fall, das verstümmelte und abgeschnittene Vaterland – so jedenfalls empfanden es die meisten Deutschen. Was sie ihre Weltmission zu nennen pflegten, war vereitelt worden, und alle Fluchtwege schienen nun versperrt. Diese raumverschlingenden Filme lassen die Verbitterung erkennen, die der Durchschnittsdeutsche gegen seine unfreiwillige Einsperrung empfand. Sie wirkten als Ersatz. Naiv befriedigten sie sein unterdrücktes Expansionsverlangen mit Hilfe von Bildern, die es seiner Einbildung erlaubten, die ganze Welt einschließlich Ophir erneut zu annektieren. Was Ophir betraf, so versäumte das Programmheft zur HERRIN DER WELT nicht, darauf hinzuweisen, daß die Vorstellung, dies mythische Königreich nach Afrika zu verlegen, von Carl Peters unterstützt wurde. Carl Peters hatte den Deutschen Kolonialverein ins Leben gerufen und gehörte zu den Gründern von Deutsch-Ostafrika, so daß die Erwäh-

Mia May (Maud Gregaards) und Henry Sze (Dr. Kien-Lung) in DIE HERRIN DER WELT (1919/20, Regie: Joe May)

nung seines Namens unverhohlen auf die damaligen Nebenabsichten des Films verwies. Die Inflation hielt die Filmproduzenten jener Zeit davor zurück, kostspielige Expeditionen ans Ende der Welt zu entsenden. [...] Dieses ständige Vorspiegeln trug insofern zum Fortschritt bei, als es den deutschen Studio-Stab dazu zwang, viele technische Neuerungen zu entwickeln.«[17]

Mays Neuerungen bei der Schaffung eines Kinoerlebnisses erschienen Zeitgenossen so immens, dass sein Kinoepos 1920 nach dem erfolgreichen Start auch im Reichstag gezeigt wurde, um den Abgeordneten die Kraft und das Potenzial der deutschen Filmindustrie zu demonstrieren. Für den *Film-Kurier* repräsentierte der exotische Abenteuerfilm im Stil von Mays Serienfilm neben Robert Wienes DAS CABINET DES DR. CALIGARI (1920) eine der beiden kommerziellen Optionen des deutschen Films: »CALIGARI oder HERRIN DER WELT? Prunkfilm oder expressionistischer Film?«[18] Aber der Traum, einen international erfolgreichen deutschen »Exportfilm«[19] zu schaffen, scheiterte: DIE HERRIN DER WELT wurde auch von in Berlin lebenden chinesischen Studenten für seinen Rassismus und die fehlerhafte Darstellung chinesischer Sitten angegriffen; nach diplomatischen Auseinandersetzungen wurden Zwischentitel geändert und Szenen nachgedreht.[20]

Dennoch wäre es eine irreführende Verkürzung, bei der Analyse exotischer Serien- und Abenteuerfilme wie DIE HERRIN DER WELT allein auf die Artikulation expansiver nationaler Gelüste abzuheben; statt der Deutschtümelei zu frönen, setzten die meisten Filme nämlich aufgrund anhaltender antideutscher Sentiments im Ausland mittels transnationaler Figurenkonstellationen auf die Verschleierung ihrer exakten Herkunft: Die weißen, westlichen Helden in DIE HERRIN DER WELT und HARAKIRI etwa sind dänisch, in DIE SPINNEN, OPIUM und DAS INDISCHE GRABMAL britisch, in DIE JAGD NACH DEM TODE amerikanisch oder in DAS GEHEIMNIS VON BOMBAY italienisch. Indem die exotischen Abenteuerfilme oft auf melodramatische Genrekonventionen zurückgriffen, weibliche Hauptfiguren in der Tradition der amerikanischen *serial queens* inszenierten, auf Entführungs-, Verwechslungs- und Doppelgängerplots setzten und nicht-normative, schillernde Männlichkeitsentwürfe konstruierten, erlaubten sie deutschen Zuschauerinnen und Zuschauern im Kino das phantasmatische Erproben anderer Identitäten. Sie markierten, wie Heide Schlüpmann über die Heldinnen des frühen Kinos bemerkte, den »Eintritt der Zuschauerin in den Ort des Vergnügens«[21] und spielten mit polymorph-perversen, zwischen sadistisch-aggressiven und masochistisch-passiven Polen oszillierenden Sexualitäten.

Ins Herz der Finsternis

Einer der interessantesten, weil transgressivsten Filme dieses Zyklus ging bereits während der letzten Kriegsmonate in Produktion und kam mit einer ganzen Welle von »Aufklärungsfilmen« in der berüchtigten zensurfreien Zeit nach der Novemberrevolution in die Kinos: Robert Reinerts OPIUM. Der Film erzählt die Geschichte des britischen Wissenschaftlers Professor Gesellius (Eduard von Winterstein), der aus wissenschaftlichem Interesse in China die Droge Opium studiert, in ein Eifersuchtsdrama um eine junge Chinesin (Sybill Morel) verwickelt wird, von einem rachsüchtigen Chinesen bis nach England und Indien verfolgt wird, schließlich der Droge selbst zum Opfer fällt und halluzinierend stirbt. In mancher Hinsicht war OPIUM ganz typisch für den Orientalismus der Zeit: Verqualmte Opiumhöhlen, Madame-Butterfly-Versatzstücke, Ängste vor der Umkehrung kolonialer Machtverhältnisse, Schauspieler in *yellowface*-Maske, melodramatische Verwicklungen, Bilder eines unüberwindbaren asiatischen und orientalischen Despotismus, monumental collagierte Sets, eine brennende Stadt, Wildtieraufnahmen mit echten Löwen und Elefanten, ein transnationaler Plot, Sex und der Appell an ein paneuropäisches Gefühl weißer Überlegenheit – Reinert ließ nichts aus. Doch unter diesen Referenzen ans Genre taten sich irritierende Lesarten auf. Reinerts Exotismus hatte mehr mit jenen Vertretern der literari-

Hanna Ralph als Maria Gesellius in OPIUM (1919, Regie: Robert Reinert)

schen Dekadenz wie Robert Müller (*Tropen. Der Mythos der Reise*, 1915) gemein, für die die Erfahrung des geografisch oder kulturell »Anderen« nur das Sprungbrett für eine Rimbaud'sche »Entregulierung der Sinne« darstellte, um zum Anderen *im Selbst* vorzudringen – oder, in den Worten Victor Segalens, einem »Exotismusgefühl« zu huldigen, »das letztlich nichts anderes ist als der Begriff des Anders-Seins, die Wahrnehmung des Diversen, das Wissen, dass etwas nicht das eigene Ich ist, und die Fähigkeit des Exotismus, das heißt die Fähigkeit, *anders* aufzufassen«.[22]

Für diese »andere« Auffassungsgabe fanden Reinert und sein Kameramann Helmar Lerski eine kongeniale, halluzinatorische Filmsprache, die den artifiziellen »Realismus« des orientalistischen Setdesigns durch anti-naturalistische Elemente konterkarierte und sowohl der »inneren Montage«, das heißt, der Inszenierung in die Tiefe des Raums hinein, dem *deep staging* der 1910er-Jahre verpflichtet war, wie mit der symbolisch-metaphorischen Bilderlust und der Chiaroscuro-Lichtsetzung des expressionistischen Films dialogisierte. Reinerts OPIUM war, wenn man so will, DIE HERRIN DER WELT und CALIGARI in einem. Der Film endet mit der völligen Selbstauslöschung des männlichen, weißen Protagonisten in Wahn und Tod. Nicht explizit wie in Reinerts NERVEN (1919), sondern unter seiner Oberfläche registrierte OPIUM das Erlebnis und die Erschütterungen des Ersten Weltkriegs: Nicht nur war der Kontakt mit Morphinen und extremen, etwa durch Granatschock ausgelösten mentalen Zuständen ein Teil der Fronterfahrung; Professor Gesellius' Wunsch, aus China (und später aus Indien) nach England zurückzukehren, korrespondiert zudem mit Plotmustern des Heimkehrerfilms, während die Aufnahmen aus seiner Klinik, ähnlich wie in DAS CABINET DES DR. CALIGARI, an ein Lazarett denken lassen. Und wenn sich Gesellius für den Tod seines Lieblingsschülers Armstrong (Conrad Veidt), der ihn während seiner Abwesenheit mit seiner Frau betrogen hat, verantwortlich fühlt, erinnert dies an die persönlichen moralischen Konfliktfelder der Kriegszeit.

Robert Reinert und Helmar Lerski inszenieren ihren zum Albtraum gewordenen Drogenrausch in einer Serie von tunnelartigen Kompositionen, die zum einen das Blickfeld reduzieren, weil Lerski seine Kamera viel näher an das Geschehen rückt als damals üblich, und die zum anderen durch eine heute noch beeindruckende Tiefenschärfe den Raum öffnen, in dem sich oft drei nach hinten gestaffelte Handlungsebenen befinden.[23] Reinert und Lerski verstärken diesen Effekt, indem sie ihre Kompositionen durch Türen, Fenster und Türbogen kadrieren. Figuren betreten das Bildfeld der Kamera nicht von links oder rechts, sondern erscheinen in der Tiefe des Raums und gleiten nach vorne, um dann nach einem Close-up unvermittelt wieder aus dem Bild zu verschwinden. Dieser pyramidenhaft strukturierte Tunnelblick übersetzt den tranceartigen Bewusstseinszustand der Figuren visuell für die Zuschauer und macht diese noch empfänglicher für schockartige Störungen des Bildaufbaus, die oft mit dem unerwarteten Auftauchen des rachsüchtigen, chinesischen Opiumdealers Nung-Tschang (Werner Krauß) aus dem unteren Bildrand oder den expressionistischen Schatten einhergehen. Wenn sich Nung-Tschang dann auch noch in unmittelbarer Nähe der Kamera umdreht, sodass sein boshaft blickendes Gesicht plötzlich die Leinwand füllt, lässt dies an die »Kinski'sche Schraube« in Werner Herzogs AGUIRRE, DER ZORN GOTTES (BRD 1972) denken. Es überrascht nicht, dass David Bordwell Reinert als Regisseur preist, der zu einer Zeit, in der die meisten europäischen Regisseure langsam die auf die Kontinuität des Erzählflusses ausgerichtete, aus Hollywood-Filmen bekannte *découpage classique* adaptierten, eine fragmentarische Szenografie entwickelte, die in die Zukunft, auf die »strategisch unvollständigen« *establishing shots* von Robert Bresson, Jean-Marie Straub und Danièle Huillet oder Hal Hartley verweist.[24]

(Post-)Kolonialfilm: der nostalgische Blick zurück

Auch die Entwicklung des ethnografischen Kultur- und Expeditionsfilms, einer Filmpraxis, die der kolonialen und kolonialrevisionistischen Bewegung stets nahestand, wurde vom Krieg und seinem Ausgang beeinflusst. Zwar waren Filmemacher wie Carl Friedrich Müller oder Robert Schumann bereits in den Vorkriegsjahren vereinzelt in den deutschen Kolonien kinematografisch tätig geworden, um die neuen überseeischen Besitztümer, die fremde Flora und Fauna sowie die »Aufbauarbeit« der Deutschen den Zuschauern in der Heimat – visuellen Beutegütern gleich – näherzubringen; doch der Kolonialfilm blieb in seiner historischen Epoche ein Stiefkind: Vergleichsweise groß waren die technischen Schwierigkeiten vor Ort, und auch die sich aus den bildungsbürgerlichen Eliten rekrutierenden Kolonialapologeten standen dem neuen Kinematografen als Erziehungs- und Propa-

■ OPIUM (1919, Regie: Robert Reinert)

gandamittel bis zum Ausbruch des Krieges skeptisch gegenüber. Zwar änderte sich dies während des Krieges mit der Gründung von Martin Steinkes Deutscher Kolonialfilm-Gesellschaft (DEUKO); da jedoch die deutschen Kolonien (mit der Ausnahme von Deutsch-Ostafrika) nach nur wenigen Kriegsmonaten kapitulierten, spielten Aufnahmen aus den Kolonien kaum eine Rolle in der Kriegspropaganda.[25]

Doch auch jenseits der eher diffusen kolonialen Sehnsüchte, an die der exotische Abenteuerfilm in der unmittelbaren Nachkriegszeit appellierte, stellte die melancholische Erinnerung an den deutschen Kolonialismus im Orientalismuskomplex des Weimarer Kinos ein wichtiges Sujet dar. Als sich die politische Lage halbwegs stabilisiert hatte, nachdem der Verlust der deutschen Kolonien im Versailler Friedensvertrag besiegelt worden war, begannen Anhänger der kolonialen Idee, ihre Versäumnisse zu reflektieren und die Möglichkeiten des Films für die kolonialrevisionistische Propaganda zu diskutieren. 1921 stellte ein Diskussionsbeitrag in *Der Kolonialdeutsche* etwa fest, die »Welt sei eng geworden für uns Deutsche. Der verlorene Krieg hat uns vom Ausland abgeschnitten, wie man es vor sieben Jahren noch nicht für möglich gehalten hatte. Stärker als die militärischen Ereignisse hat vielleicht die militärische Propaganda dafür gesorgt, diese Mauer von undurchdringlichem Hass um Deutschland herum zu errichten.« Deshalb solle der Kolonialfilm »das Verständnis für die Kolonisation« im Volk wachhalten.[26] Doch dies war leichter gefordert denn getan, da sich die Mandatsmächte, die die Verwaltung der ehemaligen deutschen Kolonien übertragen bekommen hatten, Anfang der 1920er-Jahre oftmals weigerten, deutsche Filmoperateure ins Land zu lassen.

Im Zusammenhang mit den Diskussionen um die Möglichkeiten des Kinos bezüglich der Kolonialfrage stehen auch die Versuche des Regisseurs, Vortragsredners und Großwildjägers Hans Schomburgk, seine 1919 gegründete Übersee-Film GmbH finanziell zu konsolidieren. Zu der Zeit galt er als der einzige Filmemacher, der im Besitz von verwendungsfähigem Filmmaterial aus den deutschen Kolonien war. Während seiner Reise- und Jagdtätigkeit hatte Schomburgk etwa 1913 einen Besuch des früheren Gouverneurs von Deutsch-Samoa und Staatssekretärs im Reichskolonialamt, Wilhelm Solf, in Togo gefilmt (STAATS-SEKRETÄR DR. SOLF IN DEN KOLONIEN, 1914) und mit seiner späteren Frau Meg Gehrts in der Hauptrolle kürzere Spielfilme wie DIE WEIßE GÖTTIN DER WANGORA (1916) oder DER RAUB IN DEN SUDU-BERGEN (1916) gedreht. Dokumentarisches Material, das er zwischen 1912 und 1914 in Togo und in Liberia aufgenommen hatte, brachte er 1917 unter dem Titel IM DEUTSCHEN SUDAN in abendfüllender und gefällig montierter Form in die Kinos. Erlöse der von einem Vortrag Schomburgks begleiteten Uraufführung gingen an die Deutsche Kolonial-Kriegerspende.

Nach Ende des Kriegs drehte Schomburgk vor heimischen Kulissen mit Meg Gehrts einige exotische Abenteuerfilme (darunter EINE WEIßE UNTER KANNIBALEN, 1921), die ältere afrikanische Originalaufnahmen im fiktionalen Kontext wiederverwendeten und sich um das koloniale Sujet der »weißen Göttin«, der Anbetung oder Entführung einer weißen Frau durch infantilisierte »Eingeborene«, drehte. 1923/24 gelang es Schomburgk, für die Ufa eine Expedition nach Liberia auszustatten, deren Ergebnis als MENSCH UND TIER IM URWALD 1924 in die Kinos kam. Wie andere Beispiele des Genres zeigte der Film immer wieder die Filmemacher, ihre Apparate und ihre Arbeit. Dadurch wurden die Zuschauer zur Identifikation mit den weißen Forschern eingeladen. Der Film beschwor die mimetische und »penetrierende« Kraft der sich durch eine passive Landschaft bewegenden Kamera und etablierte einen Gegensatz von Zivilisation und Wildnis, der auch die Narration strukturierte. Ziel der Expedition war es unter anderem, noch nie zuvor gefilmte Initiationsriten junger Mädchen aufzunehmen. Schomburgks erfolgreicher Film folgte damit einer sexualisierten, männlichen Logik vom kolonialen Anderen als zu erobernder Frau – eine »taxidermische« Bilderpolitik, die die vom

■ Plakat zu IM DEUTSCHEN SUDAN (1917, Hans Schomburgk), Grafik: Victor Arnaud

»Aussterben« bedrohten Eigenarten von Mensch und Tier im kolonialen Raum filmisch einzubalsamieren und so zu »retten« trachtete.²⁷

Auch andere Kulturfilmer stellten sich in den Dienst der kolonialen Idee: 1924/25 bereiste etwa Carl-Heinz Boese für die Ufa Namibia, Südafrika und Tansania und filmte den Vulkankrater des Kilimandscharo, eines der geografischen Symbole des deutschen Kolonialismus, von innen (ZUM SCHNEEGIPFEL AFRIKAS, 1925). Hans Dietrich von Trotha, ein Neffe des berüchtigten Gouverneurs von Namibia (damals Deutsch-Südwestafrika), kehrte 1925/26 für eine Expedition in die ehemalige Kolonie zurück und brachte seine Aufnahmen unter dem Titel DAS SONNENLAND SÜDWEST-AFRIKA (1926) im Vertrieb der Ufa in die Kinos. Der für die Entwicklung des Kulturfilms in den 1930er-Jahren einflussreiche Schweizer Chemiker und Zeiss-Ikon-Mitarbeiter Martin Rikli begann seine Karriere wie Schomburgk mit kolonialen Sujets: In HEIA SAFARI (1929), dessen Titel das gleichnamige Buch über »Deutschlands Kampf in Ostafrika« des Generals und Freikorps-Kommandanten Lettow-Vorbeck zitiert – einer Ikone der Kolonialbewegung und national-konservativen Rechten in der Weimarer Republik –, dokumentierte er eine Expedition nach Tansania. Für AM RANDE DER SAHARA (1931) bereiste er das faschistische Libyen, das seit 1911/12 eine italienische Kolonie war.

Selbst wenn (post-)koloniale Kulturfilme nach Einführung des Tons oftmals stärker mit selbstreflexiven Rahmenhandlungen spielten, ähnelten sie sich dennoch in ihrer generischen Syntax und Semantik:

■ AM RANDE DER SAHARA (1931, Martin Rikli)

Deutsche Baudenkmäler, *mugshots* fremder Physiognomien, der große weiße Jäger, Kinder (die metonymisch für die vermeintliche Infantilität der »Eingeborenen« einstanden), Agrarwirtschaft, die vermeintliche Notwendigkeit schwarzer Arbeit, die Anstrengung, scheue Afrikaner mit der Kamera abzulichten, die Klage über die Verwestlichung indigener Lebensweisen und ein aggressiver rassistischer Humor, der Schwarzsein in den Bereich des Grotesken und Degenerierten rückte – all dies waren zentrale Elemente des Genres.

Reisefilm als imperialistische Weltschau

Eine wichtige Rolle für die Entwicklung des Expeditions- und Reisefilms spielte auch der eingangs zitierte, populäre österreichische Weltreisende Colin Ross, der Mitte der 1920er-Jahre unter den Einfluss der Haushofer'schen »Geopolitik«[28] geraten war und sich später zum überzeugten Nationalsozialisten entwickelte. Anders als die nostalgisch-rückwärtsgewandten Anhänger der Kolonialidee ging es Ross nicht um nationale Nabelschau. Als Vertreter eines globalen *social engineering* dachte er in supranationalen Kategorien von Rasse, Raum und weißer Vorherrschaft, die in seinen Augen nur durch einen paneuropäischen Kolonialismus zu retten sei. Zeitgenossen erschien sein technokratischer Blick als ungeheuer modern: In Irmgard Keuns »Neue Frau«-Roman *Gilgi, eine von uns* (1931) liest die Hauptfigur ein Reisebuch von Colin Ross. In seinem 1925 von der Ufa herausgebrachten Reisefilm COLIN ROSS MIT DEM KURBELKASTEN UM DIE ERDE dokumentierte er eine Weltreise, die ihn von den USA nach Asien führte. In der Art von Home Movies reihte er disparate Aufnahmen des wirtschaftlichen und kulturellen Lebens, die auf Momente des Typischen hin ausgerichtet waren, zu einem kinematografischen *tableau vivant*. Zusammengehalten wurde es durch Ross' feuilletonistische Erzählperspektive und sein rassistisch grundiertes Bemühen um Humor, in dem sich die »zoologische Sprache«[29] des Kolonialismus – wie der französische Psychiater und Vordenker der Entkolonisierung, Frantz Fanon, dies später bezeichnen sollte – deutlich artikulierte. Die Einstellung eines essenden chinesischen Kulis wird etwa vom Zwischentitel begleitet: »Mein menschliches Pferd bekommt seinen Hafer.« In DIE ERWACHENDE SPHINX (1927), Untertitel: »Mit Colin Ross vom Kap nach Kairo«, begab sich Ross auch auf die Spuren der deutschen Kolonialherrschaft in Tansania und warnte vor dem wachsenden schwarzen Selbstbewusstsein in Südafrika; während er in ACHTUNG AUSTRALIEN! ACHTUNG ASIEN! (1930) – unter Anspielung auf den Bestseller von Hans Grimm – China als »Volk ohne Raum« mit Australien als »Raum ohne Volk« kontrastierte. Die Attraktion von Ross' bei Publikum wie Kritik enorm erfolgreichen Filmen lag in der Simulation des Reisens selbst sowie im Versprechen, die Globalität und Komplexität der damaligen Welt in ihrer Gänze zu erfassen. Der aneignende

■ Martin Rikli (Mitte) bei den Dreharbeiten zu AM RANDE DER SAHARA (1931, Regie: Martin Rikli)

Colin Ross bei den Dreharbeiten zu DIE ERWACHENDE SPHINX. MIT COLIN ROSS VOM KAP NACH KAIRO (1927, Regie: Colin Ross)

Gestus dieses Weimarer Welt-Bilds besaß sogar eine haptische Dimension: Der Begleitpublikation zu MIT DEM KURBELKASTEN UM DIE ERDE lag ein Stück perforiertes Filmbild bei.

Eine Brücke zwischen Kolonial- und Reisesujet schlägt ebenfalls der französische Expeditionsfilm LA CROISIÈRE NOIRE aus dem Jahr 1926, der Vorbild für deutsche Produktionen werden sollte und auf Plakaten als »ciné-zoologie« beworben wurde. Léon Poirier dokumentierte darin eine Autoexpedition des Citroën-Konzerns durch Afrika – und propagierte damit nicht nur den französischen Kolonialismus, sondern auch die Automarke des Finanziers. Neu war jedoch, dass die Expedition neben Wissenschaftlern auch von einem Maler als künstlerischem Berater begleitet wurde, Alexander J. Jakowlew. In Deutschland war es die Rennfahrerin und Industriellentochter Clärenore Stinnes, die ganz direkt an die Machart von Poiriers Film anknüpfte: Zusammen mit zwei Technikern und dem schwedischen Kameramann Carl-Axel Söderström brach sie in einem von den Adler-Motorenwerken zur Verfügung gestellten Wagen 1927 für die Deulig-Wochenschau zu einer zweijährigen Weltreise auf, die über Kleinasien, Russland, China, Japan und Amerika zurück nach Europa führte. Ihre Aufnahmen kamen 1931 nachsynchronisiert als Tonfilm unter dem Titel IM AUTO DURCH ZWEI WELTEN in die Kinos. Stinnes, die mit Bubikopf, Herrenanzug und Krawatte auftrat, leitete ihren Film mit einem jener später mit Synchronton gefilmten Vorträge ein, die ab 1929 den Filmemacher als live im Film anwesenden Redner abzulösen begannen. In dem Vortrag bezeichnet sie ihren Reisefilm als »dokumentarischen Idealbeweis vollbrachter Leistungen und eroberter Fernen«. Stinnes' Reisebericht übernahm von LA CROISIÈRE NOIRE zwar die motorisierte Dynamik, nicht jedoch die exotistische Faszination, denn Stinnes' gehetztes Tempo reduzierte die Ferne auf vorbeiflirrende Ansichten. Als Dokument weiblicher Emanzipation und der »Neuen Frau« erinnert der Film eher an Abenteuerfilme, die ihre Protagonistinnen mit modernsten Transportmitteln um die Welt jagten (wie Ellen Richter in Willi Wolffs DER FLUG UM DEN ERDBALL, 1925, 2 Teile), oder an die Reisefilme der Sportfliegerin Elly Beinhorn (MIT ELLY BEINHORN ZU DEN DEUTSCHEN IN SÜDWEST-AFRIKA, 1933).[30]

Kinematografie als (romantisierte) Ethnografie

Mitte der 1920er-Jahre entwickelte sich neben der antihumanistischen, kalten »Sachlichkeit« eines Colin Ross eine zweite, gleichfalls modernisiertere Form des ethnografischen Blicks, die einen poetischeren Zugang wählte. Einen wichtigen Impuls für die Herausbildung einer »romantischen Ethnografie« im Weimarer Kino lieferte der immense Publikumserfolg von international vertriebenen US-Produktionen wie Robert J. Flahertys NANOOK OF THE NORTH (1922) und MOANA (1926) oder Ernest B. Schoedsacks und Merian C. Coopers GRASS (1925) und ihr semidokumentarischer Film CHANG. A DRAMA OF THE WILDERNESS (1927), die mit einer Welle des Exotismus und Primitivismus in den Künsten korrespondierten. Zeitgenössische US-Kritiker sprachen vom »racial film«,[31] um zu benennen, dass diese Filme sich dem »primi-

■ IM AUTO DURCH ZWEI WELTEN (1927–1931, Regie: Clärenore Stinnes, Carl-Axel Söderström)

tiven« Alltag und der Denkweise nicht-weißer (oder unter ländlichen Bedingungen lebender) Menschen in einfühlsamerer Weise, aus der »Innenperspektive« sozusagen, zu nähern versuchten – eine Praxis, die in der Ethnologie zeitgleich mit Lucien Lévy-Bruhls *Das Denken der Naturvölker* und *Die geistige Welt der Primitiven* (auf Deutsch erschienen 1921 bzw. 1927) einen Ausdruck fand.

Oftmals als deutsche Antwort auf NANOOK, DER ESKIMO apostrophiert, erzählt Bernhard Villingers und Georg Asagaroffs für die Ufa gedrehter MILAK, DER GRÖNLANDJÄGER (1928) das Drama einer deutschen Polarexpedition, die von dem Inuit Milak im Wettlauf mit amerikanischen Konkurrenten gen Norden geführt wird und mit kalbenden Gletschern, Eisbären, Schneestürmen und schrumpfendem Proviant zu kämpfen hat. Anders als Flaherty, der sich beim Dreh von NANOOK entschloss, auf *travelogue*-Elemente zu verzichten, um sich auf den Alltag und die zyklischen Subsistenzaktivitäten der kanadischen Inuit zu konzentrieren, folgt MILAK dem linearen Vorwärtsdrang des Expeditionsfilms und fokussiert – zum Teil mittels später im Studio nachgedrehten Action-Szenen – stärker auf die Auseinandersetzung zwischen Mensch und Natur, wie sie sich zeitgleich auch im Bergfilm findet. Kameramann Sepp Allgeier und Bernhard Villinger hatten beide mit Arnold Fanck gearbeitet, auf den angeblich auch die Idee für MILAK zurückging. Während Flaherty bewusst alle Spuren der Gegenwart aus dem Film entfernt (so jagt der Protagonist mit Speer anstatt mit dem längst gebräuchlichen Gewehr), registriert MILAK zu Beginn die Modernität der Lebensverhältnisse an der grönländischen Südküste. Auch in seinen Expeditionsmemoiren beschreibt Sepp Allgeier die Präsenz von Solinger Stahlklingen und die Begeisterung, die ein Grammophon mit Jazzmusik auslöst. Zugleich macht er die imperialistische Überheblichkeit bei »der Jagd

■ Szenenfoto aus MILAK, DER GRÖNLANDJÄGER (1928, Regie: Bernhard Villinger, Georg Asagaroff)

nach dem Bild« deutlich, wenn er schreibt: »Gut, dass diese treuen Eskimos vom eigentlichen ›Filmzauber‹ nichts wissen, sonst hätten sie sicher auch manchmal gestreikt oder die Bezahlung von Überstunden verlangt. [...] Die guten einfachen Eismenschen verrieten oft mit ihrer Natürlichkeit ein erstaunliches Schauspielertalent.«[32]

Die Klage über die Verwestlichung indigenen Lebens – und die damit verbundene Verbannung des Anderen aus einer gemeinsamen, sich transformierenden Gegenwart –, die bereits Hans Schomburgks taxidermische Filmpraxis antrieb, motivierte auch eine Reihe von ethnografischen Filmen, die in ihrem romantisierenden Gestus die Trennlinie zwischen fiktionalen und dokumentarischen Erzählmodi vollends aufweichten und in rettender Absicht »Eingeborene« als Schauspieler in für ihren Kulturkreis vermeintlich typischen Plots (in denen es meist um heterosexuelle Paarbildung geht) besetzten. Hier zu nennen wären etwa August Brückners SAMBA, DER HELD DES URWALDS (1928) – »der erste existierende Negerspielfilm«, wie die *Lichtbild-Bühne* vermerkte[33] –, der Lola-Kreutzberg-Film NURI, DER ELEPHANT (1928) oder DIE INSEL DER DÄMONEN (1933) von Friedrich Dalsheim.

Einer der bemerkenswertesten Filme dieses Zyklus, nicht zuletzt aufgrund seiner Behandlung der Tonspur, war Dalsheims MENSCHEN IM BUSCH. EIN AFRIKA-TONFILM (1930), der auf einer Expedition und in Kooperation mit der Ethnologin Gulla Pfeffer in Togo und an der Goldküste entstand und später in Berlin mit Soundeffekten und den Stimmen von togolesischen Kolonialmigranten, die sich in der Filmindustrie als Statisten verdingten, nachsynchronisiert wurde.[34] MENSCHEN IM BUSCH wurde als erster »Afrika-Tonfilm«, wie es im Vorspann heißt, vermarktet, wobei auf diesen damals sensationellen neuen Realismus der Ton-Bild-*Synchrese* gesetzt wurde. Der Film beginnt mit impressionistischen Aufnahmen von Kru-Seeleuten an der Küste, dann wird Herzog Adolf Friedrich zu Mecklenburg, der letzte Gouverneur der Kolonie Togo, gezeigt, der einen einleitenden Vortrag

■ MENSCHEN IM BUSCH. EIN AFRIKA-TONFILM (1930, Regie: Friedrich Dalsheim)

hält und die Übernahme der »westlichen Zivilisation« in den Küstenstädten beklagt. Daraufhin bewegt sich der Film in das Hinterland, in dem sich »jener ungeheure, unüberbrückbare Unterschied zwischen Europa und Afrika, zwischen der weißen und der schwarzen Rasse« zeige. Doch im gleichen Maße, in dem Mecklenburg kulturelle Hybridisierungsprozesse kritisiert, ist der Film selbst ein hybrides Gemisch: Zu sinfonischen Klängen von Wolfgang Zeller und unterstützt von Zwischentiteln präsentiert der Film lose aneinandergereihte Impressionen des Dorflebens; schließlich sehen wir in Nahaufnahme das Bild eines Mannes, der sich mit nahezu lippensynchronem Ton als »Ich bin Mesa!« vorstellt; an einem weiteren Höhepunkt greift der Film das modernistische Titeldesign und die Montagetechniken des sowjetischen Kinos kurz auf. Während der stumme Expeditionsfilm immer wieder das Staunen (und die Verweigerung) der ethnografischen »Subjekte« vor der Kamera in Szene setzte, inszeniert die kulturrelativistische Poetik von MENSCHEN IM BUSCH Mesa nicht nur als sprechendes Subjekt, sondern als freiwilligen Partizipanten.

Internationale Koproduktionen

Fragen des Schauspiels, des ethnografischen Realismus und der Authentizität spielten auch dort eine Rolle, wo Weimarer Filmemacher mit außereuropäischen Filmindustrien kooperierten, wie etwa Heinz Karl Heiland in Japan (BUSHIDO – DAS EISERNE GESETZ, 1926, Co-Regie: Zanmu Kako) oder Franz Osten in Indien (DIE LEUCHTE ASIENS, D/IND 1925; DAS GRABMAL EINER GROSSEN LIEBE, D/GB/IND 1928; SCHICKSALSWÜRFEL, D/GB/IND 1929). Franz Osten, der Bruder des Filmproduzenten Peter Ostermayr, hatte sich bereits bei dessen Münchner Firma Emelka mit einer Reihe von Heimatfilmen einen Namen gemacht, als er von dem britisch-indischen Rechtsanwalt, Bühnenschauspieler und Produzenten Himansu Rai kontaktiert wurde, der auf der Suche nach Koproduktionspartnern war. Rai plante eine Serie von Filmen über die Weltreligionen. Im Herbst 1924 reiste Osten nach Indien, um Regie bei DIE LEUCHTE ASIENS zu führen, einem auf dem erzählenden Gedicht Sir Edwin Arnolds basierenden Biopic über das Leben des historischen Siddhartha Gautama.[35] Bereits die einleitenden Titel betonen die Authentizität des Projekts, versprechen aber auch neuartige visuelle Attraktionen: »Dieser Film wurde ausschließlich in Indien gedreht, ohne Studio, Kunstlicht oder Make-up. Der Maharadscha von Jaipur

■ DIE LEUCHTE ASIENS (D/IND 1925, Regie: Franz Osten)

stellte für die Dreharbeiten sein gesamtes Reich sowie den Hofstaat zur Verfügung.« Die Darsteller waren alle Mitglieder der Laientheater-Schauspieltruppe Indian Players Company, die für DIE LEUCHTE ASIENS ihre alten Existenzen als Doktor, Rechtsanwalt, Ingenieur oder Professor an den Nagel gehängt hätten.

Tatsächlich war der Film alles andere als authentisch: Seine hybride Ästhetik vermischte christliche Ikonografie und Hindu-Mythologie; Set und Kostüme waren eine anachronistische und geografisch disparate Mischung[36] – was zählte, war die Befriedigung von Zuschauererwartungen. Für westliche Zuschauer enthielt der Film zudem eine Rahmenhandlung mit zur Identifikation einladenden weißen Touristen mit ihren unvermeidlichen Tropenhelmen, und die auffällige Präsenz von exotischen Tieren und Yogis erinnert ebenfalls an vor heimatlichen Kulissen gedrehte Abenteuerfilme wie DAS INDISCHE GRABMAL. Der *Kinematograph* fand dennoch, dass der »Versuch glänzend gelungen ist, so daß man der weiteren Zu-

sammenarbeit der deutschen und indischen Kräfte mit ganz besonderem Interesse entgegensehen kann«.[37] DIE LEUCHTE ASIENS war in Indien, anders als die oben genannten Rai/Osten-Folgeproduktionen, nicht sonderlich erfolgreich. Franz Osten kehrte in den 1930ern nach Indien zurück und drehte dort mehr als ein Dutzend weitere Hindi-Filme, bevor er nach Kriegsausbruch 1939 von den Briten interniert wurde.

Der Erfolg von DIE LEUCHTE ASIENS in Deutschland verschaffte auch den Hauptdarstellern des Films, Himansu Rai und Seeta Devi, eine Art von Star-Status – »minor stardom«, wie Yiman Wang es ausdrückte.[38] Für nicht-weiße Schauspieler im Weimarer Kino war dies außerordentlich selten. Allerdings war diese »kleine« Form der Berühmtheit erkauft durch die Verleugnung ihrer performativen Arbeit als Schauspieler – eine Gleichsetzung von Typus und Person, die man als »mimetischen Trugschluss« bezeichnen könnte. Über Seeta Devi merkte Béla Balázs etwa an: »Und echt ist jenes indische Kind, weil es ganz unpersönlich, wie aufgelöst in der Natur seiner Rasse, auch mit der zufälligsten Geste ein ewiges Gesetz zu vollziehen scheint. Darum ist es so unsagbar schön.«[39]

■ Seeta Devi als Prinzessin Gopa in DIE LEUCHTE ASIENS (D/IND 1925, Regie: Franz Osten)

Kleines Stardom: Anna May Wong und Louis Brody

Zu den wenigen »ethnischen« Schauspielerinnen, die im Weimarer Kino Karriere machten, zählte die chinesisch-amerikanische Hollywood-Darstellerin Anna May Wong. Asiatische Rollen wurden sonst meist von weißen Schauspielern in *yellowface*-Make-up dargestellt (eine Spezialität von Lil Dagover); zu den asiatisch-deutschen Schauspielern, die namentlich in Stablisten oder von Kritikern erwähnt wurden, gehörten auch Henry Sze (DIE HERRIN DER WELT, DIE SONNE ASIENS) oder Nien Sön Ling, der in Carl Boeses SCHIFFE UND MENSCHEN (1920) und in E. A. Duponts DER LÄUFER VON MARATHON (1933) mitwirkte. Aufgrund des in der amerikanischen Filmindustrie ver-

breiteten Rassismus und der Weigerung der Verantwortlichen, sie an der Seite eines weißen Stars auch in Hauptrollen zu besetzen, suchte Wong ihr Glück in Europa, wo sie unter anderem mit E. A. Dupont (PICCADILLY, GB 1929) und Richard Eichberg (SONG. DIE LIEBE EINES ARMEN MENSCHENKINDES, D/GB 1928; GROßSTADTSCHMETTERLING, D/GB 1929; HAI-TANG, GB/D/F 1930) drehte.

Wongs zweijähriger Aufenthalt in Deutschland wurde von der Presse ähnlich begeistert begleitet wie der Josephine Bakers. Die Möglichkeiten, die sich ihr hier eröffneten, machten die – gemessen an den intoleranten amerikanischen Verhältnissen – umso beeindruckendere Liberalität und Modernität der Weimarer Republik deutlich. Wongs emanzipierter Kosmopolitismus forderte zwar homogenisierende Vorstellungen ethnischer und rassischer Identität heraus, in Beschreibungen der Schauspielerin triumphierten die alten orientalistischen Klischees von der Sinnlichkeit asiatischer Frauen aber meist dennoch. Selbst Walter Benjamin, der die US-Bürgerin während der Dreharbeiten zu SONG interviewte, schrieb: »May Wong – der Name klingt farbig gerändert, markig und leicht wie die winzigen Stäbchen es sind, die in einer Schale Tee sich zu mondvollen duftlosen Blüten entfalten.«[40] Und obgleich Wongs Filme Starvehikel waren und wie Backstage-Musicals selbstreflexiv immer wieder auf ihre eigene Starbiografie und Starwerdung verweisen, folgen sie den alten Madame-Butterfly-Stereotypen: Keiner der drei Eichberg-Wong-Filme endet mit einem glücklichen Paar.

SONG. DIE LIEBE EINES ARMEN MENSCHENKINDES (auch: SCHMUTZIGES GELD) spielt in einer nicht lokalisierten Hafenstadt im Nahen Osten. Das obdachlose Mädchen Song (Wong) wird von dem Messerwerfer John Houben, dargestellt von Heinrich

George, vor zwei Vergewaltigern gerettet und von ihm aufgenommen. Nach Verwicklungen mit seiner korrupten Exgeliebten verliert Houben bei einem gescheiterten Überfall auf einen Zug sein Augenlicht, während Song zur gefeierten Tänzerin aufsteigt. Song pflegt ihn, gibt dabei aber vor, die weiße Exgeliebte zu sein. Als er den Schwindel entdeckt, stürzt sich Song während eines Auftritts in ein Schwert. Blindheit (die hier wie in Abel Gance' LA ROUE [F 1923] zu eindrucksvollen Bildern führt), Kastrationssymbole und melodramatische Momente sind in Eichbergs Film Teil einer sadomasochistischen Beziehungsdynamik, die viele Filme Anna May Wongs auszeichnet. Dabei ist es gerade der »sentimentale Antirassismus« des Films, der dem Zuschauer den voyeuristischen Blick auf Wongs hochgradig erotisierten und exotisierten Körper erlaubt.[41]

Bei einer ihrer Tanznummern vor weißem Publikum tauscht Song einige wissend-ironische Blicke mit einem schwarzen Pianisten. Er wird gespielt von dem afrodeutschen Schauspieler Louis (gelegentlich: Lovis oder Lewis) Brody, der in der früheren deutschen Kolonie Kamerun als Ludwig M'bebe Mpessa geboren wurde, als Jugendlicher nach Deutschland kam und 1915 seine erste Filmrolle in DAS GESETZ DER MINE spielte, der ersten Episode von Joe Mays JOE DEEBS-Detektivserie. Bis zu seinem Tod 1951 wirkte er in über sechzig Filmen mit. Während der Weimarer Republik drehte er außer mit May (etwa DIE HERRIN DER WELT, DAS INDISCHE GRABMAL) mit weiteren namhaften Regisseuren wie Georg Jacoby, Fritz Lang, Ernst Lubitsch und Kurt Gerron. Brody wurde mehrfach von der später in Majdanek ermordeten Avantgarde-Fotografin Yva (Else Neuländer-Simon) in Studiofotografien porträtiert, die viel von seinem Charisma erahnen lassen. Anders als andere schwarze Performer, die in der »Film-Börse«, einem Komparsen-Café in der Berliner Friedrichstraße, auf Engagements warteten, war Brody als Jazzmusiker und Darsteller von Nebenfiguren – häu-

■ Anna May Wong als Song in SONG. DIE LIEBE EINES ARMEN MENSCHENKINDES (D/GB 1928, Regie: Richard Eichberg)

Autogrammkarte von Louis (auch: Lewis) Brody, hergestellt im Studio der Fotografin Yva

Schauspieler gewürdigt. Über Paul Lenis Schiller-Adaption DIE VERSCHWÖRUNG ZU GENUA (1921) etwa schrieb der *Berliner Lokal-Anzeiger*: »Am besten aber ist unbedingt der Mohr Muley Hassan, den Louis Brody spielt, irgendeiner von denen, die sonst in der Schar der Komparsen unbekannt untertauchen.«[44] Und Willy Haas bemerkte im *Film-Kurier*: »Eine der besten Leistungen, wahrscheinlich die stärkste überhaupt, war der Neger Muley Hassan des Lewis Brody: fleischig, verschlagen, bärenstark, mit der fast gutmütigen Ausgewitztheit des Schillerschen Originals. An ihm, und vielleicht nur an ihm, ließe sich zeigen, wie viel von Schiller zum Film hinüberzuretten gewesen wäre – ungeheuer viel.«[45] Brodys beste stummen Nebenrollen, etwa in Robert Wienes GENUINE (1920), dem kolonialrevisionistischen Spielfilm ICH HATT' EINEN KAMERADEN (1926) von Conrad Wiene oder DIE BOXERBRAUT (1926) von Johannes Guter, zeichnen sich aus durch die Balance zwischen seiner beeindruckenden physischen Präsenz und einer sehr zurückhaltenden, modern-»filmischen« Gestik.

Neben seiner künstlerischen Arbeit beteiligte Louis Brody sich immer wieder an Versuchen, der kleinen schwarzen Diaspora in Deutschland eine Stimme zu geben: Er gehörte 1918 zu den Gründern des Afrikanischen Hilfsvereins, der Mitglieder bei der Arbeits- und Wohnungssuche unterstützte, und verfasste in dessen Namen 1921 ein Protestschreiben gegen die »Schwarze Schmach«-Kampagne, die auch außerhalb des Rheinlands zu Übergriffen gegen Menschen afrikanischer Herkunft geführt hatte. Am Ende der Weimarer Republik schloss Brody sich der deutschen Sektion der antikolonial-kommunistischen »Ligue de Défense de la Race Nègre« an und erschien mit Starfotografien in der Wochenzeitung *The Chicago Defender*, die sich vor allem an eine afroamerikanische Leserschaft wandte: Brodys Erfolg und seine Bewegungsfreiheit mussten auf sie in Zeiten der Segregation wie ein Versprechen gewirkt haben – so klingt es zumindest in den Reiseberichten des afroamerikanischen Zeitungsgründers und Millionärs Robert S. Abbott.[46] Anfang der 1930er-Jahre insze-

fig mit leicht dämonischen Zügen – erfolgreich. Bereits 1920 warb eine Anzeige für die »Orient-Naturalistische Ausstattungspantomime« *Harems-Nächte* in James Kleins Apollo-Theater mit der Mitwirkung von »20 Original Kamerunern« und dem Auftreten von »Lovis Brody, de[m] Negerfilmstar«.[42] In selbstgeschalteten Anzeigen in der Weimarer Filmfachpresse empfahl Brody sich als »der bekannte Negerdarsteller« und »Vertreter aller exotischen Sprechrollen auf der Sprechbühne und im Film«.[43]

Wie sonst nur Madge Jackson, die beispielsweise in Ernst Wendts DIE RACHE DER AFRIKANERIN (1922) mitwirkte, oder der Kinderstar Willy Allen, der die Titelrolle in DER KLEINE MUCK (1921) von Wilhelm Prager spielte, wurde Brody von Kritikern individuell wahrgenommen und auch für seine Leistung als

nierte Brody in Berlin auch die selbstverfasste musikalische *all black cast*-Revue *Sunshine in Morningland*, die sich mit den politischen und kulturellen Fragen der schwarzen Diaspora auseinandersetzte und den vor Wut schäumenden Kritiker des *Völkischen Beobachter* über die »semitischen« Wurzeln seines Namens spekulieren ließ.[47]

Das »Dritte Reich« überlebte Brody unter prekären Bedingungen als Schauspieler in NS-Propagandafilmen wie Max W. Kimmichs GERMANIN (1943) oder JUD SÜß (1940) von Veit Harlan. Andere schwarze Darsteller wie Mohamed Husen, der etwa an der Seite Zarah Leanders oder Hans Albers' gespielt hatte, starben in Konzentrationslagern. Regie in größerem Rahmen führte Brody aber nie wieder. Seine Geschichte[48] ebenso wie die all jener nicht-weißen Darsteller, die die hier beschriebenen Bilder und Filme durch ihre physische und performative Präsenz vor der Kamera erst ermöglicht haben, erlaubt uns nicht nur, das Weimarer Kino in seinen transnationalen Affiliationen anders zu verstehen. Als Flaschenpost aus der Vergangenheit besitzt die Geschichte dieser Präsenz etwas Unabgegoltenes, das nicht nur eine andere als die traditionelle Art, Filmgeschichte zu schreiben, erfordert, sondern uns hinter dem Schleier des kolonialen Blicks unsere heutige multikulturelle Gegenwart neu sehen lässt. Auch darin begründet sich eine, vielleicht unvermutete, Aktualität des Weimarer Kinos.

■ Am Set von METROPOLIS (1927, Regie: Fritz Lang): Louis Brody und Fritz Rasp (stehend), Karl Freund (links, im weißen Mantel), Brigitte Helm im Kostüm der Maschinen-Maria, Fritz Lang und Thea von Harbou (rechts, mit Hut)

1 Colin Ross: Mit dem Kurbelkasten um die Welt, Berlin 1925, S. 7 f.
2 Marcia Klotz: »The Weimar Republic. A Postcolonial State in a Still-Colonial World«, in: Eric Ames / Marcia Klotz / Laura Wildenthal (Hg.): Germany's Colonial Past, Lincoln 2005, S. 135–147
3 Zur »Schwarzen Schmach«-Kampagne im Rahmen des Weimarer (Post-)Kolonialismus vgl. Sandra Maß: Weiße Helden, schwarze Krieger. Zur Geschichte kolonialer Männlichkeit in Deutschland 1918–1964, Böhlau 2006
4 Vgl. Tobias Nagl: Die unheimliche Maschine. Rasse und Repräsentation im Weimarer Kino, München 2019, S. 154–220
5 Vgl. Anton Kaes: Shell Shock Cinema. Weimar Culture and the Wounds of War, Princeton 2009
6 Vgl. Rudolf Stöber: Die erfolgverführte Nation. Deutschlands öffentliche Stimmungen 1866 bis 1945, Stuttgart 1995, S. 101 ff.
7 Jörg Schöning: »Rund um den Erdball«, in: ders. (Hg.): Triviale Tropen. Exotische Reise- und Abenteuerfilme aus Deutschland 1919–1939, München 1997, S. 195–206
8 Thomas Brandlmeier: »Et ego fui in Arcadia. Die exotischen Spielfilme der 20er Jahre«, in: Jörg Schöning, Triviale Tropen, a. a. O., S. 38
9 Vgl. Christian Rogowski: »Movies, Money and Mystique. Joe May's Early Weimar Blockbuster THE INDIAN TOMB (1921)«, in: Noah Isenberg (Hg.): Weimar Cinema. An Essential Guide to Classic Films of the Era, New York 2009, S. 55–77
10 »Bei der Ufa machte man das so … Kino – das große Traumgeschäft« (3. Fortsetzung), in: Der Spiegel, 27. 9.1950, S. 21–25
11 Als Co-Regisseure waren Joseph Klein, Uwe Jens Krafft und Karl Gerhardt beschäftigt.
12 Anonym: »Mit der Stadtbahn um die Welt«, in: Der Film, Nr. 39, 1919, S. 48
13 Lebenserinnerungen von Johannes Umlauff, Typoskript, o. J., Hagenbeck-Archiv Hamburg-Stellingen, S. 118
14 Gustav Benkwitz: »Der Beirat für Geschichte«, in: Der Kinematograph, 5.6.1921
15 Vgl. Manfred Behn (Hg.): Schwarzer Traum und weiße Sklavin. Deutsch-dänische Filmbeziehungen 1910–1930, München 1994
16 »Ophir« wird bereits im Tanach bzw. im Alten Testament erwähnt, als Ort oder Land, aus dem König Salomon Gold und andere Schätze holen ließ. Im 19. Jahrhundert brachte der deutsche Afrikareisende Karl Mauch (1837–1875) Ophir mit in Simbabwe entdeckten Steinruinen in Verbindung und legte den Grundstein für weitere imperialistische Interpretationen des Topos.
17 Siegfried Kracauer: Von Caligari zu Hitler. Eine psychologische Geschichte des deutschen Films, übersetzt von Ruth Baumgarten und Karsten Witte, Frankfurt am Main 1984, S. 63
18 M.: »CALIGARI oder HERRIN DER WELT? Prunkfilm oder expressionistischer Film?«, in: Film-Kurier, 9.3.1920
19 Vgl. Joe May: »Der Stil des Exportfilms«, in: Film-Kurier, 4.8.1922
20 Vgl. Tobias Nagl, a. a. O., S. 129–153
21 Heide Schlüpmann: Unheimlichkeit des Blicks. Das Drama des frühen deutschen Kinos, Frankfurt am Main 1990, S. 218
22 Victor Segalen: Die Ästhetik des Diversen. Versuch über den Exotismus, Frankfurt am Main 1994, S. 41
23 Vgl. Jan-Christopher Horak: »Robert Reinert. Film as Metaphor«, in: Griffithiana 60/61, Oktober 1997, S. 181–189
24 David Bordwell: The Poetics of Cinema, New York/London 2007, S. 279
25 Zum Kolonialfilm im Kaiserreich vgl. Wolfgang Fuhrmann: Imperial Projections. Screening the German Colonies, New York/Oxford 2015
26 Anonym: »Film und Übersee-Siedlung«, in: Der Kolonialdeutsche, 1921, S. 84

27 Zur Diskussion der »salvage ethnography« vgl. Fatimah Tobing Rony: The Third Eye. Race, Cinema, and Ethnographic Spectacle, Durham/London 1996
28 Karl Haushofer (1869–1946), studierter Geograf, gilt als Begründer der deutschen Geopolitik, die die Idee vom biologischen »Lebensraum« auf die politische Sphäre übertrug.
29 Frantz Fanon: Die Verdammten dieser Erde, Frankfurt am Main 1981, S. 181
30 Vgl. Jeanpaul Goergen: »Dokumentarischer Idealbeweis«, in: Filmblatt, Nr. 23, Herbst/Winter 2003, S. 10–14
31 Anonym: »STARK LOVE and MOANA«, in: Movie Makers, November 1928, wieder abgedruckt in: Lewis Jacobs (Hg.): The Documentary Tradition, New York 1979, S. 27
32 Sepp Allgeier: Die Jagd nach dem Bild. 18 Jahre als Kameramann in Arktis und Hochgebirge, Stuttgart 1931, S. 114
33 Anonym, in: Lichtbild-Bühne, 20.3.1928
34 Vgl. Franse Schnitzer: »Neger Gesucht: Als farbige ›Gespenster‹ – Folli und seine Kollegen – An der Börse für ›Eingeborene‹ – Turkos und Riffkabylen die kommende Mode«, in: Berliner Volkszeitung, 1.1.1931, S. 11
35 Vgl. Veronika Fuechtner: »The International Project of National(ist) Film: Franz Osten in India«, in: Christian Rogowski (Hg.): The Many Faces of Weimar Cinema, Rochester 2010, S. 170
36 Vgl. Thomas Brandlmeier: »Franz Osten (Ostermayr). A Bavarian in Bombay«, in: Griffithiana 53, 1995, S. 91
37 Anonym: »Filmkritische Rundschau. Die Leuchte Asiens«, in: Kinematograph, Nr. 977, 1925, S. 19
38 Vgl. Yiman Wang: »Anna May Wong. Toward Janus-Faced, Border-Crossing, ›Minor Stardom‹«, in: Patrice Petro (Hg.): Idols of Modernity. Movie Stars of the 1920s, New Brunswick 2010, S. 159–181
39 Béla Balázs: »Echtes, Allzuechtes« [Der Tag, 17.1.1926], in: ders.: Schriften zum Film, Bd. 1. Der sichtbare Mensch. Kritiken und Aufsätze 1922–1926, Berlin 1982, S. 356
40 Walter Benjamin: »Gespräch mit Anna May Wong. Eine Chinoiserie aus dem alten Westen«, in: ders.: Gesammelte Schriften, Bd. IV – 1, Frankfurt am Main 1991, S. 523
41 Vgl. Pablo Dominguez Andersen: »›So Tired of the Parts I Had to Play‹. Anna May Wong and German Orientalism in the Weimar Republic«, in: Brian D. Behnken, Simon Wendt (Hg.): Crossing Boundaries. Ethnicity, Race, and National Belonging in a Transnational World, New York 2013, S. 274; zu Anna May Wong in Deutschland vgl. auch Cynthia Walk: »Anna May Wong and Weimar Cinema. Orientalism in Postcolonial Germany«, in: Quinna Shen, Martin Rosenstock (Hg.): Beyond Alterity. German Encounters with Modern East Asia, New York 2014, S. 137–157
42 Anzeige »Apollo«, Berliner Tageblatt, 3.10.1920, S. 13
43 Anzeige »Lovis Brody«, Der Film, Nr. 8, 1922
44 Anonym: »Die Verschwörung zu Genua«, in: Berliner Lokal-Anzeiger, 27.2.1921
45 Willy Haas: »Die Verschwörung zu Genua«, in: Film-Kurier, 26.2.1921
46 Vgl. Robert S. Abbott: »My Trip Abroad. VIII – The Negro in Berlin«, in: The Chicago Defender, 28.12.1928
47 –g.: »Ein Negertheater in Berlin?«, in: Völkischer Beobachter (Reichsausgabe), 24.1.1931, S. 2
48 Zur Biografie von Louis Brody und anderen schwarzen deutschen Performern vgl. Nagl, a. a. O., S. 521–635; zur Geschichte schwarzer Deutscher vgl. auch Robbie Aitken / Eve Rosenhaft: Black Germany. The Making and Unmaking of a Diaspora Community, 1884–1960, Cambridge 2013

Adler ohne Flügel

Über IM AUTO DURCH ZWEI WELTEN (1927–1931)

Ulrike Ottinger

- Seite 178: IM AUTO DURCH ZWEI WELTEN (1927–1931, Regie: Clärenore Stinnes, Carl-Axel Söderström). In Peru wird der defekte Wagen von Einheimischen gezogen

- Carl-Axel Söderström und Clärenore Stinnes vor dem »Adler Standard 6«

Am 25. Mai 1927 startete die Industriellentochter und erfolgreiche Rennfahrerin Clärenore Stinnes (1901–1990) in Berlin als erste Frau eine Weltumrundung mit dem neuen »Adler Standard 6«, der ersten Limousine, die in den Frankfurter Adlerwerken serienmäßig produziert wurde. Begleitet wurde sie von zwei Monteuren, die in einem kleinen Lastwagen für Gepäck und Ersatzteile mitfuhren, und von dem Kameramann Carl-Axel Söderström, der die Reise filmisch und fotografisch festhielt. Nach gut zwei Jahren kehrten Stinnes und Söderström zurück und begannen gemeinsam mit der Fertigstellung des Films IM AUTO DURCH ZWEI WELTEN.

»Ihre Waffe trägt Fräulein Stinnes nicht in der Revolvertasche: Ihre Waffe ist die Resolutheit, die ihr aus den Augen blickt. Und dann hat sie Empfehlungen. Für die ganze Welt. Sie glaubt, daß auch die Wegelagerer und die wilden Tiere vor solchen Empfehlungen in Loyalität erstarren werden.«[1]

Mit dem Adlertanz beginnt der mongolische Ringkampf. Dabei breiten die Ringer ihre Arme wie Schwingen aus, um die Balance zu halten, während sie nach Adlerart von einem Bein aufs andere springen. Auf ähnliche Weise schwang sich auch der Adler Standard 6 mit seinen 35 PS von einem Schlagloch zum anderen, von Hindernis zu Hindernis; er wurde von Pferdegespannen (2 bis 6 PS), gar von dreißig Mann gezogen oder mit Flaschenzügen steile Abhänge hinaufbefördert. Halbe Berge wurden auf der Reise weggesprengt, um Passagen zu schaffen; und um die Kordilleren zu überwinden, baute man sogar eine Straße. Der Adler wurde auf Züge, Seilfähren und Ozeandampfer verfrachtet, tausendfach repariert und unentwegt mit neuen Ersatzteilen versehen, um endlich nach zwei Jahren und vollendeter Weltumrundung wie Phönix aus der Asche wieder in Berlin anzukommen. Unter großer Anteilnahme von Industrie- und Politikprominenz, Presse und Bevölkerung fuhr er blumengeschmückt im Triumphzug über die von Clärenores

Vater, dem Großindustriellen Hugo Stinnes, gebaute Avus. Nach ihrer Rückkehr war Clärenore Stinnes' Popularität enorm gewachsen. Und selbst Friedrich Wilhelm Murnau muss von ihr beeindruckt gewesen sein, denn er bezeichnete sie als »ideale Besetzung der Jungfrau von Orléans«.

Was sehen und hören wir in diesem Film?

Dass ein Auto, auch wenn es den Namen »Adler« trägt, ohne Straßen nur mühsam vorankommt, wie ein Adler ohne Flügel. Wir sehen immer wieder das sich durch Unwegsamkeiten quälende Gefährt, das selbst zum größten Hemmnis dieser Reise wird. Die Protagonistin Clärenore Stinnes sehen wir nur schemenhaft am Steuer sitzen oder das Auto schieben, nie in Großaufnahme, wie es im Film der Heldin gebührt hätte, die als erste Frau mit dem Automobil »um die Taille der Erde« fuhr.

Ein Problem, dem sich Söderström und Stinnes gegenübersahen, war, dass sie zu Beginn der Reise noch geplant hatten, das gesammelte Filmmaterial in einem Stummfilm zu verarbeiten, während bei ihrer Rückkehr bereits der Tonfilm en vogue war. Die nachträgliche Vertonung des Films mit dem Tobis-Klangverfahren bereitete dann auch einige Schwierigkeiten. Der Komponist Wolfgang Zeller versuchte die Reise mit Anklängen an exotische Motive zu illustrieren – kurz zuvor hatte er die Filmmusik für Walther Ruttmanns MELODIE DER WELT (1929) komponiert, den ersten abendfüllenden deutschen Tonfilm. Am Anfang und im Verlauf von IM AUTO DURCH ZWEI WELTEN sieht und hört man Clärenore Stinnes in Großaufnahme Kommentare zu ihrem Film sprechen. Sie steht schlecht ausgeleuchtet in einem Studio und blickt mit tiefen Falten auf der Stirn angestrengt blinzelnd in das sie blendende Scheinwerferlicht. Wie ist es möglich, dass ein Kameramann, der in seiner Anfangszeit beim schwedischen Film Greta Garbo, von Mauritz Stiller ausgeleuchtet und gefilmt hat, ein so dilettantisches Bild aufnimmt? Hat Carl-Axel Söderström diese Aufnahmen von Clärenore Stinnes im Studio selbst gemacht, oder war hier ein anderer Kameramann tätig?

Hat Clärenore Stinnes den Kommentar zum Film selbst geschrieben? Oder wurde der Kommentar von jemand anderem verfasst? Und wenn ja: von wem? Er entstand ja erst später, 1930 oder 1931, und weist

■ In der damaligen Sowjetunion wird das Auto von Pferden abgeschleppt.

deutlich präfaschistische Tendenzen auf. Ist Stinnes' stellenweise unangenehm forcierte Sprechweise dem Umstand geschuldet, dass sie einen fremden Text aufsagt, oder ihrer Ambition, den Stil der damaligen Nachrichtensprecher zu kopieren?

Interessiert der Film sich einmal für die Menschen, wie zum Beispiel auf der Jagd, die auf Wunsch Söderströms von burjatischen Jägern veranstaltet wurde, bezeichnet Stinnes sie als »blutrünstige Bestien, die kaum zurückzuhalten sind, den erlegten Tieren den Bauch aufzuschlitzen, um schmatzend die rohen Eingeweide zu verschlingen und das mit der Hand geschöpfte Blut zu trinken«. Tatsächlich ist der »Weiße Tod« ein mongolisches Opferritual, bei dem das Tier möglichst schnell und schmerzlos getötet wird und die Jäger dann ein Stück Leber und Herz zu sich nehmen. Nomaden, die nichts anbauen, sind auf Vitamine aus frischem Fleisch oder Blut angewiesen – dieses Wissen hätte vielen Polareroberern das Leben retten können: Im Glauben an ihre zivilisatorische Überlegenheit vergifteten sie sich lieber mit bleihaltigen Konserven, anstatt sich wie die Einheimischen mit rohem Fisch oder Fleisch zu ernähren. Ahnungslos und im Herrenmenschenjargon der frühen 1930er-Jahre spricht Clärenore Stinnes über Rituale und Traditionen der Burjaten. Zwei Nahaufnahmen von Burjatinnen kommentiert sie witzelnd, ohne Bewusstsein für die rassistische Anmaßung: »Bei einem Schönheitswettbewerb war eine der anderen um eine platte Nasenlänge voraus.« Bei der Überquerung des zugefrorenen Baikalsees ist Stinnes dem Vorbild der Burjaten gefolgt und damit gut gefahren: Winterreisen auf zugefrorenen Flüssen und Seen sind schneller und bequemer als über Land.

Die von Söderström gefilmten Bilder von den Reisestationen sind nur dann, wenn es Ruhepausen gab und man ohne Auto unterwegs war, aussagekräftig. Dagegen konnte der Kameramann Fahrten durch Landschaften von großer Wildheit und Schönheit oder die Begegnung mit Menschen nur selten filmen, da er, wie er schreibt, ständig mit der Reparatur oder dem Schieben des Autos beschäftigt war.

Die Montage der Bilder ist geprägt vom Stil der damaligen Wochenschauen, sodass wir, abgesehen davon, dass immer das Auto im Bild ist, von einer so viele Länder und Kulturen im kinematografischen Eiltempo durchquerenden Fahrt kaum etwas sehen und erfahren.

Ist man in einem Land unterwegs, dessen Sprache man nicht spricht, sollte man sehr geduldig beobachten, um verstehen zu lernen. Doch dazu nahm man sich auf dieser Reise keine Zeit. Offenbar ging es Clärenore Stinnes um einen Sensationsrekord, um eine in erster Linie technisch motivierte Pioniertat und um den Beweis, dass ein deutsches Auto diesen Herausforderungen gewachsen war. Das war es allerdings nicht.

Nach dem Tod ihres Vaters war Clärenore Stinnes von ihrer Mutter und den Brüdern aus der Firma gedrängt worden. Wollte sie mit der Weltumrundung beweisen, wozu sie fähig war? Hugo Stinnes, einer der einflussreichsten deutschen Industriellen – »reich wie Stinnes« war damals ein gängiger Ausdruck –, hatte Clärenore früh in seine Firma integriert, sie sogar einmal in verantwortungsvoller Funktion nach Südamerika entsandt. Als seine Tochter stand sie in Kontakt mit Diplomaten, Industriellen und Politikern. Von Stresemann, dem damaligen Außenminister, erhielt sie einen Diplomatenpass. Russische, französische, englische und persische Botschafter stellten ihr Empfehlungsschreiben und Passierscheine aus. Deutsche

Unternehmen, darunter Bosch und Aral, sponserten die Reise mit 100.000 Reichsmark, die Adlerwerke stellten die beiden Autos. Auf diese Weise war es Clärenore Stinnes im Vorfeld möglich, Benzin- und Versorgungsdepots in entlegenen Gebieten einzurichten und Ersatzteile einfliegen zu lassen. Offensichtlich war sie ein Organisationstalent und von zupackender Art. Auf die wichtigste Frage jedoch, »Wozu das alles?«, gibt der Film keine klare Antwort.

Das Auto – ein Fetisch der Moderne

In den 1920er-Jahren war das Auto ein faszinierender Fetisch, ein Symbol der Moderne. Am Steuer ihres Ford durch Paris kutschierend, sah sich Gertrude Stein in einer kubistischen Kunstmaschine. Sonia Delaunay, fotografiert im selbst entworfenen Kleid vor einer nach ihrem Stoffentwurf lackierten Limousine, kreierte ein avantgardistisches Kunstwerk aus moderner Frau und Automobil. Ella Maillart und Annemarie Schwarzenbach reisten zehn Jahre später mit einem Ford Roadster von Zürich über Persien und Afghanistan nach Indien. Zum Auto bemerkt Schwarzenbach so komplex wie ironisch:

»Während der Motor mit einer letzten Fehlexplosion erlosch und der Wagen stillstand – soeben noch das grau lackierte, künstliche und mit fünfundsiebzig Pferdestärken versehene Produkt wunderbarer, von Herrn Ford perfektionierter Maschinen in einer amerikanischen Stadt, Bild und Bestätigung zivilisatorischer Fähigkeiten, unweigerlich verbunden mit der Vorstellung von Massenproduktion und Massenstreik, Klassenkampf und Millionenvermögen, Stolz der Technik, Sieg des Menschengeistes, und jetzt nutzlos auf der Wüstenspur, und röchelnd wie ein verendendes Tier (denn das Wasser kochte noch geräuschvoll, der Motor zuckte, obwohl niemand mehr etwas von ihm verlangte oder auch nur Notiz von ihm nahm).«[2]

Als »unheilbare Reisende« waren Maillart und Schwarzenbach ganz dem Zauber des Schauens, der

Erfahrung, der Begegnung mit dem Anderen verfallen. Ihre Berichte und Fotografien machen uns vertraut mit Schönheit und Einsamkeit der wechselnden Landschaften, mit den Menschen und ihren oft prekären Lebensbedingungen, mit ihrer gesellschaftlichen Situation und deren Veränderung, mit politischen oder kriegerischen Auseinandersetzungen.

1927, im gleichen Jahr wie Clärenore Stinnes, machte sich auch der junge Maler Fritz Mühlenweg im Gefolge der großen Sven-Hedin-Expedition nach Zentralasien und der Mongolei auf den Weg. Dank dem tief empfundenen Erlebnis der Reise wurde er zu einem großen Schriftsteller und Übersetzer. Er beherzigte den Rat seines mongolischen Karawanenführers: »In der Eile sind Fehler«, und widersetzte sich

■ Aufnahmen aus der Wüste Gobi in der Mongolei, entstanden bei der Weltumrundung, die Clärenore Stinnes und Carl-Axel Söderström mit dem Film IM AUTO DURCH ZWEI WELTEN (1927–1931) dokumentierten.

■ Carl-Axel Söderström und Clärenore Stinnes mit amerikanischen Ureinwohnern in den USA während ihrer Weltreise, die sie mit dem Film IM AUTO DURCH ZWEI WELTEN (1927–1931) dokumentierten.

dem Diktat der Schnelligkeit. Auch diese Reise war, wie die von Stinnes, eine von großen Konzernen – in diesem Fall der Lufthansa – gesponserte und insgeheim vom Außenministerium finanzierte Expedition, mit der Wetterverhältnisse, Streckenführungen, geeignete Orte für Benzindepots und Zwischenlandungen einer geplanten Strecke Berlin–Beijing erkundet werden sollten.

Es ist ein grundsätzliches Dilemma unabhängiger Künstler oder Wissenschaftler, dass sie ihre eigenen Forschungsinteressen meist nur im Rahmen von Expeditionen verfolgen können, die expansiven wirtschaftlichen oder politischen Machtansprüchen dienen. Das war schon zu Vitus Berings Zeiten nicht anders, wie sein Chronist Georg Wilhelm Steller kritisch anmerkte, oder bei der von 1815 bis 1818 durchgeführten russischen Rurik-Expedition, bei der Adelbert von Chamisso die Unterdrückung der indigenen Bevölkerung kritisierte. Diese Problematik zieht sich bis heute im Zusammenhang mit Expeditionen zur Erschließung von Rohstoffreserven unserer Erde fort. Entscheidend aber ist, wie die reisenden Künstler, Wissenschaftler oder Filmemacher sich auf ihren Reisen bewegen und darüber berichten.

Eroberte Ferne

Bei Clärenore Stinnes geht es nicht um erzählte, sondern um eroberte Ferne. Sie wollte beweisen, dass der Adler Serie 6 die Welt umrunden konnte, und dafür zögerte sie auch nicht, sich mit Dynamit einen Weg durch Felsenlandschaften zu sprengen. Damit steht sie in der Tradition von Propagandafahrten oder Wettläufen – »Wer erreicht als Erster den Nordpol?« – und reduziert den Film auf seine Beweisfunktion, auch in Bezug auf ihre eigene Leistung. In ihrem Einleitungskommentar sagt sie: »Derjenige, der unerforschte Gebiete bereist, kann erzählen, was er will, ob es wahr ist oder nicht. Deshalb hat sich schon Christoph Kolumbus in die Notwendigkeit versetzt gesehen, die Entdeckung Amerikas nicht nur zu bewerkstelligen, sondern auch zu beweisen. Wäre Kolumbus in der Lage gewesen, einen Film zu drehen, und wäre dieser Film von der Entdeckung des neuen Kontinents vor den Augen seiner Zeitgenossen abgerollt, vielleicht hätte sich sein Schicksal ganz anders gestaltet.«

Clärenore Stinnes' Film zeigt uns die »ägyptischen Plagen« des Reisens, aber kaum die atemberaubenden Landschaften, die magischen Orte, blühenden Oasen, Karawansereien, das mythische Baalbek, den Palast des letzten lebenden Buddha, den Fuji San, den Titicacasee ... Was für ein Film hätte das werden können.

Erst nachdem ich *Söderströms Photo-Tagebuch*[3] mit seinen gut kadrierten und erzählenden Fotos gesehen und die Tagebuchnotizen von ihm und Clärenore Stinnes gelesen hatte, konnte ich mir die Reise vorstellen und etwas von dem erfahren, was mir der Film hätte zeigen können. Stinnes wird im Tagebuch sogar selbstironisch und zitiert die Begegnung mit einem gewitzten Reiter, der fragt: »Wie kommt es, dass ich mit meinem Pferd mühelos bewältige, was 35 Pferdestärken nicht schaffen?« Überhaupt sind die Tagebücher viel reflektierter als die steifen Kommentare im Film, was auch einer späteren Überarbeitung – das Buch erschien 1981 – geschuldet sein mag.

Clärenore Stinnes: »Peking. Die Luft war von den Geräuschen der Straße erfüllt, die – zitternd wie die

■ Kinofassade mit Werbung für den Film IM AUTO DURCH ZWEI WELTEN (1927–1931, Regie: Clärenore Stinnes, Carl-Axel Söderström) im Berliner Marmorhaus

Wellen im Teich, wenn ein Stein hineingeworfen wird – gestört wurden durch die Signale der Autos und elektrischen Bahnen. Die Luft und das Land gehörten dem Gong, der Holzklapper, der Pergamenttrommel.«[4]

Diese poetische Sprache, diese Aufmerksamkeit, hier für die Töne einer fremden Stadt, hätte ich mir für den ganzen Film gewünscht.

Reisedokumentationen waren während der Weimarer Republik ein beliebtes Filmgenre. Auch Clärenore Stinnes' IM AUTO DURCH ZWEI WELTEN kam in die Kinos: Nach der Premiere am 15. März 1931 im Essener Passage-Theater fand er ein beachtlich großes Publikum.

Das Interessante an diesem Film ist sein Zeitbezug. Er spiegelt die vorfaschistische Ära mit ihren in weiten Teilen der Industrie, Bevölkerung und Politik sich rasch verbreitenden Vorstellungen von der Vorherrschaft der nordischen Rasse und ihrem Eroberungswillen.

1 Erich Czech: »›Ich heiße Stinnes und fahre im Auto um die Erde.‹ Interview mit dem modernsten Mädchentypus«, in: Die Stunde, 1927.
2 Regina Dieterle / Roger Perret (Hg.): Annemarie Schwarzenbach – Auf der Schattenseite. Reportagen und Fotografien, Basel 1990, S. 213
3 Michael Kuball / Clärenore Söderström: Söderströms Photo-Tagebuch 1927–1929. Die erste Autofahrt einer Frau um die Welt. Frankfurt am Main 1981
4 Ebd., S. 159

Aufbruch und Experiment in der Weimarer Filmkultur

Ein Streifzug durch eine erfindungsreiche Zeit

Thomas Tode

Seite 186:
FILMSTUDIE (1928, Regie: Hans Richter)

Der große Krieg hat die alte Welt ausgelöscht. Jetzt will die Zukunft erfunden sein. Die Mobilmachung der Träume hat begonnen. Der Bindungen und Zwänge der Kaiserzeit entledigt, zieht eine neue Zeit auf. Sie erzählt von Aufbruch und Experiment, stellt gesellschaftliche Befindlichkeiten und Engstirnigkeiten infrage. Dies spiegelt sich auch in der Produktion neuer Bilder und Bildverhältnisse. Aus den veränderten gesellschaftlichen Verhältnissen resultiert die Fähigkeit vieler Weimarer Filme, sich in den Dienst von Modernisierung, Neuem Bauen oder Lebensreform zu stellen. Sie wollen Teil dieses Neuen sein und mehr Experiment wagen. Der Zuschauer wird zunehmend eingeladen, selbst zu sehen – ein demokratisierender Vorgang: »Neue Sachlichkeit« und »Neues Sehen«. Nicht zuletzt wirkt die Erfahrung neuer filmischer Sichtbarkeiten (der Reformen) auch zurück in die Gesellschaft, bis sie Anfang der 1930er-Jahre unter der zunehmend militanten Konfrontation rechter und linker Parteien implodiert und den dünnen Konsens offenbart, auf dem sie gebaut war. Die Aufbrüche, Experimente und Anregungen jener Jahre sind aber auch heute noch von Interesse.

Was verstehen wir im Folgenden unter der Bezeichnung »Experiment«? Es soll hier keineswegs nur um Filme gehen, die erzählerisch irritieren und desorientieren, sondern um solche, die experimentell etwas ausprobieren, in denen es um Kühnheit und Unbotmäßigkeit geht. Unter Experiment verstehen wir daher alle Formen, die sich nicht mit dem Verwalten des etablierten Kanons zufriedengeben. Wir fassen das Spektrum des Begriffs also eher breit, summieren darunter die Filme der Avantgarde ebenso wie Neuerungen und Ausforschungen innerhalb des Mainstream-Spielfilms, des Werbefilms oder auch im Rahmen der Umstellung zum Tonfilm.

Die Weimarer Republik stellt ein Laboratorium der Moderne dar, in dem zwei Vorgänge ständig ineinandergreifen: Abräumen auf Aufbauen. Es geht um das Zerschlagen des Alten, das Abschneiden der alten Zöpfe und gleichzeitig um das Errichten von Neuem, den konstruktiven Aufbau neuer Strukturen. Eine dokumentarische Langzeitbeobachtung von Wilfried Basse heißt ABBRUCH UND AUFBAU. EINE REPORTAGE VOM BAUPLATZ (1932), in ihr ist alles wie in einem Denkbild enthalten: das Abreißen alter Mauern mit altertümlichen Pferdegespannen und das Errichten eines neuen, modernen Gebäudes mit fortschrittlichen Baumethoden. Walter Benjamin lobt den räumenden, Platz für Neues schaffenden, »destruktiven« Abrissarbeiter und denkt vermutlich an Leute wie Bertolt Brecht: »Der destruktive Charakter sieht nichts Dauerndes. Aber eben darum sieht er überall Wege. Wo andere auf Mauern oder Gebirge stoßen, auch da sieht er einen Weg. Weil er aber überall einen Weg sieht, hat er auch überall aus dem Weg zu räumen. Nicht immer mit roher Gewalt, bisweilen mit veredelter.«[1] So räumt beispielsweise die Tradition zertrümmernde Stuttgarter Werkbundausstellung »Film und Foto« 1929 mit den impressionistischen Resten in der Fotografie auf und propagiert gleichzeitig »Neue Sachlichkeit« und »Neues Sehen«.[2] Die Kamera manifestiert sich hier als Schlüssel einer erweiterten Wahrnehmung und Vermittler neuer Betrachtungsweisen. Die Weimarer Jahre enthalten ein erstaunliches Potenzial, aus dem wir noch heute schöpfen können, auch wenn die Quelle versiegt scheint. Wenn wir uns die Filmexperimente jener Jahre anschauen, obsiegt die Überzeugung, dass die Weimarer Republik auch den Keim zu einer ganz anderen Entwicklung enthalten hat, als der, die ihr zuteilgeworden ist.

Unabhängiger Film versus Filmindustrie

Man hat zu Recht Kritik geübt an der fehlenden Trennschärfe und den unerwünschten Implikationen der geläufigen Bezeichnungen Avantgardefilm, Experimentalfilm, Underground oder Independent.[3] Mit »Avantgardefilm« liegt aber immerhin ein von den Zeitgenossen verwendeter historischer Begriff vor. Die nach der Eigengesetzlichkeit des Films forschende Avantgarde besteht aus Außenseitern der Filmbranche, häufig Malern und anderen freien Künstlern, die den Film als Kunstform zu etablieren suchen. Um wahrgenommen zu werden, agieren sie als Bewegung und richten sich international aus, reisen, tauschen sich aus, finden Neues im Dialog mit den Künstlern anderer Länder. Dieser Internationalismus ist ihr wichtigstes Erbe.

Anlässlich der Zusammenkunft der internationalen Filmavantgarde im schweizerischen La Sarraz im Jahr 1929, der »Mutter« aller Filmfestivals, sind es schließlich die Filmaktivisten und Filmvermittler selbst – darunter aus Deutschland Hans Richter und Walther Ruttmann –, die die Idee des »unabhängigen Films« ins Spiel bringen, und zwar unter anderem in der programmatischen Bezeichnung »Internationaler Kongreß des Unabhängigen Films« (Congrès international du cinéma indépendant), aber nicht minder in den Debatten des Treffens.[4] Gemeint ist die Unabhängigkeit von der Filmindustrie und vom Mainstream.[5] Die Bezeichnung geht offenbar auf die Kongressinitiatoren um Robert Aron und Robert Guye zurück, die wiederum eine Analogie suchten zu dem im Vorjahr im La Sarraz veranstalteten 1. Congrès Internationale de l'Architecture Moderne.[6] Erstmals positionieren sie den »film indépendant« systematisch gegen den »film industriell«. Der Begriff zielt auf die Produktionsbedingungen, unter denen Filme entstehen. Die Avantgardisten sind in der Regel Autorenfilmer, die sämtliche Filmproduktionsprozesse allein durchführen und gestalten und nicht wie die Filmindustrie arbeitsteilig vorgehen. Die in La Sarraz beschlossene Ausweitung der »Filmliga« zu einer internationalen Verleih-Ko-

■ Internationaler Kongreß des Unabhängigen Films in La Sarraz, 1929
Von links nach rechts:
1. Reihe: Robert Aron (stehend), Grigori Alexandrow, Eduard Tissé, Janine Bouissounouse
2. Reihe: Léon Moussinac, Walther Ruttmann, Béla Balázs, Sergej Eisenstein, Hiroshi Higo, Hans Richter
3. Reihe: Ivor Montagu, Alberto Sartoris, Jean Lenauer, Alfred Masset, Robert Guye, Mannus Franken, Georg Schmidt
4. Reihe: Jean George Auriol, André R. Maugé, Arnold Kohler, Jack Isaacs, Fritz Rosenfeld, Enrico Prampolini, Montgomery Evans, Moichiro Tshuchiya
Es fehlen: Alberto Cavalcanti, Ernesto Giménez Caballero

operative für unabhängig produzierte Filme ist eine wichtige filmpolitische Aktivität, die unterstreicht, wie die anfangs nur an der eigenen Filmproduktion interessierten Avantgardisten zur Entwicklung einer umfassenden Filmkultur beitragen.

Die Filmavantgarde hat ebenso wie die linken politischen Filmschaffenden in den 1920er/30er-Jahren maßgeblich daran mitgewirkt, unsere moderne Form der Filmkultur zu entwickeln.[7] Dazu gehören Einführung und Diskussion vor und nach dem Film, seine Einbettung in Gedichtrezitationen, Gesangsdarbietungen oder Politkampagnen (gegen Panzerkreuzerbau 1928, gegen § 218 1932), aber auch regelmäßige professionelle Filmkritik und Zuschauerkritik in Tageszeitungen, Filmzeitschriften, Filmbücher, Filmplakatkunst, Filmklub/Besucherorganisation, Filmunterricht, Ausstellung zum Filmwesen (FiFo 1929) und Filmkongress (CICI La Sarraz 1929, CICI Brüssel 1932, Internationale Filmkonferenz Berlin 1932). Die unter anderen von Hans Richter animierte »Gesellschaft Neuer Film« gründet sich nahezu parallel zum linken »Volksfilmverband« im Februar 1928, und beide betten den Film ein in »Vorträge, Vorlesungen, Ausstellungen und Atelierführungen zur Förderung und Vertiefung des Verständnisses für das Problem des Films«.[8] Beide Besucherorganisationen streben langfristig das Betreiben eines eigenen Kinos an: 1923 stehen in Berlin dem einzigen von der KPD-nahen Internationalen Arbeiterhilfe (IAH) betriebenen Kino »Filmstern« 350 kommerzielle Kinos gegenüber; für den »künstlerisch wertvollen Film« kommt 1932 das ständige Repertoire-Filmtheater »Kamera Unter den Linden« hinzu.

Bereits 1925 hatte der Bauhaus-Professor László Moholy-Nagy die Schaffung »einer zentralen Filmversuchsstelle zur Ausführung von Manuskripten, welche neue Ideen enthalten«,[9] gefordert und hoffte, dass die Filmindustrie so eine Ausbildungsstätte finanzieren würde. Dass er dabei vor allem an nicht-narrative, experimentelle Filme dachte, geht aus den von ihm in Anspielungen genannten Filmtiteln hervor: BALLET MÉCANIQUE (F 1924) von Fernand Léger und ENTR'ACTE (F 1924) von René Clair und Francis Picabia.

Die erhoffte Anbindung an die Industrie erklärt sich aus den Ansprüchen des Bauhauses, in die Massengesellschaft hineinzuwirken und für die Gesellschaft »nützliche Produkte« zu schaffen.10 Man wollte unbedingt wegkommen vom L'art pour l'art. Es handelt sich dabei um eine Sollbruchstelle in der Konzeption des Bauhauses, die zwischen industriekonformem Funktionalismus und aufklärendem, reformerischem Eingreifen in die Massenkultur schwankt. Die dennoch im engeren und weiteren Umfeld des Bauhauses entstandenen filmischen Arbeiten lassen sich in drei unterschiedliche Werkgruppen gliedern: abstrakte/absolute Filmexperimente, sozialkritische Reportagen und reformerische Architekturfilme.11 Alle drei eint das nachdrückliche Bekenntnis zur Moderne. Auch wenn die angefragten Ufa-Direktoren die Finanzierung einer solchen »Versuchsstelle für Film« verweigern, taucht am Bauhaus ein Horizont des Arbeitens mit Film auf, der auch auf die anderen unterrichteten Disziplinen abfärbt.12

Die Konzerne der Filmindustrie ihrerseits sehen keinen Bedarf an experimentellen Filmen. Für sie stellen sich die 1920er-Jahre keineswegs als Krisenjahre dar, sondern als Epoche eines unerhörten Filmbooms mit einer bis dato unerreichten Produktivität der Produktionsmittel und dem Ausbau des Starsystems. Mittelständische Filmunternehmen entwickeln sich in dieser Zeit zu einflussreichen Filmtrusts.13 Diese werden gegen Ende der 1920er-Jahre mithilfe von Kapitalkonzentration von der Elektroindustrie übernommen,14 die mit der Einführung des Tonfilms ihre beherrschende Position erst recht ausbauen kann. Nach dem sogenannten Tonfilmkrieg bleiben nur zwei Patente übrig und teilen sich einvernehmlich den Markt auf. Sie haben die Macht, die Produktionstechnologie zu normieren und setzen die (neue) Ton-Abspielgeschwindigkeit von 24 Bildern pro Sekunde verbindlich durch.

An diesem Medienumbruch mit seinen ungeheuren Energien und Kosten geht die Filmavantgarde zugrunde, die auf ein individualistisches Arbeiten ausgerichtet war, in der der Filmemacher fast alle Arbeitsprozesse selbst und allein bewerkstelligt. Nun haben sich die Kosten für ein und dieselbe Filmlänge verfünffacht – der Löwenanteil davon fließt an die Inhaber von Tonfilmpatenten.15 Wer Tonfilm drehen möchte, muss nun höher spezialisierte, arbeitsteilig organisierte und im Grunde nur industriell zu bewältigende Prozesse realisieren. So muss auch Moholy-Nagy seine Hoffnungen auf ein Zusammengehen mit der Filmindustrie endgültig begraben und resümiert ernüchtert im Sommer 1932: »Der größte Teil der alten Avantgarde ist verschwunden, aufgesogen von der Industrie oder aus Entmutigung verstummt: René Clair, Picabia, Léger, Cavalcanti, Feyder, Renoir, Man Ray. Außer mir sind Albrecht Viktor Blum und Hans Richter die einzigen, die übrig blieben.«16

Dada und der Krieg

Die Bereitschaft zum Experiment beginnt lange vor 1918 – denn ästhetische Entwicklungen stimmen nur selten ganz präzise mit den politischen Zäsuren überein. Die Dada-Bewegung hatte sich während des Krieges in Zürich, dann in der Münchner Räterepublik und schließlich in Berlin zur Ausrichtung auf Poli-

■ Seite 190:
BALLET MÉCANIQUE
(F 1924, Regie: Fernand Léger)

■ ENTR'ACTE
(F 1924, Regie: René Clair, Francis Picabia)

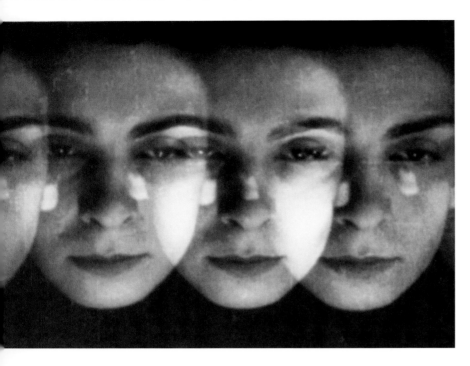

Stella F. Simon in FILMSTUDIE (1928, Regie: Hans Richter)

tik bekannt: »Dada ist politisch« heißt ein Slogan der Dada-Messe 1920. Doch hat die Bewegung in Deutschland zunächst kaum Filme hervorgebracht, obwohl die Dada-Aktivisten George Grosz und John Heartfield unter der Protektion von Harry Graf Kessler und dem Diplomaten Richard Kiliani ab 1917 im Auftrag der Nachrichtenabteilung des Auswärtigen Amts an Propagandafilmen und dann bei der Ufa als Kulturfilmer arbeiten.[17] Ihre frechen, gewagten, grotesken Streifen, die Soldaten und Bevölkerung zum Lachen bringen sollten (wie zum Beispiel das von derbem Soldatenhumor geprägte Projekt *Feldgraue Puppenspiele*), werden aber entweder von den Auftraggebern verworfen oder gelten heute als verschollen.[18] Gelobt werden ihre frischen, »neuen Ideen«, der »Griff ins Exzentrische, Komische [und] Expressionistische«.[19] Der Verlust dieser Filmexperimente ist zu bedauern, selbst für den Fall, dass sie dadaistisch nicht in dem Sinne waren, wie ihn Heartfields Bruder Wieland Herzfelde 1920 definierte: »An sich ist jedes Erzeugnis dadaistisch, das unbeeinflußt, unbekümmert um öffentliche Instanzen und Wertbegriffe hergestellt wird, sofern das Darstellende illusionsfeindlich, aus dem Bedürfnis heraus arbeitet, die gegenwärtige Welt, die sich offenbar in Auflösung, in einer Metamorphose befindet, zersetzend weiterzutreiben.«[20]

Der Nährboden für Dada war der Krieg, jenes perverse, nur scheinbar entlegene Geschehen, das nicht nur die Dadaisten dazu brachte, an der menschlichen Vernunft zu zweifeln und erst recht an den bürgerlichen Institutionen, die Europa in dieses Schlachthaus geführt hatten. Der Schock über die Millionen von Toten ist der Ursprung der Provokationen der Jungkünstler, die auf eine »erniedrigende Zeit« (Hugo Ball) reagierten. So äußerte sich zum Beispiel der Dada-Aktivist Hans Richter in »Ein Maler spricht zu Malern« (*Zeitecho*, Nr. 1, 2. Juni 1917, Bern) zu den Grausamkeiten des Krieges und zur Verantwortung des Malers in der Gesellschaft. Man hat der Dada-Bewegung unterstellt, den Glauben an die gesellschaftlichen Werte des Bürgertums unterhöhlen zu wollen, doch in Wirklichkeit hatten diese sich längst selbst zerstört – durch den industriell geführten Massenkrieg. Mit dem Versagen der politischen und gesellschaftlichen Eliten hatten diese selbst jene Zündschnur entzündet, die Dada über Europa explodieren ließ.

Ende 1918 verlassen Heartfield und Grosz nach Protesten gegen die Ermordung von Rosa Luxemburg und Karl Liebknecht die reaktionäre Ufa, schanzen ihre Posten in der Trickabteilung aber noch zwei Freunden aus der Dada-Bewegung zu: Svend Noldan, dem Schul- und Studienkollegen von Erwin Piscator, und Otto Schmalhausen, später Grosz' Schwager.[21] So ist es dann auch Noldan,[22] der bald danach für seinen Dada-Freund Hans Richter die konkrete filmische Animationsarbeit durchführt, um Elemente aus dessen Rollenbild *Präludium* in den abstrakten Film PRÄLUDIUM (1920) zu überführen. Die Ufa finanziert diese kurzen Experimente durch Arbeitsbeistellung ausnahmsweise mit, da Richter und sein Freund Viking Eggeling zuvor den künstlerischen Wert solcher Filme von Experten haben zertifizieren lassen.[23]

Die abstrakten Filme sind ein Kind von Dada. Hans Richter, 1916 ein politisierter Dada-Vorkämpfer in Zürich, wird 1919 von Max Levien eingeladen, in der Münchner Räterepublik aktiv mitzuwirken. Man wählt ihn zum Vorsitzenden des »Aktionsausschusses Revolutionärer Künstler Münchens«, das heißt zu einer Art Kultusminister der Räterepublik.[24] Seinen Züricher Dada-Mitstreiter Viking Eggeling hat er als Professor für die Münchner Akademie der Künste vorgesehen. Nach der militärischen Niederschlagung der Räterepublik durch Reichswehr und Freikorps und kurzer Gefängnishaft zieht sich Richter gemeinsam mit Eggeling – in einer Gegenbewegung zu ihrem gescheiterten gesellschaftlichen Engagement – aufs Land zurück, in die Einsamkeit eines Landgutes bei Klein-Kölzig. Über mehrere Jahre entwickeln die beiden dort Rollenbilder mit abstrakten Motiven und daraus ihre abstrakten, absoluten Filme. Für ihre Hinwendung zur Abstraktion mag gelten, was ein prominenter Künstlerkollege 1914 schrieb: »Je schreckensvoller diese Welt (wie gerade heute), desto abstrakter die Kunst, während eine glückliche Welt eine diesseitige Kunst hervorbringt.«[25] Diese politische biografische Einbettung wird in der Forschungsliteratur[26] zum abstrakten Film leider immer wieder vernachlässigt, auch weil die Filmemacher selbst in ihren Erinnerungen und späteren Interviews ihre früheren radikalen, zum Teil kommunistischen Aktivitäten stets herunterspielen (mussten), und weil es auch heute noch nicht opportun ist, dies zu betonen.[27]

Nach mehreren abstrakten Filmen gestaltet Richter in FILMSTUDIE (1928) ein Werk des Übergangs vom abstrakten zum gegenständlichen Film. Es zeigt zwar noch animierte geometrische Flächen, Linien und Kreise, andererseits aber auch gegenständliche Realaufnahmen, wie etwa vervielfältigte Augäpfel und Frauenköpfe (das Gesicht von Stella F. Simon, einer befreundeten Avantgarde-Filmemacherin) und im Negativ erscheinende Vogelschwärme. Die Einbeziehung von gegenständlichen Objekten geschieht ganz offensichtlich unter dem Einfluss der französischen Avantgardefilme, die Richter erstmals während der berühmten Matineen zum Thema »Der absolute Film« entdeckt, die 1925 im Berliner Ufa-Theater und in Hannover stattfinden und ihn nachhaltig beeindruckt haben müssen.

■ FILMSTUDIE (1928, Regie: Hans Richter)

Wann ist ein Film Dada?

Erst jetzt entstehen auch in Deutschland einige wenige gegenständliche dadaistische Filme – quasi als verspätete Irrläufer der Bewegung.[28] Hans Richters Kurzfilm VORMITTAGS-SPUK (1928) probt den Aufstand der Dingwelt gegen den Menschen: Hüte fliegen in Formation umher und lassen sich nicht einfangen, ein Kaffeeservice macht sich selbstständig und geht in die Brüche, eine Fliege lässt sich nicht binden, der Gartenschlauch entrollt sich von allein, schließlich traben seriös wirkende Männer in Formation durch den Garten, springen treppauf, treppab, kreuz und quer und verschwinden per Stopptrick plötzlich hinter einem Laternenpfahl. Als die Uhr zwölf schlägt,

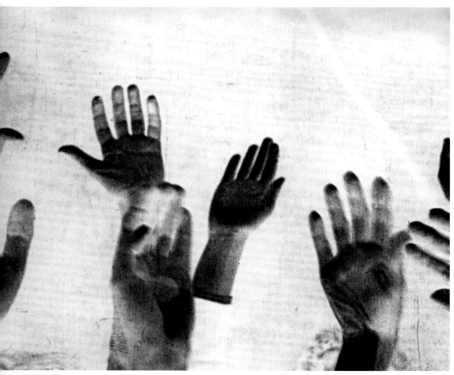

stellt sich die alte Ordnung wieder her mit dem Menschen als Herrn über die Objekte. Zur Entstehung berichtet Richter: »Eines Tages fragte mich der Geschäftsführer der Internationalen Tagung der Gesellschaft für neue Musik in Baden-Baden an, ob ich bereit wäre, einen kleinen Film zusammen mit einem der dort führenden Musiker zu machen. Die Musiker wären Hindemith, Weill und Eisler. Ich wählte Hindemith.«[29] Die Darsteller des Films werden aus dem Freundeskreis rekrutiert, neben Richter selbst und seinem Schüler Werner Graeff treten neben anderen die Komponisten Paul Hindemith, Darius Milhaud und Walter Gronostay auf. Es ist anzunehmen, dass die »Gesellschaft für neue Musik« auch die Herstellungskosten des Films in Höhe von 1.300 Reichsmark (*Film-Kurier*, 5. Januar 1929) trug, also als Mäzen des Experiments fungierte.

Hindemiths Musik für mechanisches Klavier (Welte-Mignon) wird für die Premiere auf das von Robert Blum erfundene Chronometer übertragen, eine rollende Partitur, die »die Noten im vorgeschriebenen Tempo (Synchronität ermöglichend) vor dem Dirigenten abrollen ließ«[30]. Im Folgejahr 1929 wird der Film ein zweites Mal in Baden-Baden präsentiert, und zwar als regulärer Tonfilm mit kombinierter Tonspur. Richter hat »inzwischen Gelegenheit gehabt, die Musik dem Bild durch Schnitte und Hinzufügungen einigermaßen anzupassen«.[31] Leider ist diese von der Tobis finanzierte Musikfassung verschollen, aber die Filmmusik wurde mit einer Einführung von Walter Gronostay auch auf Schallplatte herausgebracht (*Film-Kurier*, 10. Oktober 1929) und kann vielleicht eines Tages wiedergefunden werden.

Von Richters nächstem Kurzfilm ALLES DREHT SICH, ALLES BEWEGT SICH! (1929) ist die zeitgenössische Tonspur erhalten geblieben – ein freches, dadaistisch geprägtes Dokument.[32] Der Film entsteht im Auftrag der Tobis zur Präsentation ihrer neuen Tonfilmtechnologie und soll die gute Qualität der Musik- und Sprachwiedergabe belegen. Richter hat bei der Gestaltung des Films freie Hand und folgt dem Prinzip des »Querschnittsfilms«: ein Tag auf dem Rummelplatz. Für die Musik- und Geräuschkomposition engagiert er dieses Mal den jungen Schönberg-Schüler Walter Gronostay.

Im ersten Teil des Films ertönt ein Sprechchor, der das Bild kontrapunktisch und aberwitzig kommentiert. Zu Beginn in der Bewegung eingefrorene Karussells, dann setzen Menschen und Tiere sich – wie von Zauberhand – in Bewegung, während der Sprechchor skandiert: »Ruhe! Absolute Ruhe! Bewegen Sie sich nicht, sonst wird geschossen! Stehen Sie ganz unbeweglich, vollkommen unbeweglich.« Am Luftgewehrstand konkurrieren zwei Männer um die Gunst einer jungen Dame, zerschießen in einem immer schneller getakteten Wettstreit Glaskugeln und Sterne, die in Zeitlupe zerplatzen und sich sofort wieder zusammensetzen. Manegen, Dreh- und Kettenkarussells wirbeln immer rasanter durcheinander, Schwindel befällt die Kamera, die Bilder stehen im Neunziggradwinkel oder auf dem Kopf, Prismen zerlegen einzelne Motive, die taumelnde Bewegung verschwimmt in einer Drehscheibe. Der Körper eines kraftstrotzenden Akrobaten zerteilt sich per Mehrfachbelichtung in der Mitte, wo auf wundersame Weise seine Partnerin erscheint, um anschließend auf seinem Kopf zu balancieren. Ihre Hände jonglieren mannigfach (per Prisma) vervielfältigte Teller und Kegel, deren Bewegungsballett durch herausgeschnittene Filmkader beschleunigt wird. Dazu ertönt unermüdlich eine derbe, quietschfidele Zirkusmusik. Der Kraftmensch geht zum Erstaunen des Publikums an den Wänden nach oben und läuft kopfüber die Zimmerdecke entlang – außer Kraft gesetzte Schwerkraft mithilfe der Mehrfachbelichtung. In den anschwellenden Applaus und die Bravo-Rufe hinein ertönt der Ruf »Schiebung«, und blitzartig verfällt das Publikum in ein Gerangel, in dem auch schon mal der Kopf eines Kombattanten sich vom Körper löst, nur um gleich darauf wieder zurückzuschnellen. Den uns vom Filmanfang bekannten jungen Mann erhebt es in die Lüfte, und er stürzt von oben direkt auf seinen Kontrahenten, von dem nur ein rauchender schwarzer Fleck bleibt.

■ VORMITTAGS-SPUK (1928, Regie: Hans Richter)

Die laute, derbe, brachiale Kirmes ist ein Gegenentwurf zur bürgerlichen, geordneten, gesitteten Welt. Mithilfe filmischer Tricks steigert Richter den Effekt der Zirkusnummern und Attraktionen ins Groteske und Bizarre. Die aberwitzigen, befremdlichen Attraktionen werden somit außerdiegetisch, also außerhalb der eigentlichen Erzählwelt erzeugt, und auch die Zirkusmusik ist nur scheinbar diegetisch innerhalb der Kirmes verankert. Wie Gronostay erklärt, bestand Richters Vorgabe darin, dass die Musik keinesfalls aus dem Bildgeschehen abgeleitet werden sollte, noch durfte die Musik rhythmischer Anreiz des Bildgeschehens sein: »Ein Ausweg wurde gefunden, indem man einen Sprechchor einsetzte, der sich – rhythmisch sprechend – mit dem Bildgeschehen auseinandersetzt. [...] Er sagt: ›Ich schieße gerne mit dem Luftdruckgewehr auf kleine silberne Kugeln oder Schweine oder Pfeifen. Drei Schuß kosten 10 Pfennige. Schuß! Schuß! Schuß! Wieder nichts.‹ Diese

■ DEUTSCHLAND –
ZWISCHEN GESTERN
UND HEUTE (1932/34,
Regie: Wilfried
Basse)

Worte stehen oft im direkten Gegensatz zum Filmgeschehen, so trifft, gerade wie der Chor ›Wieder nichts‹ sagt, der Mann etwas.« (*Film-Kurier*, 26. Juli 1929) Der Sprechchor, ein Element des zeitgenössischen Agitproptheaters, findet hier eher unerwarteten Einsatz als kollektive Affirmation der außer Rand und Band geratenen Welt und trägt nicht unerheblich zum süßen dadaistischen Unsinn bei.

Sprechchor und Musikeinbettung

Sprechchöre tauchen in dieser Zeit öfter in den Film-Soundtracks moderner Komponisten auf, stets mit anspruchsvollen Aufgaben: In linken Zusammenhängen betonen sie stets das Kollektiv, suchen ein »Bewusstsein« des Kollektivs zu erzeugen und das Zusammenstehen der Arbeiterschaft auch ästhetisch erlebbar machen – so in der von Edmund Meisel 1930 gestalteten Nadeltonfassung von BRONENOSEZ POTEMKIN (PANZERKREUZER POTEMKIN, UdSSR 1925, Regie: Sergej Eisenstein), in der die Trauer und Lethargie angesichts des aufgebahrten getöteten Matrosen in kollektives Aufbäumen und Rückgewinnung der Aktivität umschlagen, allein durch kraftvollen Chorgesang. In KUHLE WAMPE ODER WEM GEHÖRT DIE WELT? (1932, Regie: Slatan Dudow) tritt die auch außerhalb des Films existierende Agitproptruppe »Das Rote Sprachrohr« auf. Wir sehen, wie sie eine große Menge von Arbeitersportlern und Zuschauern im Sprechchor zum Widerstand gegen Mietwucher aufrufen. Die eigentliche Spielhandlung wird regelmäßig mit reflektorischen Einschüben kontrastiert, zu denen neben dokumentarischen Montageblöcken, Songs, Gerichtskommentar, Zeitungsschlagzeilen und didaktischer Schlussdebatte auch die real existierende Agitpropgruppe gehört.

Mit derselben Gruppe dreht der Filmavantgardist Wilfried Basse gar einen ganzen Film: DAS ROTE SPRACHROHR (1931), dessen Premiere in Berliner Klub Roter Stern am 20. Juni 1931 durch die Polizei abgebrochen wird und daher wohl in Moskau bei einem internationalen Theatertreffen stattfindet, zu dem der Leiter Maxim Vallentin fährt.[33]

Aber auch im rechten Avantgardefilm kommt der Sprechchor zum Einsatz: In Willy Zielkes Arbeitslosen-Epos DIE WAHRHEIT. EIN FILM VON DEM LEIDENSWEG DES DEUTSCHEN ARBEITERS (1932/34) skandiert der Chor: »Der gesamten Belegschaft wird hiermit gekündigt«, während ausgebrannte Arbeitergesichter in einer Mehrfachbelichtung über zwangsweise geschlossene Fabriktore gleiten. Zielke (protegiert vom damaligen »Reichsminister« Rudolf Heß) suggeriert, dass die Arbeitslosigkeit der Weimarer Jahre durch den Nationalsozialismus überwunden werde. Es ist einer der wenigen in der »sozialistischen Linie« der Nationalsozialisten entstandenen Filme, am Übergang der Weimarer Republik zur NS-Zeit.

Auch die Filme anderer begabter Filmemacher sind durch Umarbeitungen beim Übergang in das NS-Regime künstlerisch auf der Strecke geblieben, am markantesten wohl Wilfried Basses groß angelegtes Deutschland-Porträt DEUTSCHLAND – ZWISCHEN GESTERN UND HEUTE (1932/34). Es zeigt uns Deutschland überrumpelt, in einem Querschnittsfilm, der auf jeglichen Kommentar verzichtet. »Andächtig verharrt die Kamera vor großen Domen, blickt neugierig ins Nachbargässchen, fährt kichernd Karussell, wiegt sich schmunzelnd unter den Klängen des Schifferklaviers auf schwankenden Brettern. Mit tiefer Beklommenheit läuft sie durch leere, von der Krise erfasste Fabriksäle« (*Film-Kurier*, 1. Februar 1934). Deutschland wie es war, so ließen sich die Bilder der unzerstörten Städte und Landschaften bissig beschreiben, vor allem das bäuerliche, vorindustrialisierte Deutschland. Der politische Umbruch geht an dem Film aber nicht spurlos vorüber: Zwischen 1933 und 1934 wird er viermal zur Zensur eingereicht, mit jeweils unterschiedlichen Titeln und in verschiedenen Schnittversionen. Sein Schicksal beschreibt treffend makaber einer der verworfenen Titelvorschläge: »Zwischen zwei Stühlen«.[34]

Experimente im Mainstream-Film

Nicht nur die Avantgarde und der unabhängige Film, sondern auch die Filmindustrie prosperiert in den Weimarer Jahren ungeheuer, was seinen Grund im regen Austausch mit anderen Nationen (unter anderen der damaligen Sowjetunion) und in der Bereitschaft hat, Filmschaffende anderer Länder (insbesondere Österreicher, Zentraleuropäer, Russen) in die Filmkultur Deutschlands mit aufzunehmen. So verwundert es nicht, dass auch im Rahmen des Mainstreams vereinzelt instruktive Experimente zu entdecken sind. Eines davon ist UNHEIMLICHE GESCHICHTEN (1919) von Richard Oswald, eine Anthologie von fünf Gruselgeschichten bekannter Autoren, darunter Edgar Allan Poe und Robert Louis Stevenson. In einem Antiquariat hängen drei Gemälde: »Die Dirne«, »Der Teufel« und »Der Tod«, deren Figuren nachts lebendig werden, den Gemälderahmen verlassen, nach den herumliegenden Büchern greifen und sich in der Rahmenhandlung gegenseitig Geschichten vorlesen. In der Episode »Die Erscheinung« flieht eine Frau mit einem Verehrer vor ihrem wahnsinnigen, sie bedrohenden Ehemann in eine andere Stadt. Der Liebhaber findet am nächsten Morgen die Frau in ihrem Hotelzimmer nicht mehr vor, befürchtet ein schreckliches Verbrechen. Die eingebildeten Befürchtungen visualisiert der Film durch überzeichnete, expressionistische Dekors eines übel zugerichteten Hotelzimmers. Zimmermädchen, Hoteldirektion, Pagen und Polizei bestreiten, die Frau gesehen zu haben. Die Erklärung liefert am Ende der Bestattungsunternehmer, der berichtet, dass die am Abend zuvor plötzlich verstorbene Dame von vermummten Ärzten weggebracht wurde: »Niemand durfte erfahren, daß sie an der Pest gestorben war.« Die Darstellung der Pestärzte, die inmitten von zur Desinfektion genutzten Rauchschwaden ihrer Arbeit nachgehen, ist ein Bild des Horrors, aber als Auflösung der Geschichte recht sachlich gefilmt.

In der Episode »Die Hand« gibt es eine gespenstische Séance mit Tischrücken, bei der ein Ermordeter dem am Tisch sitzenden Mörder in Doppelbelichtung gegenübertritt, ihn verfolgt und quält. Im Schnee erscheinen seine körperlosen Fußabdrücke (per Einzelbild Fuß um Fuß hinzugefügt), bevor er schließlich Rache an dem Mörder nimmt. In der Episode »Der Selbstmörderklub« ist insbesondere das aus zwei riesigen Spielkarten um eine mittig angebrachte übergroße Pendeluhr bestehende Dekor dieses Raums interessant. In »Der Spuk« instruiert der Hausherr seine Dienerschaft, einem Prahlhans mit Spuk eine Lektion zu erteilen: Gemälde gleiten die Wände hoch und wieder zurück, dann senkt sich der Leuchter wie von Geisterhand bewegt, der Verängstigte geht mit dem Degen auf ihn los. Alle Episoden setzen ungewöhnliche Dekors und genuin filmische Mittel (Doppelbelichtungen, Stopptrick etc.) ein, um gezielt das Unheimliche zu beschwören und das Genre des Gruselfilms mit viel Unerklärlichem zu bereichern. Es geht darum, den Charakter der Szenen mit dem Verborgenen, Okkulten und Geheimen zu imprägnieren. Filmästhetisch bedeutet die Kombination zweier Film-

Conrad Veidt als Tod in UNHEIMLICHE GESCHICHTEN (1919, Regie: Richard Oswald)

■ Conrad Veidt (Cesare), Lil Dagover (Jane) in DAS CABINET DES DR. CALIGARI (1920, Regie: Robert Wiene)

arten, ein Hybrid, stets ein Experiment, weil die Verbindung vom Zuschauer anerkannt werden muss. NATHAN DER WEISE (1922, Regie: Manfred Noa) kombiniert die Realfilmhandlung mit einer im Stil von Lotte Reiniger gestalteten Scherenschnitt-Passage: Sultan Saladin möchte Nathans sprichwörtliche Weisheit erproben und fragt ihn, welche der drei Weltreligionen die einzig wahre sei. Darauf antwortet Nathan ihm mit der berühmten (Lessing'schen) Ringparabel, die in Scherenschnitt-Technik präsentiert wird. Die Szene ist ein Beispiel für die damals entstehenden vielfältigen Formen von Durchbrechungen des diegetischen Kontextes. Der filmische Expressionismus hatte solche Brechungen vorbereitet, bei denen die Darsteller sich in gemalten Kulissen bewegen und die Perspektive gezeichnet ist – bekanntestes Beispiel hierfür ist Robert Wienes DAS CABINET DES DR. CALIGARI aus dem Jahr 1920. Die eigenständige Ästhetik des Scherenschnitts ließ sich besonders gut mit anderen Formen in unterschiedlichsten Genres kombinieren.

Experimente im Werbefilm

Zum Mainstream gehört auch der Werbefilm, der durch seine meist kurze Form aber zum Experimentieren einlädt und aufgrund des geringen finanziellen Risikos auch von der Werbeindustrie finanziert wird. Lotte Reinigers zweieinhalbminütige Scherenschnitt-

■ MARKT IN BERLIN
(1930, Regie: Wilfried Basse)

■ POLIZEIBERICHT ÜBERFALL (1928, Regie: Ernö Metzner) Bild unten: Heinrich Gotho

Animation DAS GEHEIMNIS DER MARQUISE (1922) spielt im Barock in Venedig. Dort entflammt ein Mann für eine in der Sänfte an ihm vorbeigetragene Gräfin, singt, um ihre Gunst zu erlangen, unter ihrem Balkon, während sie vor dem Spiegel Schönheitspflege betreibt. Als Antwort auf seine Frage »Du holde Schöne, sage mir, welch Gott gab solche Reize dir?« werden zwei Produkte sichtbar, die die Gräfin in ihren Händen hält: »Nivea«-Seife und »Nivea«-Creme. Die Produkthinweise sind ebenfalls gezeichnet und fallen daher nur wenig aus dem ästhetischen Rahmen – umso mehr aber aus dem erzählerischen, denn die Differenz zwischen feinsinniger, wohl gewählter Sprache und schnöder Werbung fällt recht groß, dabei aber auch amüsant aus.

Reiniger variiert das Thema in dem Schattenrissfilm BARCAROLE (1924), produziert von Julius Pinschewer: Venedig, der Markusplatz ist nicht weit. Romeo in einer Barke möchte die auf einem Balkon stehende Julia durch seinen Gesang betören. Doch zuvor muss er einen Nebenbuhler ins Wasser befördern. Julia trauert dem verlorenen Liebsten nach, daran können auch die vier musizierenden Putten aus Romeos Entourage zunächst nichts ändern. Dann hat der Kavalier eine Idee: Er schickt einen der Geflügelten los, um Julia mit einer »Mauxion«-Pralinenschachtel zu locken. Als er die Konfektschachtel öffnet, springt sie tatsächlich in die Barcarole und in Romeos Arme und bedient sich großzügig an den Süßigkeiten. Dem zweieinhalb Minuten langen viragierten Werbefilm ist es egal, dass Shakespeares Vorlage in Verona spielt: Venedig ist ja viel bekannter. Es zeigt sich, dass die fein ziselierte Scherentechnik der Reiniger sich wunderbar auch als Werbeträger für luxuriöses Konfekt eignet. Das Produkt lässt sich bei diesem Verfahren fast problemlos austauschen.

GROTESKEN IM SCHNEE (1928, 13 Minuten) von Alex Strasser und Lotte Reiniger ist ein Werbefilm für die Tourismusindustrie. Scherenschnittpassagen wechseln darin mit Realfilmsequenzen ab, anfangs sogar zu einer einzigen Einstellung verschmolzen. Da es in der Großstadt Berlin in Strömen regnet, beschließt eine in das reale Straßenbild einkopierte Trickfigur, in die Winterfrische zu fahren, die per Splitscreen sichtbar wird. Der Mann saust kurzerhand die Diagonale des Splitscreen-Bildes hinab und landet im Hochgebirge. Er springt direkt vom Hotelzimmer auf die Skier (»Aus dem Bett'l auf die Brett'l«) und fährt zur Sprungschanze vor, die wir als Realbild sehen. Danach besucht er noch Schlittschuhläufer, Bobfahrer, Kinder beim Skilehrgang und eine »Schitour«. Der Realfilm Strassers verfugt sich gekonnt mit den Scherenschnitt-Animationen Reinigers. Der Jux der Trickpassagen (etwa bei akrobatischen Loopings) ironisiert das Gezeigte und lässt es leichtfüßig erscheinen. Der

Realfilm dagegen schwelgt in Bildern von den landschaftlichen Schönheiten oder einer spektakulären Schneeräumung, bei der der Schneepflug vor einer Lokomotive Schneeverwehungen in hohem Bogen wegschiebt.

Aber auch in dem Autorenfilm DIE JAGD NACH DEM GLÜCK (1930) von Rochus Gliese versucht Lotte Reiniger (Regieassistenz und Drehbuch), Realfilm- und Scherenschnittpassage durch geschickte Montage zu kombinieren. In den Spielszenen sieht man Catherine Hessling und ihren Mann Jean Renoir, die mit Reiniger und deren Mann Carl Koch eng befreundet waren.[35] In der Scherenschnitt-Passage erscheint die Allegorie des Glücks, dargestellt durch eine Scherenschnitt-Ballerina, die auf der Weltkugel herumhüpft und plötzlich irgendwo landet, neben einem jungen Mann (Schattenriss von Carl Koch), den sie bei seinem Werben um eine Frau (Schattenriss von Lotte Reiniger) unterstützt. An dem Animationsteil arbeitet auch Reinigers langjähriger Mitstreiter Bertholt Bartosch mit und erhält in dem erzählerischen Verfahren der Allegorie die wichtigste Anregung für seinen späteren Animationsfilm L'IDEE (F 1932/34). DIE JAGD NACH DEM GLÜCK wird noch stumm gedreht und nachträglich (durch Reiniger) vertont. Dabei haben dann auch Tonbild-Postkarten für den Film geworben, auf denen die biegsamen Schallplattenrillen aufgebracht sind. Wenn man diese eine Minute lang abspielte, erklang der Schlager: »Treuloses Glück, du schwebst vorüber, wie ein Phantom, das mich verhöhnt.« Anfänge eines Medienverbundes.

City-Sinfonien und Kameraexperimente

Kritische Geister wie Siegfried Kracauer jedoch finden im Mainstream nicht genügend kritischen Geist und resümieren am Ende des Jahrzehnts nüchtern: »Künstlerische Experimente, die den Film auf neue Gebiete vortrieben, sind kaum unternommen worden. Der hauptsächlich in Paris gepflegte abstrakte Film

ist eine abseitige Züchtung, die hier nicht in Frage steht. Als der einzig wichtige Versuch, von der vulgären Produktion abzurücken, ist die interessante Ruttmannsche Filmsymphonie: ›Berlin‹ zu nennen. Ein Werk ohne eigentliche Handlung, das die Großstadt aus einer Folge mikroskopischer Einzelzüge entstehen lassen möchte.«[36] Walther Ruttmanns BERLIN. DIE SINFONIE DER GROẞSTADT (1927) ist insofern ein radikales Experiment, als er die Großstadt als Hauptdarstellerin des Films konsequent ins Zentrum rückt – ein Thema, das damals auch an anderen Orten in der Luft lag und sich in dem Genre der sogenannten »Stadtsinfonien« niedergeschlagen hat.[37]

Die Stadtsinfonien haben zu neuen, innovativen Formen geführt. Wilfried Basses MARKT IN BERLIN (1930) zeigt das morgendliche Aufbauen der Stände im Zeitraffer, blickt in einer extremen Aufsicht nach unten auf die noch fast leere Bühne. Dort unten begibt Basse sich mit seiner beweglichen Kinamo-Handkamera direkt unter die Marktleute, schaut den Pferden beim Wassersaufen regelrecht in die Nüstern. Aus der Loge heraus gesehen wird die Wirklichkeit zur Bühne, zum Ballett, an dem sich die Augen nicht sattsehen können.

Ernö Metzners experimenteller Kurzspielfilm POLIZEIBERICHT ÜBERFALL (1929, 19 Minuten) ist ein eher untypischer Straßenfilm, auch keine Stadtsinfonie. In seiner äußeren Form gleicht er einem Thriller, doch hinsichtlich seiner inneren Handlung malt er den Albtraum vom großen Geld an die Wand. Seine direkte realistische Filmsprache bewirkte, dass er als »brutalisierend« und »demoralisierend« verboten wurde. Die Kamera registriert, was einem Mann zustoßen kann, der zufällig eine Geldmünze auf der Straße findet, damit spielt, Geld gewinnt und deswegen verfolgt und brutal zusammengeschlagen wird. Im Krankenhaus steigert sich der Schrecken noch, als der Mann im Fieberwahn seine Erlebnisse erneut durchlebt; doch die verzerrten Bilder zerfließen ihm ... Die durch Zerrspiegel aufgenommene Wirklichkeit verliert ihre Konturen und zerrinnt – eine ungemein effektive Hypertrophierung der Gewalt.

Weimarer Filme im Tartaros

Der Tartaros ist ein Ort des Vergessens, an dem Filme im Zustand der Nichtbeachtung und andauernden Unsicherheit verbleiben, ein Schicksal im Schwebezustand fristen und auf dem Abstellgleis der Geschichte rangieren. Die Filmforschung konzentriert sich meist auf kanonische Werke und vernachlässigt Filme, deren Status anfechtbar ist. Dennoch gehören diese vernachlässigten Filme zur Weimarer Republik, sie beziehen sich eminent auf deren Referenzsystem. Oft geben sie durch die Volten ihres Schicksals sogar charakteristische Auskunft über die Kämpfe und Spannungen dieser Zeit. Da ist beispielsweise eine Reihe von zeitgenössischen Filmen, deren Dreharbeiten auf Druck der Polizei hin abgebrochen wurden, die nicht mehr vollendet oder aufgeführt werden konnten und doch genuin zur Weimarer Republik gehören. Zu ihnen gehört ALEXANDERPLATZ ÜBERRUMPELT (1932–34) von Peter Pewas mit der auf Berliner Straßen marschierenden SA-Kolonne, und LETZTE WAHL (1932) von Ella Bergmann-Michel mit seinen aggressiven, feindseligen Wähler-Diskussionen auf der Straße. Gleiches gilt auch für die von der Obrigkeit als unerwünscht und »undeutsch« apostrophierten Sujets der illegalen Selbsthilfe von Arbeitslosen in FLIEGENDE HÄNDLER (1932, Regie: Ella Bergmann-Michel) und der Roma und Sinti als ambulante Händler in GROSSSTADT-ZIGEUNER (1933, Regie: László Moholy-Nagy).

Zu den Filmen, die in den Übergangsjahren 1932 bis 1934 in Produktion waren und beim Wechsel zum NS-Regime gravierende Umarbeitungen erfahren haben, gehören DEUTSCHLAND ZWISCHEN GESTERN UND HEUTE (1932/34) von Wilfried Basse und DIE WAHRHEIT (1932/34) von Willy Zielke. Fast völlig vergessen sind heute Filme, die nach dem Zweiten Weltkrieg nach Entwürfen aus der Weimarer Zeit entstanden sind, darunter beispielsweise die Filme von Werner Graeff und Kurt Kranz oder auch die farbigen Lichtprojektionen von Kurt Schwerdtfeger, die damals

■ WAHLKAMPF 1932 (LETZTE WAHL), unvollendet (Regie: Ella Bergmann-Michel)

stets live vorgeführt werden mussten, da der Farbfilm in den 1920er-Jahren noch nicht erfunden bzw. reif für die industrielle Fertigung war. Das Bewusstsein für die Bedeutung solcher verhinderten, verspäteten, durch die Raster der Filmgeschichtsschreibung gefallenen Filme ist in den letzten Jahren glücklicherweise gewachsen.[38]

Es gibt darüber hinaus eine Reihe von Filmen und Autoren, die bisher nicht oder nur selten im Kontext der Filmkultur der Weimarer Republik beschrieben worden sind, obwohl sie ihr im Kern zugehören. Die im preußischen Posen geborene Fotografin und Filmemacherin Germaine Krull beispielsweise ist in

■ Linke Seite: ALEXANDERPLATZ ÜBERRUMPELT (1932–34, Regie: Peter Pewas)

der Münchner Räterepublik aktiv, bringt ihren Lebensgefährten, den Filmavantgardisten Joris Ivens, mit kommunistischen Kreisen in Kontakt und politisiert ihn nachhaltig; sie trägt aktiv zur Zeitschrift *Filmliga* und zur Stuttgarter Ausstellung »Film und Foto« bei und dreht schließlich in Frankreich drei Avantgardefilme: SIX POUR DIX FRANCS (1930), LA ROUTE PARIS-NICE (1931), IL PARTIT POUR UN LONG VOYAGE (1932). Dennoch wird ihr Filmwerk bisher sowohl von der deutschen wie von der französischen Filmpublizistik weitgehend ignoriert.[39] Ähnlich erging es auch dem (kommunistischen) Filmemacher, Jazzkritiker und Sexforscher Ernest Borneman, dessen Filmœuvre erst nach seiner Emigration nach Kanada begann. Erst seit Kurzem liegen zwei unabhängig voneinander entstandene Studien zu ihm vor.[40] Noch während der Weimarer Republik war er bei innovativen Tonfilmexperimenten Edmund Meisels dabei und berichtet im Exil davon.[41] Auch der Kurzspielfilm SEIFENBLASEN / BULLES DE SAVON (D/F 1933/35) von Slatan Dudow teilt dieses Schicksal weitgehender Missachtung: Als Projekt 1931 entwickelt, finanziert aber erst 1933 mithilfe der gerade in Berlin angekommenen britischen Millionärin Catherine Davis, ist er vermutlich der einzige in der Illegalität gedrehte Spielfilm der NS-Zeit.[42]

Einer dieser unglücklichen Mavericks, dieser herrenlosen Filme ist der lyrische, malerische Animationsfilm L'IDÉE (Die Idee, F 1931–34, 26 Minuten), in dem Bertholt Bartosch Figurinen, die auf den Holzschnitten in Frans Masereels gleichnamigem Buch beruhen, zu einer seltsam verzauberten allegorischen Erzählung animiert hat: Eine einmal ins Leben gebrachte reine Idee, dargestellt als nackte Frau, kann zwar von der Obrigkeit oder von anderen Gegnern bedroht, verfolgt und attackiert werden (vor Gericht, im Gefängnis, im Krieg), aber sie bleibt am Leben und ist letztlich nicht zum Schweigen zu bringen. Bartosch schuf den Film zwar in Paris, wo Masereel lebte und gezielt Animationsvorlagen für das gemeinsame Projekt anfertigte, doch gehört der Film aufgrund der Arbeiterästhetik und der Örtlichkeiten (Berliner Mietskasernen, Industrieschlotlandschaften) und der ästhetischen Anregung (siehe oben) in die Weimarer Republik, wo Bartosch auch das gesamte vorangegangene Jahrzehnt tätig gewesen war und wo auch Masereel immer wieder ausstellte.[43] Die 1934 komponierte, leicht süßliche Musik schuf Arthur Honegger mithilfe eines modernen elektroakustischen Instruments namens »Ondes Martenot«, einem Vorläufer des Synthesizers. Masereel berichtet über die Zusammenarbeit mit Bartosch: »Sein Gedanke war, mich kleine Figurinen zeichnen zu lassen, die in der Vergrößerung Gestalten aus meinem Buch darstellen; diese hat er zerschnitten, und dann hat er sie mit einer Art von Scharnieren, die als Gelenke dienten, in Bewegung versetzt. Es waren sozusagen zwei Millimeter starke, plattgedrückte Marionetten. Das Resultat, das er erzielte, war wirklich eigenartig, und wir haben in den Trickfilm dreidimensionale Wirkungen der Schwarz-Weiß-Malerei einführen können, indem wir mittels übereinandergelegter Glasplatten, die mehr oder weniger eingeseift wurden, eine weite-

■ FLIEGENDE HÄNDLER IN FRANKFURT AM MAIN (1932, Regie: Ella Bergmann-Michel)

■ GROSSSTADT-
ZIGEUNER (1933,
Regie: László Moholy-
Nagy)

re Raumtiefe vortäuschten.«⁴⁴ Die poetische Wirkung des Films entsteht vielfach erst durch die seltsame Raumwirkung, die durch bewegtes Wasser, ziehende Wolken, qualmenden Rauch hervorgerufen wird. Diese poetische Animationstradition wurde nur von einem Exilrussen und seiner amerikanischen Frau weitergeführt: Alexandre Alexeieff und Claire Parker. Die Verbindung zur Weimarer Republik scheint hier gekappt.

Man hat gesagt, dass die Weimarer Republik eine »Republik der Außenseiter« gewesen ist.⁴⁵ Ihre experimentelle Filmkultur wurde dreimal vernichtet: durch die Nationalsozialisten, durch den Krieg und durch das Desinteresse an ihnen in den darauffolgenden Jahrzehnten. Mit intensiver Forschung ließe sich jedoch durchaus für eine ganze Reihe der Mavericks und Outsider jener Zeit nachweisen, wie bedeutend ihr Beitrag zu Weimarer Filmkultur war und ist.

1. Walter Benjamin: »Der destruktive Charakter«, in: ders.: Gesammelte Schriften, Band IV,1, Frankfurt am Main 1980, S. 396–398, hier S. 398
2. Karl Steinorth (Hg.): Internationale Ausstellung des Deutschen Werkbundes Film und Foto Stuttgart 1929, Stuttgart 1979. Reprint des Katalogs von 1929 und Extramaterialien; Ute Eskildsen / Jan-Christopher Horak (Hg.): Film und Foto der zwanziger Jahre. Eine Betrachtung der Internationalen Werkbundausstellung »Film und Foto« 1929, Stuttgart: Württembergischer Kunstverein 1979; Karl Steinorth: Photographen der 20er Jahre, München o. J. [1979]
3. Christine Noll Brinckmann: Experimentalfilm, 1920–1990, in: Wolfgang Jacobsen / Anton Kaes / Hans Helmut Prinzler (Hg): Geschichte des Deutschen Films, Stuttgart/Weimar 1993, S. 417–450
4. Die Diskussionen finden sich in: Antoine Baudin / Hélène de Mandrot et al.: Maison des Artistes de La Sarraz, Lausanne 1998, S. 70–81 und S. 278–282 (Kongressberichte); »Quatre séances plénières«, in: Roland Cosandey / Thomas Tode (Hg.): Quand l'avant-garde projetait son avenir. Le 1er Congrès international du cinéma indépendant, = Archives 84, April 2000, Perpignan, S. 11–20; Cahiers du CICI 1929–1999, 1–7, Januar–Februar 1999, Lausanne 1999.
5. Vgl. meine Kommentierungen in Thomas Tode: »Die Ritter des unabhängigen Films. Basel, ENTHUSIASMUS von Dziga Vertov und die Gründung von ›Le Bon Film‹«, in: Filmbulletin 4, 2013, S. 33–39; Thomas Tode: »›Das Gegenteil von revolutionär‹. Ein Brief von Hans Richter über den Internationalen Kongreß des Unabhängigen Films in La Sarraz, 1929«, in: Filmblatt 11, Herbst 1999, S. 28–33; Thomas Tode: Trois Russes peuvent en cacher un autre: Dziga Vertov et le Congrès de La Sarraz, 1929, in: Archives 84, April 2000, Perpignan, S. 2–10
6. Vgl. Baudin, S. 70–71
7. Für die Avantgarde vorbildlich erschlossen: Malte Hagener: Moving Forward, Looking Back. The European Avant-Garde and the Invention of Filmculture 1919–1939, Amsterdam 2007; Malte Hagener (Hg.): The Emergence of Film Culture. Knowledge Production, Institution Building and the Fate of the Avant-Garde in Europe 1919–1945, New York/Oxford 2014. Für die Linke: Thomas Tode (Hg.): Linkes Kino – von Prometheus zu Hitler. Altösterreicher in der Weimarer Republik, Wien (erscheint April) 2018
8. Alfred Durus: »Neue Filmexperimente«, in: Die Rote Fahne, 25.2.1928. Programmatische Gegenüberstellung der »Gesellschaft Neuer Film« und des »Volksfilmverbandes« bei Simon Koster: »Film en Volk«, in: Filmliga 8, März 1928, Amsterdam, S. 1–2
9. László Moholy-Nagy: Malerei, Photographie, Film, Bauhausbuch Nr. 8, München 1925, S. 114; in der 2. Auflage: Malerei, Fotografie, Film, 1927, S. 120. Hervorhebung im Original. In demselben Tenor: Moholy-Nagy in: Film-Kurier, 18.12.1926. Ähnliche Forderungen bei Hans Richter: Aufgaben eines Filmstudios, in: Die Form 3 (1929, Jg. 4), S. 72, und Hans Richter: »Das Filmstudio«, in: Katalog der Internationalen Ausstellung des Deutschen Werkbundes Film und Foto, Stuttgart 1929, S. 16–17; Reprint: Stuttgart 1979
10. Moholy-Nagy: »Der Künstler gehört in die Industrie!«, in: Film-Kurier, 28.11.1928. Ähnlich Hans Richter: Der absolute Film braucht die Industrie, in: Film-Kurier, 5.1.1929
11. Vgl. die diversen Artikel in: Thomas Tode (Hg.): bauhaus & film, = Maske und Kothurn 1+2, 2011, erschienen 2012, Wien/Köln/Weimar 2012
12. Vgl. beispielhaft Thomas Tode: Die Bauhaubühne – vom Film durchdrungen / The Bauhaus stage – permeated by film, in: DVD-Booklet zu Bühne und Tanz / Stage and Dance: Ludwig Hirschfeld-Mack, Wassily Kandinsky, Kurt Schmidt, Lothar Schreyer, Edition Bauhaus, Berlin 2014, S. 4–15
13. Vgl. beispielhaft die opulente Filmproduktion des Jahrgangs 1929 in Gero Gandert: Der Film der Weimarer Republik. Ein Handbuch der zeitgenössischen Kritik, Bd. 1: 1929, Berlin/New York 1993
14. Paul Seligmann: Filmsituation 1933, in: die neue stadt, 10, 1932/33
15. Seligmann, a. a. O. Aus demselben Grund geht auch die französische Filmavantgarde zugrunde, wie einer ihrer Aktivisten, Boris Kaufman, bestätigt: »The arrival of sound liquidated avant-garde, because of the prohibitive costs.«, in: Reminiscences of Boris Kaufman (Popular Arts Project), Boris Kaufman interviewed by Joan Franklin and Robert Franklin, New York 1959, S. 11
16. László Moholy-Nagy in: Sibyl Moholy-Nagy: László Moholy-Nagy, ein Totalexperiment, Mainz 1972, S. 76
17. Jeanpaul Goergen: Marke Herzfeld-Filme. Dokumente zu John Heartfields Filmarbeit 1917–1920, in: John Heartfield. Dokumentation. Reaktionen auf eine ungewöhnliche Ausstellung, Köln: Dumont 1994, S. 23–66. Zu Dada-filmaktivitäten vgl. auch Jeanpaul Goergen: Raoul Hausmann: Ein Bekleidungsfilm, in: Filmblatt 7, Frühling/Sommer 1998, S. 18–20
18. Erhalten ist dagegen der Science-Fiction-Film DIE ENTDECKUNG DEUTSCHLANDS (1916, Regie: Georg Jacoby, Richard O. Frankfurter), dessen »komischen und expressionistischen« Tonfall Heartfield und Grosz empfehlen weiterzuentwickeln. Es ist ein extrem ungewöhnlicher, mit Unterstützung höchster Behörden entstandener Propagandafilm, gerichtet an das befreundete und das neutrale Ausland, in dem Marsianer nach München kommen, vor der Frauenkirche üppig mit Bier und Würsten verköstigt werden und somit die Behauptung der Alliierten widerlegen, dass man in Deutschland bereits hungere. Der Film wurde 1924 in der Weimarer Republik als Reprise wieder herausgebracht. Vgl. Jeanpaul Goergen: Kriegsflugzeuge, Luftkämpfe und Besuch vom Mars. Industrie- und Propagandafilme im 1. Weltkrieg, in: Filmblatt 40, 2009, S. 25–42, hier S. 42; Britta Lange: Die Entdeckung Deutschlands. Science-Fiction als Propaganda, Berlin 2014
19. Jeanpaul Goergen: Marke Herzfeld-Filme, a. a. O., S. 34
20. In seiner Einführung der Ersten Internationalen Dada-Messe im Katalog des Malik-Verlags, zitiert in Klaus Kändler /

Helga Karolewski / Ilse Siebert (Hg.): Berliner Begegnungen. Ausländische Künstler in Berlin 1918 bis 1933, Berlin (Ost) 1987, S. 259
21 Noldans Mitwirkung bei einzelnen Dada-Aktionen ist durchaus belegt. So unterzeichneten er und Piscator eine Solidaritätsadresse der Dadaisten an Charles Chaplin, in: Schall und Rauch, Nr. 6, Mai 1920.
22 Hans Richter: Begegnungen von Dada bis heute. Briefe, Dokumente, Erinnerungen, Köln 1973, S. 189
23 Details in Thomas Tode: »Hans Richter«, in: Hans-Michael Bock (Hg.): CineGraph – Lexikon zum deutschsprachigen Film, München 2001
24 Justin Hoffmann: »Hans Richter und die Münchener Räterepublik«, in: Hans Richter 1888–1976. Dadaist, Filmpionier, Maler, Theoretiker, Berlin 1982, S. 21–25; Thomas Tode: »Ein Bild ist ein Argument. Hans Richter und die Anfänge des Filmessays«, in: Navigationen – Siegener Beiträge zur Medien- und Kulturwissenschaft, 2, Februar 2002, 2. Jg., S. 99–108
25 Paul Klee – Tagebücher, Köln 1954, S. 323
26 Aber auch in der in dieser Hinsicht sehr unpolitischen Ausstellung »Hans Richter. Begegnungen: Von Dada bis heute«, Los Angeles County Museum of Art, Centre Pompidou Metz, Martin-Gropius-Bau Berlin 2013/14
27 So ist bis heute die Beziehung der 1918 gegründeten politischen »Novembergruppe« zum Film wenig untersucht, obwohl sie die berühmten Präsentationen »Der absolute Film« 1925 veranstaltet hat. Auch Eggelings politische Aktivitäten von 1919 in den linken antikapitalistischen Künstlergruppen »Das Neue Leben« und der noch extremeren »Artistes Radicaux« sind kaum bekannt und filmwissenschaftlich ausgewertet worden.
28 Zu dieser Verspätung vgl. Thomas Elsaesser: »Dada/Cinema?«, in: Rudolf E. Kuenzli (Hg.): Dada and Surrealist Film, Cambridge (MA)/London 1996, S. 13–27, hier S. 15 sowie auf S. 19 sein Einwurf: »›What is a Dada film?‹ would resolve itself into the question ›When was a film Dada?‹«
29 Hans Richter: Köpfe und Hinterköpfe, Zürich 1967, S. 138
30 Ebd., S. 143
31 Ebd., S. 141
32 Ein achtminütiges Fragment der fünfzehnminütigen Originalversion (mit einem vorgeklebten englischsprachigen Schrifttitel) befindet sich im Arsenal – Institut für Film und Videokunst in Berlin. Sie stammt aus Richters filmischem Nachlass, den Marion von Hofacker kürzlich übergeben hat. Dagegen hat Richter in seine Film-Anthologie FORTY YEARS OF EXPERIMENT (USA 1961) nur ein dreieinhalbminütiges Fragment des Films eingefügt, eingeleitet durch den Zwischentitel »Scenes from« und vertont mit einer Kombination aus Geräuschen, Trommeln und bayerischer Volksmusik, wohl um den deutschsprachigen Sprechchor für das amerikanische Publikum zu ersetzen.
33 Rote Fahne, 21.6.1931; Herbert Kleye: »Film und Lichtbild im Dienste der deutschen Arbeiterbewegung (1919–1933)«, in: Deutsche Filmkunst 5, 1956, S. 148–152; Thomas Tode: »Wilfried Basse«, in: Hans-Michael Bock (Hg.): CineGraph – Lexikon zum deutschsprachigen Film, München 1997
34 Vgl. Thomas Tode: »Wilfried Basse«, a. a. O.; Klaus Kreimeier: »Der Schatzsucher. Wilfried Basses Erkundungen der ungestellten Wirklichkeit«, in: Klaus Kreimeier / Antje Ehmann / Jeanpaul Goergen (Hg.): Geschichte des dokumentarischen Films in Deutschland, Bd. 2: Weimarer Republik 1918–1933, Stuttgart 2005, S. 435–462
35 Nur die Animationsteile des Films sind erhalten in der Cinémathèque française. Ausführlich dazu ein Themenheft mit 35 Scherenschnitten: Lotte Reiniger, Carl Koch, Jean Renoir: Szenen einer Freundschaft, = Cicim, 39/40, Juni 1994
36 Siegfried Kracauer: Der heutige Film und sein Publikum, in: Die Form 5 (1. März 1929), S. 101–104, hier 104
37 Vgl. dazu Franziska Bollerey / Axel Föhl (Hg.): City Symphonies. Film Manifestos of Urban Experiences / Stadtsinfonien. Filmische Manifeste urbaner Erfahrung, = Eselsohren – Journal of History of Art, Architecture and Urbanism, 1+2, 2014, Vol. 2 (erschienen 2015); Chris Dähne: Die Stadtsinfonien der 1920er Jahre: Architektur zwischen Film, Fotografie und Literatur, Bielefeld 2013. Instruktiv zu den unterschiedlichen Ansätze einzelner Stadtporträts: Andreas Haus: »László Moholy-Nagys ›Dynamik der Groß-Stadt‹ und die City-Symphonien der zwanziger Jahre«, in: Maske und Kothurn, 1+2, 2011 (erschienen 2012), S. 75–93
38 Ein Anzeichen dafür ist zum Beispiel die Publikation eines Lexikons berühmter nicht realisierter Filmprojekte: Jean-Louis Jeannelle: Films sans images: Une histoire des scénarios non réalisés de La Condition humaine, Paris 2015
39 Die löbliche Ausnahme: Michel Frizot: »Germaine Krulls Filme«, in: ders.: Germaine Krull, Ostfildern 2015, S. 84–85. Zwei Filme sind erhalten im Krull-Nachlass im Folkwang Museum Essen; als Co-Regisseurin neben François Villiers wirkte sie an zwei weiteren Dokumentarfilmen mit: AUTOUR DE BRAZZAVILLE (F 1943/46) und L'AMITIÉ NOIRE (F 1943/46).
40 Detlef Siegfried: Moderne Lüste. Ernest Borneman – Jazzkritiker, Filmemacher, Sexforscher, Göttingen 2015; Rolf Aurich / Wolfgang Jacobsen: Ernest Borneman. Film, Fernsehen, Fremde, München 2015
41 Ernest J. Borneman: »Sound Rhythm and the Film«, in: Sight & Sound 10, 1934, 3. Jg., S. 65–67
42 Thomas Tode: »Existenzkampf – Atemlosigkeit – Beklommenheit. Slatan Dudows Filmaktivitäten im französischen Exil«, in: Erika Wottrich / Swenja Schiemann (Red.): Ach, sie haben ihre Sprache verloren. Filmautoren im Exil, München 2017, S. 38–52
43 Vgl. Peer Moritz: Berthold Bartosch, in: Hans-Michael Bock (Hg.): CineGraph – Lexikon zum deutschsprachigen Film, München 2006; Ullrich Wegenast: Der Sonderfall: L'IDÉE, in: Booklet der DVD *Animierte Avantgarde. Der künstlerische Animationsfilm der 20er und 30er Jahre*, Berlin 2011
44 Pierre Vorms: Gespräche mit Frans Masereel, Zürich 1967, S. 225
45 Peter Gay: Die Republik der Außenseiter: Geist und Kultur in der Weimarer Zeit 1918–1933, Frankfurt am Main 1970

Kunst und Leben

Filme von Ella Bergmann-Michel

Jutta Brückner

Filme von Ella Bergmann-Michel

■ Seite 208: Ella Bergmann-Michel mit einer 35mm-Kinamo-Kamera

Das filmische Werk von Ella Bergmann-Michel (1895–1971) ist schmal: fünf kurze Filme, einer davon unvollendet. Wie sollte es auch anders sein! Der Aufbruch der Frauen in den Beruf der Künstlerin hatte ja gerade erst begonnen, seit kurzer Zeit erst waren sie als Studentinnen an den entsprechenden Akademien zugelassen. Heute entdecken wir Malerinnen, Architektinnen, Schriftstellerinnen wieder, deren Werke zu ihren Lebzeiten unzureichend gewürdigt worden und dann in Vergessenheit geraten sind.

Ella Bergmann-Michel, in Paderborn geboren, studierte ab 1914 an der von Henry van de Veldes reformerischen Ansätzen geprägten Großherzoglichen Sächsischen Hochschule für Bildende Künste in Weimar, einer Vorläuferin der Bauhaus-Universität. Mit ihren Collagen aus Holzleisten, Papier- und sonstigen Materialresten gilt sie heute als Pionierin der klassischen Moderne, die besonders geprägt war vom Dadaismus, Surrealismus und vom Bauhaus. Ihr Weg zum Film führte über die Fotografie. Es gab in der Zeit der Weimarer Republik erstaunlich viele fotografierende Frauen. Das war Teil der neuen Freiheit, wie das Fahrrad- und Autofahren, die fließende Silhouette der Kleidung ohne Korsett und das Recht zu wählen. Lange Zeit war der direkte weibliche Blick als Zeichen von Kühnheit und Schamlosigkeit gedeutet worden, und die Frauen versteckten sich lieber hinter den Gardinen. Wurde eine ehrbare Frau angeschaut, schlug sie die Augen nieder oder wich dem Blick aus.

■ WO WOHNEN ALTE LEUTE? (1932, Regie: Ella Bergmann-Michel)

Nur Prostituierte blickten »frech«, waren damit aber auch sofort gebrandmarkt. Blick und Sex sind eng miteinander verbunden. Als Frauen sich im 19. Jahrhundert Belladonna in die Augen träufelten, weil es die Pupillen weitet und den Eindruck feuchter Augen erweckt – was damals als schön galt –, verwandelte sich das Auge aus einem Sinnesorgan in einen Teil des Körpers, der bewundert werden sollte. Jetzt aber blicken die Frauen plötzlich klar und direkt auf die Welt.

Bergmann-Michel beobachtete durch die Fotokamera das Leben um sich herum: ihre Kinder, die Straße vor ihrem Haus und vor ihrem Atelier in Frankfurt. Sie ging nicht den Weg, den einige ihrer männlichen Kollegen wählten, die die Prinzipien der bildnerischen Abstraktion auf den Film übertrugen und sich im »absoluten Film« mit Wellen, Rhythmen, Farben beschäftigten oder das Filmmaterial wie eine Leinwand bearbeiteten: Film als Kunst. Bergmann-Michel entdeckte das Leben als Motiv für ihre Kunst. Wenn sie sich auf den Rat ihres Freundes Joris Ivens hin eine tragbare 35mm-Kamera besorgte, dann betrachtete sie sich, ebenfalls auf seinen Rat hin, nicht als Amateurin, sondern sofort als professionelle Filmregisseurin. Das war kühn. Frauen gingen damals bestenfalls als Gefährtinnen von Künstlern in die Geschichte ein; mit ihrem eigenen Werk werden sie erst heute wiederentdeckt. Wenn sie Glück haben.

Zu Beginn der 1930er-Jahre kam niemand, der genau hinsah, umhin, die aufgeheizte politische und die drückende soziale Situation wahrzunehmen.

■ ERWERBSLOSE KOCHEN FÜR ERWERBSLOSE (1932, Regie: Ella Bergmann-Michel)

Bergmann-Michel war Mitglied der linken kulturellen Vereinigung »Das Neue Frankfurt«. Die dieser angeschlossene, in Berlin ansässige »Liga für unabhängigen Film« zeigte, was im Zuge der Einführung des Tonfilms und der seither explodierenden Unterhaltungsindustrie verdrängt worden war: internationale Dokumentar-, Bildungs- und Avantgardefilme. Die Angehörigen der Liga planten außerdem die Herstellung eigener Filme, die informativ und aufklärerisch sein sollten. Man hatte keine Angst, lehrreich zu sein.

Mir fällt dabei sofort das Jahr 1970 ein, als die »Freunde der Deutschen Kinemathek« ein Kino in der Welserstraße 25 in Berlin-Schöneberg gründeten, um Filme zu zeigen, die auch damals vergessen waren. Offensichtlich muss diese Anstrengung immer wieder von Neuem unternommen werden, um der Übermacht der kommerziellen Filmindustrie entgegenzuwirken.

Vor diesem Hintergrund muss man Ella Bergmann-Michels Filme über ein modernes Altenheim (WO WOHNEN ALTE LEUTE?, 1932), über fliegende Händler ohne Gewerbeschein (FLIEGENDE HÄNDLER IN FRANKFURT AM MAIN, 1932) und eine Erwerbslosenküche (ERWERBSLOSE KOCHEN FÜR ERWERBSLOSE, 1932) sehen. Es sind Filme, die sich, gedreht mit einer beweglichen Kamera, mit Bereichen des Alltags beschäftigen, die sonst nirgendwo vorkamen. Der Film WO WOHNEN ALTE LEUTE? über das im Bauhausstil errichtete Budge-Heim in Frankfurt am Main ist gewissermaßen ein Auftragswerk des mit Bergmann-Michel befreundeten niederländischen Architekten Mart Stam. Das Gebäude galt als Vorbild für viele Bauprojekte im Bereich der Altenpflege. Kameraschwenks über die Fassaden, über die Gänge der Anlage, über Raumlösungen und Zeichnungen der Innenaufteilung hinweg machen das kurze Dokument zu einem Architektur- und Werbefilm zugleich.

In der sauberen, hellen, funktionalen Umgebung des Neubaus leben Menschen, vor allem Frauen, deren Kleidung noch ganz dem Stil des ausgehenden 19. Jahrhunderts entspricht. In diesem Heim, das mitten auf einer großen Wiese liegt, treten sie in die Moderne des frühen 20. Jahrhunderts ein, mit ihrer Tendenz zur Rationalisierung, Effizienz und der Notwendigkeit, sich in von außen bestimmte Abläufe einzupassen. Vieles erinnert an eine moderne Behörde. Ein Gong ertönt, und alle Türen öffnen sich für das gemeinsame Mittagessen.

Der Film ist das frühe Dokument einer sozialen »Hygiene«, deren Ambivalenz wir heute erkannt haben: Das Wohnen in einer totalen Institution, wie ein Heim es de facto ist, entmündigt. Wenn in der Schlusseinstellung alle Bewohnerinnen und Bewohner auf ihre Balkone treten und in Richtung der sich entfernenden Kamera winken, sieht man jedoch keine passiven »Objekte«, die wie Darsteller ihres eigenen Lebens agieren und dabei beobachtet werden. Zusammen mit der Filmemacherin haben sie sich auf eine Gemeinschaftsarbeit eingelassen, die damals innovativ und fortschrittlich war.

Auch ERWERBSLOSE KOCHEN FÜR ERWERBSLOSE, Ella Bergmann-Michels Werbefilm für eine Erwerbsloseninitiative, war ein Auftragswerk. Er endet mit der Bitte um weitere Spenden und der Angabe einer Kontoverbindung. Wohlfahrtsempfänger bilden eine lange Schlange in einem Frankfurter Hinterhof, sie kommen mit Waschkörben und Eimern. Sie blicken verschämt; die Armut sieht man ihnen nicht an, ihre Kleidung ist keineswegs zerlumpt, man erkennt an ihr vielmehr das große Bemühen um Sauberkeit. Die Bilder wirken wie das dokumentarische Unterfutter für MUTTER KRAUSENS FAHRT INS GLÜCK (1929, Regie: Piel Jutzi) und KUHLE WAMPE ODER WEM GEHÖRT DIE WELT? (1932, Regie: Slatan Dudow). Es hatte damals in Frankfurt schon Hungertote gegeben.

Produktionstechnisch war der Film die Leistung einer weiblichen Ich-AG. Große Filmgesellschaften hatten den Auftrag abgelehnt, mit der Begründung, dass die Kosten für den Lampenpark zu hoch seien. Bergmann-Michel filmte mit drei 1.000-Watt-Lampen im Rucksack und legte den Negativfilm in dunklen Kellern oder Fotogeschäften ein. Bis heute ist dieses Arbeiten außerhalb oder am Rande einer Industrie, in der das große Geld zirkuliert, bezeichnend für die Situation von Filmemacherinnen in Deutschland.

Wir betrachten die Filme von Ella Bergmann-Michel heute als Dokumente vergangener Lebenswelten. In ihrer Reportage über fliegende Händler ziehen Männer Karren mit Gemüse, der Hund im Geschirr zieht mit; Frauen verkaufen winzige Vorräte an Blumen – die Bilder erinnern an Armutsszenen aus der implodierten Sowjetunion. Man sieht diesem Film die Schwierigkeit an, mittels dokumentarischer Bilder eine Erzählung zu entwickeln, die ohne Protagonisten auskommt. Oft bleibt es bei einer bloßen Aneinanderreihung von Impressionen oder dem ständigen Schnittwechsel von einem Motiv zu anderem. Bergmann-Michel ließ Vorgänge nicht einfach in ihrer Vollständigkeit stehen, sie wollte nicht langweilen mit ihren Alltagsmotiven. Dass wir heute mit neugierigen Augen gerade auf diesen Alltag blicken als Zeugnis vergangener Zeit, konnte sie damals nicht wissen.

Wenn der Rummelplatz der Großmarkthalle auftaucht, wird ihre Kamera freier, und ihr Talent für poetische Bilder wird erkennbar, für stille, abseitige Momente. Man spürt etwas von der Zirkuslust, die damals für junge Leute ein Versprechen von Freiheit und Abenteuer war.

Wir sind heute daran gewöhnt, dass sich die Perspektive der Kamera in politischen und sozialen Reportagen immer auf Augenhöhe mit den Protagonisten befindet, extreme Perspektiven werden meistens vermieden. In Ella Bergmann-Michels Filmen, speziell an Kamerabewegung, Schnitt und Montage, erkennt man den Einfluss des sowjetischen Avantgardefilms. Bergmann-Michel fügte diesen Elementen ihren besonderen Blick auf Menschen und Dinge im Abseits hinzu, und es ist, als erinnere sich dabei die Filmemacherin an die Malerin, die Bergmann-Michel ja auch war. In den Sequenzen zum Rummelplatz fängt sie die Atmosphäre ein, die dort herrscht. Zu sehen sind viele organische Formen neben geometrischen.

■ FISCHFANG IN DER RHÖN (1932, Regie: Ella Bergmann-Michel)

■ WAHLKAMPF 1932 (LETZTE WAHL), unvollendet (Regie: Ella Bergmann-Michel)

Vor allem interessierte die Regisseurin sich hier für Licht und Schatten, die Elemente der Poesie.

Der Film FISCHFANG IN DER RHÖN (1932) beginnt mit opulenten Impressionen von Wasser. Diese Bilder könnten auch von Andrej Tarkowskij stammen. Hier hat Bergmann-Michel ihre Elemente beisammen: Licht, Schatten, Organisches und Bewegung. Von hier aus wird deutlicher, dass sie in ihrem Filmverständnis den Spagat macht zwischen politischer Parteinahme und der Schilderung von Atmosphäre, zwischen Kunst und Dokument. Schon in ihren Vorbildern László Moholy-Nagy, Joris Ivens, Robert J. Flaherty und René Clair ist dieser Spagat angedeutet. Aber in ihrem letzten, unvollendet gebliebenen Dokumentarfilm WAHLKAMPF 1932 (LETZTE WAHL) gelingt ihr eine subtile Synthese dieser beiden unterschiedlichen Bild- und Montagevorstellungen. Er ist der bildnerisch am stärksten durchdachte ihrer Filme, und die Montage ist eine intellektuelle: Ein Plakat wurde von einer Litfaßsäule heruntergerissen; nach dem Schnitt ist eine Hakenkreuzfahne zu sehen. Dann ein Spielplatz mit vielen Kindern; das Bild nach dem Schnitt zeigt die Fahne mit den drei parallelen Streifen, die Liste 3, die der Kommunistischen Partei Deutschland (KPD). Eine Gruppe von Menschen diskutiert vor auseinanderdriftenden Straßenbahnschienen.

Auch atmosphärisch ist der Film stark. Immer wieder zeigt er Menschen, die in Gruppen beieinanderstehen, warten, reden, ratlos wirken. Bergmann-Michel agitiert nicht. Sie beobachtet, analysiert in Bildern. Ein bemerkenswertes Detail: Eines der Wahlplakate (es ist mir nicht gelungen zu erkennen, für welche Partei es wirbt) wendet sich an die Frauen und beschimpft sie: »Ihr dummen Ziegen!«

Während der Dreharbeiten wurde Bergmann-Michel verhaftet, ein Teil des Filmmaterials wurde vernichtet. Zwar wurde sie anschließend schnell wieder freigelassen, aber weil sie schon seit längerer Zeit den Eindruck hatte, von politischer Seite beschattet zu werden, zog sie sich aufs Land zurück. Filme drehte sie keine mehr.

Was für ein Werk hätte dieser letzte Film werden können! Die Vertreter des NS-Staates beendeten Ella Bergmann-Michels Entwicklung zu einer großen Dokumentarfilmerin. Sie war eine denkende Künstlerin. Diese Qualität erregt seit jeher Misstrauen in Deutschland.

Nach dem Krieg, im Jahr 1947, schrieb Bergmann-Michel an ihren Freund Kurt Schwitters, dass sie gerne ihre Bilder, die man ohne ihr Wissen in den USA verschenkt hatte, gegen Schuhe für ihre Tochter tauschen wollte.[1] Sie war nicht wirklich böse über diese Enteignung. Es war damals nichts Ungewöhnliches, dass man mit den Werken von Frauen so umging. Bergmann-Michels Résumé: »Ich lese meine Seiten und finde, Menschliches ist wichtiger als die Kunst.«[2]

1 Dieser Brief findet Erwähnung in dem Kurz-Dokumentarfilm MEIN HERZ SCHLÄGT BLAU – ELLA BERGMANN-MICHEL (BRD 1989, Regie: Jutta Hercher und Maria Hemmleb).
2 Zitiert nach MEIN HERZ SCHLÄGT BLAU – ELLA BERGMANN-MICHEL

Umkämpfte Filme

Skandal und Zensur
im Kino der Weimarer
Republik

Kai Nowak

Seite 214:
Reinhold Schünzel (Karl Döring), rechts, und Anita Berber (Lola Klaßen) in DIE PROSTITUTION, 1. TEIL: DAS GELBE HAUS (1919, Regie: Richard Oswald)

DAS CABINET DES DR. CALIGARI (1920), NOSFERATU (1921), DER LETZTE MANN (1924), METROPOLIS (1927), MENSCHEN AM SONNTAG (1929), DIE BÜCHSE DER PANDORA (1929) – der deutsche Stummfilm der 1920er-Jahre gilt gemeinhin als Aushängeschild einer glanzvollen Kultur der »Golden Twenties«, als Repräsentant einer bis heute bewunderten progressiven Weimarer Kultur. Generationen von Intellektuellen, von Publizistinnen und Publizisten und historisch arbeitenden Wissenschaftlerinnen und Wissenschaftlern hat die Widersprüchlichkeit der Weimarer Jahre fasziniert, einer Zeit zwischen Tradition und Moderne, die allen kulturellen Leistungen zum Trotz in die Barbarei führte. Der Journalist und Soziologe Siegfried Kracauer, selbst zeitlebens ein begeisterter Kinogänger, zog 1947 eine vergleichsweise gerade Entwicklungslinie »von Caligari zu Hitler«: Den Aufstieg Hitlers und des Nationalsozialismus führte er auf kollektive psychologische Dispositionen der »Deutschen« zurück, wie sie am deutschen Film und der deutschen Kinokultur abzulesen seien.[1] Seit mittlerweile dreißig Jahren interessiert sich die filmhistorische Forschung nun nicht mehr in erster Linie für einen jeweils weiter oder enger gefassten Kanon herausragender Filmwerke der Weimarer Republik. Vertreterinnen und Vertreter der sogenannten »New Film History« möchten der »Durchschnittsware«, der großen Zahl der kleinen und mittleren Filme und damit dem heute mitunter vergessenen Teil der Produktion zu mehr Beachtung verhelfen, um ein differenzierteres Bild der Weimarer Film- und Kinokultur zu zeichnen. Dieser Ansatz ist dem von Kracauer, dem zufolge eine ideologiekritische Analyse gerade jener weniger bekannten Filme einen Blick auf die ansonsten verborgen liegenden massenpsychologischen Triebkräfte der deutschen Gesellschaft ermöglichte, zunächst nicht unähnlich. Gleichwohl wird Kracauer von der gegenwärtigen Forschung für die Zielgerichtetheit seiner Interpretation kritisiert, die den einzelnen Film unter eine rückwärtsgewandte, von der NS-Diktatur aus gedachte Perspektive zwinge und dadurch seine zeitgenössischen Produktions- und Rezeptionskontexte vernachlässige.[2]

Dieser Beitrag nähert sich über die Filmskandale und Zensurfälle der Weimarer Kinokultur an, die oftmals auch eine Kultur des Konflikts und der Auseinandersetzung war. Welche Themen und Darstellungsweisen auf der Leinwand bewegten sich im Rahmen des Zulässigen? Welche überschritten die Grenzen des Zeigbaren? Welche wurden noch toleriert und welche nicht mehr? Was geschah, wenn das Publikum oder zumindest ein Teil desselben einen Film als Verstoß gegen als gültig erachtete Normen und Werte, gegen »die« Moral auffasste? Und welche Rolle spielte die Filmzensur der Weimarer Republik in solchen Auseinandersetzungen? Jene Instanz also, die über die Einhaltung der Zeigbarkeitsgrenzen wachen sollte – und dies für manche viel zu nachlässig tat, für andere jedoch mit dem Übereifer spießiger und kunstferner Bürokraten.[3]

Wenn es im Folgenden also um Filmskandale und Zensurfälle gehen soll, scheint eine bestimmte Lesart der Weimarer Republik nahezuliegen. Die 1920er- und frühen 1930er-Jahre gelten gemeinhin als Krisenjahre: Revolution, Putsche von links und vor allem von rechts, Hyperinflation, Weltwirtschaftskrise, schwache demokratische Institutionen, die von einer reaktionären Beamtenschaft dominierte Verwaltung, eine Demokratie ohne Demokraten, Verfassungskrisen wie etwa in der Zeit der Präsidialkabinette, politische Radikalisierung und Straßenkämpfe. Skandale wiederum gelten als Krisensymptome, als sichtbares Zeichen für gesellschaftliche Missstände, in ihrer Häufung gar als Zeichen für die Degeneration einer Gesellschaftsordnung. Man könnte mit Filmskandalen also durchaus eine Geschichte ganz im Sinne Kracauers erzählen – eine, die direkt auf 1933 zuläuft.

Stattdessen soll hier jedoch vorgeschlagen werden, Skandale und auch Filmskandale als gängige und vor allem überaus notwendige Ereignisse in einer Demokratie zu verstehen. Sie sind keineswegs Niedergangssymptome, sondern im Gegenteil zunächst einmal Kommunikationssituationen, deren Ausgang prinzipiell offen ist. In Skandalen werden Werte und Normen ausgehandelt. Sie können einen Wandel von Werten vorantreiben, sie können aber auch traditionelle Werte bestätigen, sodass diese gestärkt aus dem Skandal hervorgehen.[4] Skandale sind Ausdruck einer lebendigen politischen Kultur, sie sind Ausdruck von Pluralität. Genauso dient Zensur nur vordergründig dem Unterbinden von Kommunikation, im Gegenteil: Zensurakte regen vielfach kommunikative Aushandlungsprozesse an und öffnen die einer Entscheidung zugrundeliegenden Kategorien, Werturteile und Moralvorstellungen sowie nicht zuletzt die zensierenden Institutionen selbst für öffentliche Debatten.

In Skandalen steckt jede Menge Zündstoff – sie sind eine laut und radikal geführte Art des Konflikts, sie sind emotional und es kann mitunter handgreiflich dabei zugehen. Vor allem aber machen Skandale etwas sichtbar, was üblicherweise verdeckt ist und im Verborgenen wirkt; Werte und Normen treten zumeist erst dann in den Vordergrund, wenn sie zum Gegenstand von Debatten und Auseinandersetzungen werden. Skandale legen politische Gräben und gesellschaftliche Konfliktlinien frei, sie sind hochdynamische kommunikative Ausnahmesituationen: Aufschrei und Empörung angesichts eines Missstands, rasche Dramatisierung, Gegenangriffe, Aussitzen und Verschweigen, Ablenkungsversuche hin zu anderen Missständen, Empörungsspiralen bis hin zu Entschuldigungsritualen und anderen Versuchen, einen Skandal zu beenden.[5] Nicht alle diese Elemente kommen zwangsläufig und in jedem Fall zum Einsatz – den idealtypischen Skandalverlauf gibt es nicht.[6] Hilfreich ist jedoch die Definition des Historikers Frank Bösch, der zufolge ein Skandal üblicherweise drei Merkmale aufweist: a) Es liegt ein Normbruch vor, b) dieser Normbruch wird öffentlich gemacht, c) es artikuliert sich eine breite öffentliche Empörung über diesen tatsächlich geschehenen oder nur angenommenen Normbruch.[7]

Die Anlässe für Skandale sind ebenso vielfältig wie ihre Verläufe: Es gibt politische Skandale,[8] Korruptions- und Wirtschaftsskandale,[9] im Kaiserreich auch mehrere Kolonialskandale,[10] Sexskandale,[11] Kunst-, Literatur- und Theaterskandale[12] usw. Als skandalträchtiges Medium der Provokation galt nahezu von Anfang auch der Film.[13] Er erzeugte unter anderem dadurch Unsicherheiten und Ängste, dass er das Verhältnis der Menschen zum Sehen grundlegend veränderte und auf eine neue, unmittelbare Art und Weise beim Publikum Reaktionen wie Freude, Lachen, Spannung oder auch Angst auslöste. Dennoch konnte sich der Film rasch einen Platz als fester Bestandteil im Ensemble der modernen Massenmedien sichern und etablierte sich als wichtiger Bestandteil der Freizeitgestaltung immer breiterer Bevölkerungsschichten. Dieser Prozess war von laut vernehmbarer Kritik und zahlreichen Konflikten begleitet.

Auch wurde der Film zu einem immer größeren Wirtschaftsfaktor. Spätestens mit der Gründung der größten deutschen Filmgesellschaft, der Ufa, im Jahr 1917 wurde die wachsende wirtschaftliche Bedeu-

■ Mozartsaal in Berlin, ca. 1931

tung der deutschen Filmindustrie deutlich.¹⁴ In den 1920er-Jahren erlangte sie künstlerisch wie ökonomisch Weltrang und avancierte zur nach der amerikanischen Filmindustrie zweitgrößten der Welt. Darüber hinaus zählte Deutschland zu den großen Kinomärkten Europas: 1919 existierten insgesamt 2.836 Kinos in Deutschland, im Jahr 1929 waren es schon über 5.000 Lichtspieltheater. 1924 wurden allein in Berlin mehr als zwei Millionen Eintrittskarten abgesetzt, und für 1930 wurde trotz der Auswirkungen der Wirtschaftskrise eine Zahl von reichsweit etwa sechs Millionen Kinobesuchern pro Woche ermittelt.¹⁵ Diese Zahlen belegen, dass Film eben kein reines Unterhaltungsmedium war, sondern zugleich ein Wirtschafts- und Machtfaktor.

Bereits spätestens seit Ende der 1910er-Jahre war der Film als Bestandteil der politischen Kultur etabliert, weil er den Zeitgenossen Sinnstiftungsangebote unterbreitete. Dass diese nicht immer unumstritten waren, lag auch daran, dass das Medium oftmals mit völlig übersteigerten Wirkungsannahmen konfrontiert wurde. Ein Journalist des *Berliner Tageblatts* schrieb 1930 in einem Artikel über amerikanische Filme: »Was ist die Bedeutung der amerikanischen Presse gegen ein solches Propagandamittel? Welch ein kleines Publikum im Vergleich zu den Hunderttausenden Besuchern der Kinos liest die amerikanischen Zeitungen? [...] Wer behält, was er gelesen hat, wer glaubt es? Wer aber sieht sich nicht alles einen Film an? Leute aller Parteirichtungen, aller politischen Bekenntnisse, aller Nationen und Sprachen, denn der Film ist international.«¹⁶

Doch nicht nur bezüglich seiner Reichweite wurde die Wirkungsmacht des Mediums als sehr groß eingeschätzt, sondern vor allem auch in qualitativer Hinsicht: Man ging von einem Publikum aus, das die ihm dargebotenen Filmbilder passiv und ungefiltert aufnimmt, quasi hypnotisiert durch das Flimmern auf der Leinwand, dem eine suggestive Wirkung zugeschrieben wurde.¹⁷ Mit dieser Sichtweise ging einher, dass Verstößen von Filmen gegen Moral und Wertvorstellungen fatale Folgen zugeschrieben wurden. Aus diesem Grund schritt man mit Verboten, Zensureingriffen oder öffentlicher Skandalisierung ein. Umgekehrt bedeuteten solche Wirkungsannahmen unschätzbare Vorteile für diejenigen, denen es gelang, sich des Films als massenpsychologisch vermeintlich hoch effizientem Propagandamedium zu bemächtigen. Filmskandale waren daher im doppelten Sinne politisch: Zum einen wurde in ihnen um die politisch-moralische Deutungshoheit gerungen, zum anderen ließen sich in Filmskandalen politische Stärke und Durchsetzungsfähigkeit demonstrieren.

Dies geschah auf unterschiedlichen Ebenen, an unterschiedlichen Orten: Skandalisiert wurde im Kino durch Missfallensbekundungen und Störungen wie Zwischenrufe oder Pfiffe, durch Sachbeschädigungen bis hin zu Saalschlachten oder auf der Straße durch Demonstrationen und Kundgebungen.¹⁸ Hinzu kamen Empörungsäußerungen in der Presse, ob in der Filmkritik, im Feuilleton oder im Politikteil. Dokumentierte Auseinandersetzungen in den Parlamenten und Kabinetten wiederum zeigen, dass Filmskandale immer auch eine politische Angelegenheit waren.

Welche Filmthemen erwiesen sich in der Weimarer Republik als besonders konflikt- und skandalträchtig? Ingesamt lassen sich vier zentrale Konfliktfelder unterscheiden, wobei im Folgenden das Augenmerk auf jenen Fällen liegen soll, in denen um die Darstel-

■ Ufa-Palast am Zoo, Außenwerbung zu DIE TÄNZERIN VON SANSSOUCI (1932, Regie: Friedrich Zelnik)

lung von Verbrechen und Gewalt sowie von Sexualität bzw. der Geschlechterordnung gestritten wurde. Die Erinnerung an den Ersten Weltkrieg sowie Politik und Weltanschauung als die beiden anderen Konfliktfelder werden hingegen nur kursorisch vorgestellt.

Zunächst soll hier jedoch ein knapper Abriss der Entwicklung der Filmzensur in Deutschland gegeben werden, da in den öffentlichen Auseinandersetzungen um Filme die Zensur in Gestalt der zuständigen Beamten oftmals eine zentrale Rolle spielte. Die Zensur war als eigenständiger Akteur im Skandal genauso wichtig wie als Appellationsinstanz für andere Akteure, die mittels der Zensur einen als empörend wahrgenommenen Film aus der Öffentlichkeit zu verbannen versuchten.

Filmzensur im späten Kaiserreich und in der Weimarer Republik

Mit der raschen Verbreitung des Films als Jahrmarktattraktion und durch Wanderkinos seit 1900 sahen die Behörden in diesem Bereich einen zunehmenden Kontrollbedarf. Zunächst oblag eine zensurierende Tätigkeit den lokalen Polizeibehörden, weil diese mit dem Schutz der öffentlichen Ordnung und Sicherheit betraut waren. Diese frühe Form der Zensur fand in Form einer Nachzensur statt; es konnte also durchaus vorkommen, dass ein Filmprogramm schon einige Tage gelaufen war, bevor ein Beamter in die Vorstellung entsandt wurde.[19] Ab etwa 1905 entstanden in größeren und kleineren Städten eine rasch wachsende Zahl ortsfester Kinos.[20] Damit jeder Film innerhalb eines Zuständigkeitsbereichs nur noch einmal geprüft werden musste, wurde vielerorts eine Präventivzensur eingeführt, so 1906 in Berlin und 1908 in Bayern. Die durch bürgerliche Kreise betriebene Skandalisierung von Film und Kino zeitigte insofern Erfolg, als in den Jahren von 1909 bis 1914 in sämtlichen deutschen Ländern eine Filmzensur eingeführt wurde. Während es die meisten Länder bei einer dezentralen Zensur durch die örtlichen Polizeibehörden beließen, führten Preußen und Bayern im Jahr 1912 und Württemberg 1914 jeweils eine zentrale Prüfinstanz ein. Dennoch hatten die örtlichen Polizeibehörden in Preußen und Bayern weiterhin das Recht, Zensurentscheidungen eigenmächtig zu revidieren.[21] Aufgrund dieser Zersplitterung kam es immer wieder zu Situationen, in denen ein Film in einem Ort verboten war, während er einige Kilometer weiter uneingeschränkt gezeigt werden konnte.

Dies änderte sich mit dem Reichslichtspielgesetz, das am 12. Mai 1920 in Kraft trat, nachdem es zuvor für gut eineinhalb Jahre gar keine Filmzensur gegeben hatte. Jeder Film musste nun vor seiner Erstaufführung je nach Ortssitz der Herstellerfirma bei der Filmprüfstelle entweder in Berlin oder in München eingereicht werden. Die Prüfstelle setzte sich aus mehreren Kammern zusammen, bestehend aus einem Beamten als Vorsitzenden und jeweils vier Beisitzern: Zwei von ihnen kamen aus der Filmindustrie und aus dem künstlerischen Bereich, die beiden anderen aus Wohlfahrtsverbänden oder dem Bildungssektor. Fallweise wurden Sachverständige aus Ministerien als Gutachter hinzugezogen; sie waren zwar nicht stimmberechtigt, in der Praxis aber gab ihre Stellungnahme oft den Ausschlag. Als zweite und oberste Instanz fungierte die in Berlin ansässige Filmoberprüfstelle, die über Beschwerden entschied. Die Zulassung eines Films inklusive eventuell angeordneter Schnitte wurde auf einer Zensurkarte erfasst, die sämtliche Zwischentitel bzw. Dialoge im Wortlaut enthielt und den im Umlauf befindlichen Kopien in beglaubigter Abschrift beizulegen war.[22]

Das Gesetz war als eine präventive Wirkungszensur konzipiert, zielte also darauf ab, dass die mutmaßliche Wirkung eines Films auf die Zuschauer bewertet und mit einem vorgegebenen Katalog vager Verbotsgründe abgeglichen wurde. Diese formalen Gründe für das Verbot eines Films waren: Gefährdung der öffentlichen Sicherheit und Ordnung, verrohende oder entsittlichende Wirkung, Verletzung religiösen Empfindens sowie Gefährdung des deutschen Ansehens oder der Beziehungen zu auswärtigen Staaten.

Das Konstrukt der Weimarer Filmzensur eröffnete große Bewertungsspielräume und beinhaltete ein erhebliches Skandalpotenzial – nicht selten wurden Vorwürfe laut, dass Willkür oder politische Interessen im Spiel waren. So konnte die Zensur ihrerseits zur Zielscheibe von Skandalisierungen werden.

Verbrechensfilme als skandalöses Genre

Gerade filmische Darstellungen von Verbrechern und Verbrechen führten regelmäßig zu einem Einschreiten der Zensur und stießen, vor allem wenn sie der Schere entgangen waren, auf vehemente Ablehnung von Filmkritikern und bürgerlich-konservativen Kämpfern gegen »Schmutz und Schund«. Sie unterstellten Kriminalfilmen, das Publikum zu Straftaten anzustiften. Der Kunsthistoriker und erklärte Kinogegner Konrad Lange bezeichnete den Film als »hohe Schule für Verbrecher«.[23] Angenommen wurde außerdem, dass die wiederholte Konfrontation mit Gewaltdarstellungen wie Prügeleien, Schießereien, Totschlag und Mord zu einer Absenkung von Hemmschwellen und damit zur »Verrohung« der Zuschauer führte. Das diesen Wirkungsvorstellungen zugrundeliegende Reiz-Reaktions-Modell basierte auf der Prämisse, dass das allgemeine Publikum moralisch ungefestigt und vollkommen indifferent sei. Dieses Publikumsbild war zugleich Voraussetzung und Referenzpunkt für die Arbeit der Filmzensur. Sie hatte in ihren Entscheidungen die voraussichtliche Wirkung eines Films auf den imaginierten »Durchschnittszuschauer« abzuschätzen. Geradezu idealtypisch kam dieses Deutungsmuster im Fall von POLIZEIBERICHT ÜBERFALL (1928) zur Anwendung. Der kurze Spielfilm von Ernö Metzner, eigentlich eine Parabel über Gier, Kontrollverlust, individuelle Ohnmacht und gesellschaftliche Angstzustände, wurde 1929 mit dem Argument verboten, er setze – zumindest bei prädisponierten Personen – einen Anreiz, Verbrechen zu begehen. Überdies wirke er »abstumpfend« durch eine »Häufung von Brutalitäten« wie dem Schlagen einer auf dem Boden liegenden Person mit dem Gummiknüppel.[24] Tatsächlich verweist der Fall stellvertretend auf das unausgesprochen Skandalöse von Kriminalfilmen: Sie führten der bürgerlichen Gesellschaft jene verdeckt lauernden Bedrohungen vor Augen, von denen man befürchten musste, dass sie jederzeit an die Oberfläche dringen konnten.[25]

Verbrechensdarstellungen waren noch in den 1910er-Jahren ein wesentlicher Anlass der Skandalisierung des Kinos als solchem, obwohl die Filmzensur in dieser Hinsicht vergleichsweise rigide arbeitete.[26] In den 1920er-Jahren schließlich waren Kriminalfilme – in dem von der Zensur gestatteten Rahmen – bedingt akzeptiert. Zum Gegenstand öffentlicher Auseinandersetzungen und Debatten konnten Verbrechensfilme in der Weimarer Republik jedoch noch werden, wenn es sich um Verfilmungen echter Kriminalfälle handelte. Der Bezug auf ein tatsächliches Geschehen erneuerte die Sorge vor suggestiven Filmwirkungen, weil dies das Leinwandgeschehen zu authentifizieren

vermochte und so scheinbar näher an die Lebenswelt der Zuschauer rücken ließ. Hinzu kam die Angst vor einer zusätzlichen Beunruhigung der Bevölkerung in ohnehin krisenhaften Zeiten durch sensationalistische und dabei realitätsnahe Darstellungen zum Tragen.

So löste es insbesondere Empörung aus, wenn große, durch ausführliche Presseberichterstattung und Gerichtsreportagen ohnehin öffentlich präsente Kriminalfälle filmisch bearbeitet wurden. Ein Beispiel war der Fall des aus Hannover stammenden Serienmörders Fritz Haarmann im Jahr 1924: Er hatte insgesamt vierzehn Morde zu verantworten, deren blutige Details bis hin zu Kannibalismusgerüchten in der Tagespresse ausgebreitet wurden. Kurze Zeit später wurden zwei kurze Filme produziert, die sich des Falles annahmen. Beide erregten öffentlichen Unmut, weil sie Befürchtungen weckten, sie würden die Serienmorde in sensationalistischer Weise ausschlachten, stand der Fall Haarmann doch für das unentdeckte Grauen und eine versteckte Gefahr, die potenziell jederzeit jeden treffen konnte. Dabei diente DER FILM IM DIENSTE DER KRIMINALPOLIZEI (1924) primär polizeilichen Ermittlungs- und Aufklärungszwecken, und DER KRIMINALFALL IN HANNOVER (1924) enthielt, wenngleich mit reißerischen Zwischentiteln versehen, vor allem Aufnahmen von Orten in Hannover, an denen Haarmann vermeintlich verkehrte. Allein die Bezugnahme auf die realen Serienmorde genügte, um den beiden Filmen eine die Bevölkerung verunsichernde Wirkung zu unterstellen. DER KRIMINALFALL IN HANNOVER wurde schließlich wegen der »geschäftliche[n] Ausbeutung die Öffentlichkeit erregender Kapitalverbrechen« von der Filmoberprüfstelle verboten.[27]

Im Zusammenhang mit der sogenannten Steglitzer Schülertragödie im Jahr 1927, als ein Schüler einen Freund und anschließend sich selbst erschoss, und dem anschließenden Sensationsprozess gegen einige Mitschüler war die Filmindustrie bemüht, solchen Deutungsmustern keinen Vorschub zu leisten. So warnte die Spitzenorganisation der Deutschen

■ POLIZEIBERICHT ÜBERFALL (1928, Regie: Ernö Metzner) Bild rechts: Heinrich Gotho, liegend

Filmindustrie (SPIO) in einer Resolution die Filmhersteller davor, das Thema aufzugreifen.[28] Erst 1929 kamen einige Filme wie GESCHMINKTE JUGEND (1929) oder VERIRRTE JUGEND (1929) in die Kinos, die sich lose an den Fall anlehnten, vor allem aber als zeitdiagnostische Beiträge die Situation Jugendlicher in der späten Weimarer Republik thematisierten.[29]

Auf gleich zwei prominenten Fällen von Serienmord basierte der in den Kanon des Weimarer Kinos aufgenommene Tonfilm M (1931) von Fritz Lang. Zum einen erinnerte der von Peter Lorre gespielte Kindermörder an Fritz Haarmann, zum anderen fand die Premiere des Films kurz nach dem Urteilsspruch gegen Peter Kürten statt, der 1929 in Düsseldorf acht Morde begangen hatte und zum Tode verurteilt wurde. Der Bezug von M – in dem ein Akt der Lynchjustiz beschlossen, aber im letzten Moment von der Polizei verhindert wird – zu dem realen Fall führte zu einer weltanschaulichen Rahmung des Films: Linksliberale Journalisten, die die Todesstrafe kategorisch ablehnten, griffen ihn mit ideologisch motivierten Moralisierungen an. Die *Berliner Volkszeitung* sprach von einem »Kulturskandal schlimmster Art« und war damit nicht allein.[30] Der Filmkritiker Hans Siemsen wärmte in diesem Zusammenhang gar das kinokritische Deutungsmuster vom Film als »Hochschule für Verbrecherübungen« auf.[31] Dass M keinen ausgewachsenen Filmskandal verursachte, lag zum einen an der handwerklichen und (ton)filmkünstlerischen Meisterschaft Fritz Langs und zum anderen an dem überschaubaren Umfang der Empörung. Letztlich war, selbst innerhalb des linksliberalen Lagers, die Haltung zur Todesstrafe zu uneinheitlich.

Gleichzeitig beunruhigte der Lang-Film aber nicht nur mit seinem Porträt des getriebenen Kindermörders, sondern auch mit seiner Darstellung der Polizei, die unfähig ist, den Kindermörder zu fassen, und der im Verborgenen existierenden, effizienten Infra-

■ Szenenfoto aus GESCHMINKTE JUGEND (1929, Regie: Carl Boese): Ruth Albu (Liselotte Kuntze), Georgia Lind (Carola Kuntze), Toni van Eyck (Margot Hiller) und Rolf Müller (Fritz), sitzend, Kurt von Wolowski (Arthur) und Wolfgang Zilzer (Walter Paetzold), stehend

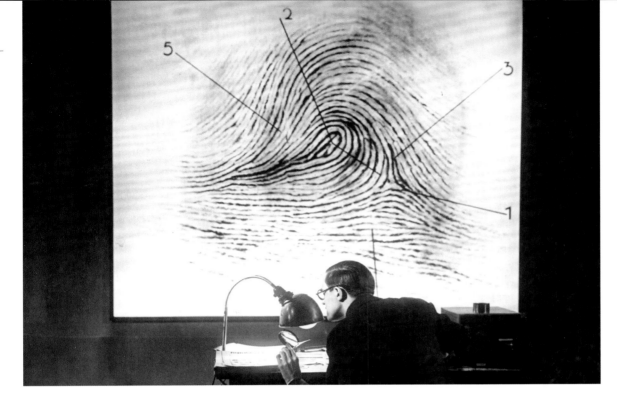

■ Szenenfotos aus M (1931, Regie: Fritz Lang) Unten: Peter Lorre (Hans Beckert), Fritz Odemar (Falschspieler), Gustaf Gründgens (Schränker), Theo Lingen (Bauernfänger), Paul Kemp (Taschendieb)

Sexualität als Skandalon und der Kampf um die Geschlechterordnung

Kurz nach Ende des Ersten Weltkriegs, nachdem der Rat der Volksbeauftragten die Zensur in Deutschland abgeschafft hatte, setzte für die deutsche Filmindustrie eine Phase höchster Produktivität ein, in der zwar formal überwiegend konventionelle Filme entstanden, die inhaltlich jedoch die Grenzen des Zeigbaren durch kalkulierte Tabubrüche ausweiteten. Die zensurfreie Zeit zeichnete sich vor allem durch schnell und billig produzierte Genrefilme aus; insbesondere das Genre des Aufklärungs- und Sittenfilms florierte. Diese behandelten unter anderem sexualhygienische und gesundheitspolitische sowie weiter gefasste gesellschaftspolitische Themen wie Abtreibung, Prostitution, Rauschgiftmissbrauch, Eheprobleme, Geschlechtskrankheiten, Glücksspiel und Mädchenhandel.[33] Obwohl die Geschichten zumeist auf einem konservativen Wertesystem basieren, wurde das Genre vehement skandalisiert – und dies nicht nur von der politischen Rechten. Die Filme führen zweifelhafte Milieus und gesellschaftlich abweichendes Verhalten der in der Regel weiblichen Protagonisten vor, deren Sittlichkeitsverstöße zu sozialem Niedergang führen. Obwohl die Figuren am Ende meist zu bereuen haben, sich ihren Wünschen und Trieben überlassen zu haben, wurde Letzteres den Filmen als Werbung für Lebensentwürfe jenseits bürgerlicher Werte und Normen ausgelegt. Da es keine Zensur (mehr) gab, mit der der schieren Menge an Aufklärungs- und Sittenfilmen beizukommen gewesen wäre, griffen Sittlichkeitsbewegung, Kinokritiker, Kirchenvertreter, Konservative, aber auch sozialdemokratische und liberale Kräfte zum Mittel der Skandalisierung dieses Genres.

Filme wie die Richard-Oswald-Produktionen DAS TAGEBUCH EINER VERLORENEN (1918), der die Geschichte eines Mädchens bürgerlicher Herkunft zeigt, das in einem Bordell endet, DIDA IBSENS GESCHICHTE. EIN FINALE ZUM »TAGEBUCH EINER VERLORENEN« VON MARGARETE BÖHME (1918) über sadomasochistische Praktiken und der von der Presse

■ Anita Berber (Dida Ibsen) in DIDA IBSENS GESCHICHTE. EIN FINALE ZUM »TAGEBUCH EINER VERLORENEN« VON MARGARETE BÖHME (1918, Regie: Richard Oswald)

struktur der Unterwelt. Das Beispiel M zeigt, wie der Bezug auf reale Kriminalfälle einem von den Darstellungsweisen ansonsten vergleichsweise unverdächtigem Film Skandal-Potenzial beimengt. Es genügte hier die diskursiv produzierte Aura des Authentischen, um ernsthafte Bedenken bis hin zu Empörung auszulösen. Skandalös waren Kriminalfilme immer dann, wenn die Realität ins Fiktionale einfiel, wenn eine Kinogeschichte plötzlich beunruhigend nah an die Wirklichkeit rückte. Der damit verbundenen, ökonomisch nicht unerwünschten Ambivalenz verlieh das Programmheft von M Ausdruck, in dem es heißt, dem Film wohne »die Eindrucksfähigkeit des wahren Geschehens inne, und er gibt dennoch Raum dem beruhigenden Gefühl nur vorgetäuschter Wirklichkeit«.[32]

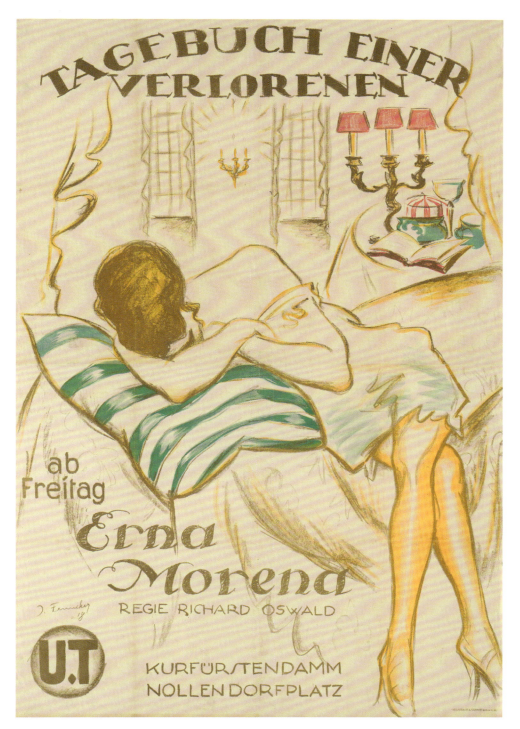

Plakat zu DAS TAGEBUCH EINER VERLORENEN (1918, Regie: Richard Oswald), Grafik: Josef Fenneker besonders scharf attackierte DIE PROSTITUTION (1919) weckten angesichts einer nach dem Ersten Weltkrieg diagnostizierten Männlichkeitskrise Befürchtungen vor einer fortschreitenden Erosion der traditionellen Geschlechterordnung.³⁴ Der größte Filmskandal der zensurfreien Zeit war allerdings ein Film, der im Homosexuellenmilieu spielte: ANDERS ALS DIE ANDERN (1919), ebenfalls von Richard Oswald produziert und inszeniert.³⁵

Der § 175 des Reichsstrafgesetzbuches stellte sexuelle Handlungen zwischen Männern unter Strafe. Auf dieser Grundlage wurden zu Beginn der 1920er-Jahre jährlich zwischen 400 und 500 Personen verurteilt, meist zu kurzen Gefängnisstrafen. Viel schwerer als diese Zahlen wog jedoch das Diskriminierungspotenzial des erst 1994 vollständig abgeschafften Paragrafen. Oswald, von dem auch das Drehbuch zu ANDERS ALS DIE ANDERN stammt, demonstrierte die in diesen Umständen drohende Erpressungsgefahr und sprach sich für die Abschaffung des § 175 aus. Aufgrund dieses entschiedenen Eintretens für die Ziele der politischen Homosexuellenbewegung stellte der Film umso mehr einen Affront dar.

Dabei ist ANDERS ALS DIE ANDERN keineswegs sexuell explizit. Die Beziehung zwischen den beiden Protagonisten wird geradezu keusch dargestellt. Es sind weder nackte noch halbnackte Männer zu sehen, auch kaum Berührungen zwischen ihnen, und geküsst wird nur von Mann und Frau. Dennoch war es gerade die Darstellung von männlicher Körperlichkeit, zumal an Orten homosexueller Subkultur, die eine breite Front von Skandalisierern auf den Plan rief: So zeigt eine Sequenz einen Tanz in einem schwul-lesbischen Kaffeehaus, eine andere einen Kostümball im Homosexuellenmilieu. Ein Filmkritiker drückte seine Abscheu aus: »Große, klobige, bärtige Gestalten, eng aneinander geschmiegt, streicheln sich.« Für ihn waren damit Zumutbarkeitsgrenzen der Darstellung von Körperlichkeit unter Männern überschritten: »Hier sitzt man und ist verstimmt, versteht nicht mehr, hat genug.«³⁶

Im Sommer 1919, wenige Monate nach der Uraufführung des Films am 24. Mai, kam es zu besonders scharfen Attacken; beteiligt waren in erster Linie deutschnationale und völkische Gruppierungen, Kirchenvertreter, Aktivisten der Schmutz- und Schundbewegung, aber das Unbehagen gegenüber dem Film reichte bis ins liberale Spektrum hinein. Er wurde bekämpft unter anderem mit Eingaben an die Behörden, öffentlichen Stellungnahmen, parlamentarischen Initiativen und Presseartikeln. Ein Kieler Pastor tobte, mit dem Film werde »das Gebiet des Perversen betreten«.³⁷ In Berlin kam es im Juli zu systematischen Störungsversuchen in Kinos, in denen ANDERS ALS DIE ANDERN gezeigt wurde. In anderen Städten nahmen Kinobetreiber den Film aus Angst vor Randale aus dem Programm. In Berlin fanden gar Bürgerversammlungen gegen den Film statt. Besonders folgenreich waren die Diskussionen, die ANDERS ALS DIE ANDERN in der Nationalversammlung und der Preußischen Landesversammlung auslöste: Zwar ließ die Gesetzeslage zunächst kein Verbot zu, sodass der Film, nachdem die Skandalisierungsbemühungen langsam verebbten, einfach weiterlief. Doch bei einer Vielzahl an politischen Akteuren bis hin zur SPD hatte

■ Reinhold Schünzel (Franz Bollek) und Conrad Veidt (Paul Körner) in ANDERS ALS DIE ANDERN (1919, Regie: Richard Oswald)

der Filmskandal den Eindruck verfestigt, dass die Wiedereinführung der Filmzensur zwingend notwendig sei, um solche »Exzesse« der Filmindustrie zukünftig einzudämmen.

Besonders gefährlich war ANDERS ALS DIE ANDERN in den Augen der Skandalisierer, weil er eine aus ihrer Sicht widernatürliche sexuelle Orientierung öffentlich ausstellte. Aus dem Skandal sprach insofern die Angst vor einem »männlichen Anti-Typus« (George L. Mosse). Dahinter stand die Befürchtung, dass etablierte Vorstellungen von Männlichkeit ins Wanken gerieten und die Geschlechtergrenzen verschwammen. Gerade diese galten in Zeiten tiefgreifender politischer und gesellschaftlicher Veränderung und Unsicherheit als Anker kultureller Stabilität.

Die bloße Bezugnahme auf gleichgeschlechtliche Liebe war jedoch nicht ausreichend, um einen Skandal auszulösen. Andere Filme, die dies ebenfalls taten, waren allerdings weniger politisch plakativ als ANDERS ALS DIE ANDERN und boten dem Publikum darüber hinaus andere Lesarten an, sodass sich derartige Implikationen auch wohlwollend übersehen ließen. So erregten Filme wie MICHAEL (1924) von Carl Theodor Dreyer über die unerwiderte Liebe eines Malers zu einem jungen Mann oder MÄDCHEN IN UNIFORM (1931, Regie: Leontine Sagan) über erwachendes Begehren in einem Mädcheninternat keine öffentliche Empörung. Auch das Spiel mit Geschlechteridentitäten war nicht per se skandalös; das gilt auch für das Crossdressing, bei dem Männer in Frauenkleidung agieren und umgekehrt. Filme wie ICH MÖCHTE KEIN MANN SEIN (1918, Regie: Ernst Lubitsch) und DER FÜRST VON PAPPENHEIM (1927, Regie: Richard Eichberg) erregten ebenso wenig öffentlichen Unmut wie die Verfilmung des wohl bekanntesten deutschen Crossdressing-Stoffs VIKTOR UND VIKTORIA von 1933. Hier führte Reinhold Schünzel Regie, der einige Jahre zuvor bereits selbst in Frauenkleidern vor der Kamera gestanden hatte: In DER HIMMEL AUF ERDEN (1927, Regie: Reinhold Schünzel,

■ Szenenfoto aus VIKTOR UND VIKTORIA (1933, Regie: Reinhold Schünzel): Adolf Wohlbrück (Robert), Hilde Hildebrand (Ellinor), Renate Müller (Susanne Lohr), Hermann Thimig (Viktor Hempel), Fritz Odemar (Douglas)

Plakat zu DER FÜRST VON PAPPENHEIM (1927, Regie: Richard Eichberg), Grafik: Josef Fenneker

Rechte Seite: Otto Wallburg (Louis Martiny) und Reinhold Schünzel (Traugott Bellmann) in DER HIMMEL AUF ERDEN (1927, Regie: Reinhold Schünzel, Alfred Schirokauer)

Alfred Schirokauer) spielt er einen Parlamentsabgeordneten, der sich im Kampf für die Moral engagiert – bis er ein berüchtigtes Nachtlokal und eine halbe Million Mark unter der testamentarischen Bedingung erbt, dass er persönlich den Betrieb leitet. Der Tugendwächter in Nöten führt fortan ein Doppelleben zwischen Plädoyers für Sitte und Anstand am Tage und nächtlicher Unmoral in Form von Jazzmusik, Tanz und allerhand Frivolitäten. Aus dieser unwahrscheinlichen Konstellation ergeben sich eine Vielzahl amüsanter Verwicklungen, denen sich der Protagonist auch mithilfe von Frauenkleidern entwindet, um die Camouflage – am Ende natürlich vergeblich – aufrechtzuerhalten.[38] Das pointiert inszenierte Lustspiel ist nicht zuletzt ein Seitenhieb auf die Doppelmoral der in Filmskandalen sich so häufig zu Wort meldenden Sittenwächter. Allerdings ist das Crossdressing hier – wie auch sonst in aller Regel – kaum mehr als ein akzeptiertes Mittel zur Erzeugung von Situationskomik, während sein subversives Potenzial ungenutzt bleibt. Die Geschlechtergrenzen in dem Film sind nur temporär durchlässig, die geschlechtliche Identität des Protagonisten bleibt unverändert, bis am Ende die Ordnung der Geschlechter wiederhergestellt ist.

Als wichtiger Faktor für die Stabilität der Geschlechterordnung wurde auch die affirmative Haltung von Frauen gegenüber dem Thema Mutterschaft betrachtet. Diese schien in der Weimarer Republik fortgesetzt unterminiert zu werden, sei es durch den urbanen Typus der selbstständigen und sexuell selbstbewussten »Neuen Frau« oder durch die kontroversen politischen Debatten um eine Reform des Abtreibungsrechts. Als künstlerische Anklage gegen den § 218 war daher Friedrich Wolfs Theaterstück *Cyankali* von 1930 ein prominentes Ziel von Skandalisierung. Gleiches galt auch für die im gleichen Jahr entstandene Verfilmung des Stücks in der Regie von Hans Tintner. CYANKALI erzählt die Geschichte einer Arbeiterfrau aus ärmsten Verhältnissen, die schwanger ist und sich, weil sie die Kinder, die sie schon hat, kaum ernähren kann, in die Hände einer »Engelmacherin« begibt. In der Folge des illegalen Eingriffs stirbt sie

■ Grete Mosheim
(Hete Fent) in CYANKALI
(1930, Regie: Hans
Tintner)

qualvoll.³⁹ Der Film war Gegenstand längerer Zensurquerelen, da unter anderem die Bayerische Staatsregierung mehrfach Widerspruch gegen die Zulassung einlegte. Hiermit war sie zunächst erfolgreich: Die Filmoberprüfstelle sprach ein Verbot aus und monierte vor allem die mitleidlose Schilderung der gesellschaftlichen Verhältnisse im Film als »entsittlichend und verrohend«, da sie »mit den Tatsachen geradezu im Widerspruch« stünden und zum »Klassenhass« aufstachelten. Erst nach umfänglichen Kürzungen gab die Zensur CYANKALI schließlich frei.⁴⁰

Die Gefahren illegaler Abtreibungen waren auch das Thema des semidokumentarischen Films FRAUENNOT – FRAUENGLÜCK (1930, Regie: Eduard Tissé). Die Schweizer Produktion stellte ihnen die hygienischen Bedingungen in einer modernen Frauenklinik gegenüber, wobei der Film sich gegen Schwangerschaftsabbrüche ausspricht. In dem Filmskandal, der sich nach der Uraufführung entwickelte, kam diese Lesart jedoch kaum zum Tragen. Für moralische Empörung, vor allem in kirchlichen Kreisen, sorgten vielmehr dokumentarische Aufnahmen von einer Kaiserschnittgeburt. Der gängigste Vorwurf lautete, dass der Film den heiligen Moment der Geburt einem breiten Publikum offenbare, auf diese Weise die Mutterschaft entweihe und bei Frauen Ängste vor einer Geburt schüre. Da es bei Vorführungen von FRAUENNOT – FRAUENGLÜCK vereinzelt zu Ohnmachtsanfällen im Publikum kam, wurde der Film zudem als vermeintlich gesundheitsgefährdend bekämpft. In diesem Filmskandal, der sich vom Frühjahr 1930 bis weit in die zweite Jahreshälfte hinzog, vermengten sich exemplarisch Auseinandersetzungen um Sicht- bzw. Zeigbarkeiten und die Geschlechterordnung.⁴¹

Ein Kaiserschnitt bereitete auch Alexis Granowsky und seinem Spielfilm DAS LIED VOM LEBEN (1931) Schwierigkeiten mit der Zensur. Ein Mädchen soll einen alten Herrn heiraten, flüchtet jedoch von der Verlobungsfeier, als sie sich die Lieb- und Trostlosigkeit eines Lebens an seiner Seite ausmalt. Als sie sich das Leben nehmen will, wird sie von einem jungen Mann gefunden. Die Geschichte gerät zur filmischen Reflexion über die Zyklen des menschlichen Lebens: Die beiden werden ein Paar, ein Kind ist unterwegs. Als es bei der Geburt zu Komplikationen kommt, wird eine erfolgreiche Kaiserschnittoperation durchgeführt. Diese Szene besteht aus einer Folge von rhythmisch montierten Bildern von Ärzten und Helferinnen, von Instrumenten und Händen in Großaufnahme, dazwischengeschnitten eine tickende Uhr. Der eigentliche Eingriff wird überwiegend pars pro toto gezeigt: Hände und Instrumente, Tupfer oder Pipetten. Die rhythmische Montage wird ab und zu unterbrochen durch den Blick auf den OP-Tisch aus der Vogelperspektive, wobei der Bauch der Patientin durch ein Fensterkreuz verdeckt ist. Weder ist ein Skalpellschnitt zu sehen noch eine offene Bauchdecke oder Blut.

Im März 1931 entzog die Filmoberprüfstelle dem Film die Zulassung mit der Begründung, dass die schwere Geburt abschreckend auf Schwangere und allgemein verrohend wirke. War bei FRAUENNOT – FRAUENGLÜCK noch die Wirklichkeitsnähe der dokumentarischen Aufnahmen aus dem Operationssaal einer der Gründe für die Streichung der Kaiserschnittszene, wurde nun die Nachstellung und Fiktionalisierung eines solch intimen Vorgangs als Argument bemüht. Umso absurder mutet an, dass die Zensur DAS LIED VOM LEBEN ausschließlich zur Vorführung vor Medizinern zuließ.⁴² Die Presse äußerte sich fast einhellig empört angesichts der Entscheidung. Diese sei »ein Skandal«, greife in ein Kunstwerk ein, und überhaupt sei die Praxis der Filmzensur gänzlich »unhaltbar«.⁴³ Der Fall entwickelte sich zu einem Skandal, in dem nicht der auslösende Film, sondern die Institution der Filmzensur und der Leiter der Oberprüfstelle, Ernst Seeger, am Pranger standen. Die Zensurmaßnahmen zu DAS LIED VOM LEBEN wurden im Zusammenhang mit einer Reihe von umstrittenen Entscheidungen in den Monaten zuvor gesehen, darunter am prominentesten das von linker und linksliberaler Seite so vehement bekämpfte Verbot von IM WESTEN NICHTS NEUES (1930).⁴⁴ Als im April die untergeordnete Filmprüfstelle den Granowsky-Film

■ Margot Ferra (Erika Walter) in DAS LIED VOM LEBEN (1931, Regie: Alexis Granowsky)

- Nationalsozialistische Kundgebung gegen die Aufführung von IM WESTEN NICHTS NEUES im Mozartsaal, Berlin, im Dezember 1930

- Sicherung der Aufführung von IM WESTEN NICHTS NEUES im Mozartsaal durch Schutzpolizisten

- Lew Ayres (Paul Bäumer), liegend, in IM WESTEN NICHTS NEUES (ALL QUIET ON THE WESTERN FRONT, USA 1930, Regie: Lewis Milestone)

mit nur wenigen Kürzungen wieder freigab und ihm zudem mit der Anerkennung als »künstlerisch« Steuerermäßigungen zuerkannte, sprach die Presse von der »Blamage der Zensur« und spottete über die Widersprüchlichkeit der Entscheidungen.⁴⁵

Nach der Premiere reagierte die Kritik indes ambivalent auf DAS LIED VOM LEBEN: Es wurde bedauert, dass die Zensureingriffe die Unterstützer-Reihen derart geschlossen habe, dass die notwendige Debatte über Defizite des Films überdeckt worden sei. Während Granowskys an den russischen Avantgardefilm erinnernde formale Experimente und vor allem die gelungene Verbindung von Bild und den Songs von Walter Mehring und Friedrich Hollaender gelobt wurden, fehlte etlichen Kritikern die erzählerische Kohärenz.⁴⁶ »Die Form überwuchert den Inhalt«, monierte Georg Salmony in der *B.Z. am Mittag*, sie erschien ihm zu prätentiös.⁴⁷ Gleichwohl gab es auch Stimmen, die die Kritik der Filmprüfstelle an der Kaiserschnittszene reproduzierten: so etwas gehöre nicht vor die Augen des Kinopublikums.⁴⁸

Skandale um ausländische Kriegsfilme

In Deutschland war die Erinnerung an den Ersten Weltkrieg eine hart umkämpfte politische Frage in einer durch die Hypothek des Versailler Vertrages und republikfeindliche Erzählungen wie die Dolchstoßlegende aufgeheizten Atmosphäre. Es herrschte eine ausgeprägte Erinnerungskonkurrenz zwischen konservativ-nationalistischen und republikanischen Konzeptionen. Bis Ende der 1920er-Jahre gab es jedoch trotz aller geschichtspolitischen Differenzen einen minimalen Konsens zwischen diesen beiden Lagern – Grundlage für die Skandalisierung von als antideutsch abgelehnten amerikanischen Kriegsfilmen. Diese Filme arbeiteten, so die Vorwürfe, mit dem Stereotyp des deutschen Soldaten als blutrünstigem, unmenschlichem »Hunnen«, mit dem schon während des Krieges von der Entente Propaganda gegen das Deutsche Reich gemacht worden war. Tauchten diese Muster nun in Nachkriegsfilmen wieder auf, wurde dies als eine fortgesetzte Demütigung Deutschlands im Geiste des Versailler Vertrags aufgefasst, zumal sie die deutsche Kriegsschuld moralisch erneut festzuschreiben schienen. Was in Kriegszeiten legitim erschien, wurde in Friedenszeiten als Gefahr für die Aussöhnung der Völker verstanden. Filme wie Rex Ingrams THE FOUR HORSEMEN OF THE APOCALYPSE (USA 1921) oder MARE NOSTRUM (USA 1925) wurden, obwohl zahlenmäßig insgesamt gering, in der Weimarer Republik unter dem Schlagwort des »Hetzfilms« vergleichsweise einmütig skandalisiert. Ob idealistische Friedensliebe, ob internationale Verständigung als realpolitisches Ziel, ob nationale Ehre und Selbstbehauptung – für jeden dieser Wertkomplexe stellten »Hetzfilme« eine Bedrohung dar. So konnte sich über die politischen Lager hinweg ein minimaler Erinnerungskonsens konstituieren.⁴⁹

Dieser Erinnerungskonsens löste sich auf, als Ende 1930 der amerikanische Kriegsfilm IM WESTEN NICHTS NEUES (ALL QUIET ON THE WESTERN FRONT, 1930, Regie: Lewis Milestone) in die deutschen Kinos kam und den folgenreichsten Filmskandal der Weimarer Republik auslöste. Nachdem NSDAP- und SA-Leute in Berlin mittels Gewalt und Randale – unter anderem wurden im Kinosaal Stinkbomben geworfen – eine Vorstellung platzen ließen und über Tage hinweg Straßendemonstrationen veranstalteten, wurde der Film von der Zensur verboten. Dies sorgte wiederum in linken und liberalen Kreisen für Empörung. Carl Laemmle, der Chef von Universal, der Produktionsfirma des Films, wurde von deutschnationaler Seite antisemitisch angegriffen. Der Fall führte zu einer massiven Politisierung des Mediums Film und einer Flut weiterer, größerer und kleinerer Filmskandale.[50] Und er demonstrierte, dass in der nun immer weiter zugespitzten innenpolitischen Lage ein lagerübergreifender Konsens nicht mehr aufrechterhalten werden konnte. In dem Filmskandal um IM WESTEN NICHTS NEUES entwickelte sich die Auseinandersetzung über die »richtige« Kriegsdarstellung im Film zu einem Musterfall symbolischer Politik. Dies lag zum einen an den sich offenbarenden politisch-weltanschaulichen Differenzen innerhalb der Allianz der Skandalisierer, zum anderen an der sich in aller Deutlichkeit stellenden politischen Systemfrage. Die Bedrohung der Republik durch den erstarkenden Nationalsozialismus hatte die Konfliktlinien fundamental verschoben.

Politik auf der Leinwand – Leinwand-Politik

Im politisch-weltanschaulichen Bereich lösten in der Weimarer Republik vor allem Geschichtsfilme, und zwar insbesondere Biopics von Monarchen wie Friedrich dem Großen und Ludwig II. von Bayern, Filmskandale aus. Der Filmskandal diente in diesen Fällen der Abwehr oder der Verteidigung einer aus der Historie abgeleiteten Identität und der Aufrechterhaltung kultureller Grenzziehungen. In den Friedrich-Filmen wie der Fridericus-Rex-Reihe (1922–23, Regie: Arsen von Cserépy) oder DAS FLÖTENKONZERT VON SANSSOUCI (1930, Regie: Gustav Ucicky) diente der porträtierte

Monarch als Vorbild für eine bessere Zukunft und verkörperte eine rückwärtsgewandte Utopie. Die Filme waren monarchistisch-nationalkonservative Gegenentwürfe zu der für manche so verhassten republikanischen Gegenwart. Historienfilme legitimierten oder delegitimierten aktuelle Herrschaftsformen. Ihnen kam eine Orientierungsfunktion zu, die gegensätzliche politische Lager im Rahmen von Filmskandalen einzudämmen bzw. aufrechtzuerhalten versuchten. Auf diese Weise wurde die grundlegende Frage des politischen Systems in Deutschland verhandelt.[51]

Den längsten Filmskandal der Weimarer Republik verursachte der russische Revolutionsfilm PANZERKREUZER POTEMKIN (UdSSR 1925) von Sergej M. Eisenstein. Rechte Kreise sahen in dem Film einen Exzess der Gewalt und ein Einfallstor für kommunistische Umsturzversuche auch in Deutschland. Linke und Liberale verteidigten das Werk als Fanal der Filmkunst. Der Film durchlief allein 1926 insgesamt dreimal das vollständige Zensurverfahren in Deutschland, jeweils mit Verhandlungen vor der Filmprüfstelle und Oberprüfstelle. Orchestriert wurden die Zensurwirren je nach Stand der Verfahren durch wiederkehrende publizistische Angriffe von rechts wie von links.[52] Abgesehen vom Schreckbild des Bolschewismus war in den Filmskandalen der Weimarer Republik die Demokratie intensiv umkämpft. Trotz der fragmentierten politischen Kultur der Weimarer Republik machen die damaligen Auseinandersetzungen deutlich, dass die politischen Lager nicht allzu strikt voneinander getrennt waren, sondern dass sich fallweise durchaus auch unerwartete Bündnispartner zusammenfanden. Gleichwohl waren politische Filmskandale ein wichtiger Bestandteil des »symbolischen Bürgerkriegs« (Andreas Dörner) in der Weimarer Republik.

■ Otto Gebühr als Friedrich II. in DAS FLÖTENKONZERT VON SANSSOUCI (1930, Regie: Gustav Ucicky)

Der Skandal als Zeichen von Offenheit und Pluralität

Nicht immer waren es die Behandlung eines kontroversen Sujets auf der Leinwand oder umstrittene Darstellungsweisen, die Anlass zur Empörung über einen Film gaben. Zu Skandalszenen im Kino konnte es auch kommen, wenn ein Film aus qualitativen Gründen auf Ablehnung stieß, also bei inszenatorischen Mängeln, zweifelhaften Schauspielerleistungen oder handwerklichen Schwächen. So kam es bei der Premiere der lose auf einem bekannten Schlager basierenden Liebeskomödie IN EINER KLEINEN KONDITOREI (1930, Regie: Robert Wohlmuth), wie die *Münchner Neuesten Nachrichten* schrieben, zu einem »Pfeifkonzert, wie es bisher in München noch keinem Film und seit Menschengedenken auch keinem Bühnenwerk bereitet wurde«.[53] Die Zuschauer fanden den Film unfreiwillig komisch, klischeebeladen und waren unter anderem wegen einer unzureichenden Tonwiedergabe derart empört, dass die Polizei den Saal räumen musste. Auch die Filmkritik äußerte sich vernichtend.[54]

Über die einzelne Aufführung hinausgehende Auseinandersetzungen vermochten solche Vorkommnisse jedoch kaum anzustoßen. Allen größeren Filmskandalen ist hingegen gemein, dass sie auf existenzielle Sinnstiftungsbedürfnisse verwiesen und nichts Geringeres als die politisch-moralischen Grundlagen des Gemeinwesens verhandelten: das politische System und Vorstellungen staatlicher Ordnung, nationale Identitäten, die Ordnung der Geschlechter, den Umgang mit den Grenzbereichen des Lebens wie Geburt und Tod. Die Skandalisierer waren nicht nur beunruhigt wegen aus ihrer Sicht problematischen gesellschaftlichen Zuständen und Entwicklungen in der Gegenwart, sondern richteten den Blick zugleich sorgenvoll in die Zukunft. Es galt, nachteilige Auswirkungen von Filmen zu verhindern: auf die Zukunft des Landes durch den drohenden Einzug des Bolschewismus wie im Fall von PANZERKREUZER POTEMKIN, auf die Zukunft nationaler Identität, auf die sittliche Entwicklung der Jugend, auf die zukünftige Sicherheit vor Kriminalität, auf eine rückgängige Bevölkerungsentwicklung durch Filme, die angeblich ein negatives Bild von Schwangerschaft und Mutterschaft vermitteln.

Dabei musste ein Film die Normverletzung, die ihm zur Last gelegt wurde, nicht einmal wirklich enthalten. Mitunter erregte ein Streifen wochenlange Empörung, ohne dass irgendjemand ihn gesehen hatte. Filmskandale entstanden nicht ausschließlich als Folge der Anstößigkeit ihrer Inhalte und Darstellungsweise, sondern vor allem erst in der Phase ihrer Rezeption. Das Publikum projizierte Lesarten auf den Film, die moralische Empörung transportierten. Um einen Skandal auszulösen genügte es, wenn genügend andere Akteure diesen für plausibel hielten und sich mit Empörungsäußerungen anschlossen.[55]

Dass in Filmskandalen grundlegende gesellschaftliche Fragen verhandelt wurden und bis heute werden, unterstreicht die Notwendigkeit von öffentlicher Erregung für die politische Kultur. Auf das Anstoßen von Selbstverständigungsprozessen lässt sich nicht verzichten. Statt Krisensymptom ist dies vielmehr ein Zeichen von Offenheit und Pluralität – auch wenn das Mittel des Skandals prinzipiell widersprüchlich ist: Einerseits gehen Skandalisierer aktiv gegen andere Positionen vor und versuchen ihre eigenen Wertmaßstäbe durchzusetzen. Andererseits sind Skandale radikale Übungen im Umgang mit und letztlich im Aushalten von anderen Meinungen. Der Konflikt, der produktive Streit macht eine lebendige Demokratie aus. Es verwundert nicht, dass die Nationalsozialisten bald nach der Übernahme der Macht kaum noch Auseinandersetzungen über strittige Filme zuließen. Gegen missliebige Filme setzte das NS-Regime den staatlichen Apparat des Goebbels'schen Propagandaministeriums sowie der Reichskultur- und der Reichsfilmkammer ein oder griff auf die Filmzensur zurück, die nunmehr auf Weisung entschied. Skandale waren in einer gleichgeschalteten Medienlandschaft kaum vorstellbar und allenfalls orchestriert. Ohne die Dynamik von offener Auseinandersetzung und der Konfrontation unterschiedlicher Positionen konnten sie nach 1933 ihre Funktion ohnehin nicht mehr erfüllen.

1 Vgl. Siegfried Kracauer: Von Caligari zu Hitler. Eine psychologische Geschichte des deutschen Films, übersetzt von Ruth Baumgarten und Karsten Witte, Frankfurt am Main 2002 [1947/1979]
2 Vgl. Thomas Koebner: »Von Caligari führt kein Weg zu Hitler. Zweifel an Siegfried Kracauers ›Master‹-Analyse«, in: Thomas Koebner (Hg.): Diesseits der »Dämonischen Leinwand«. Neue Perspektiven auf das späte Weimarer Kino, München 2003, S. 15–38; Christian Rogowski: »From Ernst Lubitsch to Joe May. Challenging Kracauer's Demonology with Weimar Popular Film«, in: Randall Halle / Margaret McCarthy (Hg.): Light Motives. German Popular Film in Perspective, Detroit 2003, S. 1–23
3 Als zeitgenössische Polemik gegen die Filmzensur vgl. Wolfgang Petzet: Verbotene Filme. Eine Streitschrift, Frankfurt am Main 1931
4 Sonja Altnöder / Martin Zierold: »Media Scandals' Sweet Seduction. How Media Scandals Simultaneously Shake and Stabilize Society's Values«, in: Sibylle Baumbach / Ansgar Nünning / Herbert Grabes (Hg.): Literature and Values. Literature as a Medium for Representing, Disseminating and Constructing Norms and Values, Trier 2009, S. 263–277
5 Frank Bösch: Öffentliche Geheimnisse. Skandale, Politik und Medien in Deutschland und Großbritannien 1880–1914, München 2009; Steffen Burkhardt: Medienskandale. Zur moralischen Sprengkraft öffentlicher Diskurse, Köln 2006
6 Gleichwohl hat der Kommunikationswissenschaftler Steffen Burkhardt ein theoretisch elaboriertes Phasenmodell entwickelt, dem sich die Empirie jedoch aufgrund der Vielgestaltigkeit von Skandalfällen immer wieder entzieht. Vgl. Steffen Burkhardt: Medienskandale, a. a. O., Köln 2006
7 Frank Bösch: Öffentliche Geheimnisse, a. a. O., S. 9. Vgl. auch Karl Otto Hondrich: Enthüllung und Entrüstung. Eine Phänomenologie des politischen Skandals, Frankfurt am Main 2002, S. 40 u. S. 59
8 Vgl. Martin Kohlrausch: Der Monarch im Skandal. Die Logik der Massenmedien und die Transformation der wilhelminischen Monarchie, Berlin 2005; Norman Domeier: Der Eulenburg-Skandal. Eine politische Kulturgeschichte des Kaiserreichs, Frankfurt am Main 2010
9 Vgl. Annika Klein: Korruption und Korruptionsskandale in der Weimarer Republik, Göttingen 2014; Martin H. Geyer: Kapitalismus und politische Moral in der Zwischenkriegszeit. Oder: Wer war Julius Barmat?, Hamburg 2018
10 Vgl. Rebekka Habermas: Skandal in Togo. Ein Kapitel deutscher Kolonialherrschaft, Frankfurt am Main 2016
11 Vgl. Sybille Steinbacher: Wie der Sex nach Deutschland kam. Der Kampf um Sittlichkeit und Anstand in der frühen Bundesrepublik, München 2011; Christina Templin: Medialer Schmutz: Eine Skandalgeschichte des Nackten und Sexuellen im Deutschen Kaiserreich 1890–1914, Bielefeld 2016
12 Vgl. Anna Schürmer: Klingende Eklats. Skandal und Neue Musik, Bielefeld 2018; Karl Christian Führer: »Pfui! Gemeinheit! Skandal!«. Bürgerlicher Kunstgeschmack und Theaterskandale in der Weimarer Republik«, in: Zeitschrift für Geschichtswissenschaft 57 (2009), Nr. 5, S. 389–412
13 Vgl. Kai Nowak: Projektionen der Moral. Filmskandale in der Weimarer Republik, Göttingen 2015; Stefan Volk: Skandalfilme. Cineastische Aufreger gestern und heute, Marburg 2011
14 Vgl. Peter Mänz / Rainer Rother / Klaudia Wick (Hg.): Die Ufa. Geschichte einer Marke, Bielefeld 2017. Nach wie vor maßgeblich: Klaus Kreimeier: Die Ufa-Story. Geschichte eines Filmkonzerns, München 1992
15 Paul Monaco: Cinema and Society. France and Germany During the Twenties, New York 1976, S. 20 f.
16 Crome: »Drinnen und Draußen«, in: Berliner Tageblatt, Nr. 586, 13.12.1930
17 Vgl. Hugo Münsterberg: Das Lichtspiel. Eine psychologische Studie [1916] und andere Schriften zum Kino, Wien 1996, S. 99 f.; Robert Gaupp: »Die gesundheitlichen Gefahren des Kinematographen für die Jugend«, in: Die Hochwacht 2 (1911/12), Nr. 11, S. 263–271
18 Vgl. Kai Nowak: »Kinemaklasmus. Protestartikulation im Kino«, in: Frank Bösch / Patrick Schmidt (Hg.): Medialisierte Ereignisse. Performanz, Inszenierung und Medien seit dem 18. Jahrhundert, Frankfurt am Main 2010, S. 179–197
19 Martin Loiperdinger: »Filmzensur und Selbstkontrolle. Politische Reifeprüfung«, in: Wolfgang Jacobsen / Anton Kaes / Hans Helmut Prinzler (Hg.): Geschichte des deutschen Films, Stuttgart 1993, S. 479–498, hier S. 480
20 Vgl. u. a. Joseph Garncarz: Maßlose Unterhaltung: Zur Etablierung des Films in Deutschland 1896–1914, Frankfurt am Main 2010
21 Vgl. Gabriele Kilchenstein: Frühe Filmzensur in Deutschland. Eine vergleichende Studie zur Prüfungspraxis in Berlin und München (1906–1914), München 1997, S. 143–157 u. S. 161–169
22 Vgl. Ernst Seeger: Reichslichtspielgesetz vom 12. Mai 1920. Für die Praxis erläutert, 2. Aufl., Berlin 1931; Gerrit Binz: Filmzensur in der deutschen Demokratie. Sachlicher Wandel durch institutionelle Verlagerung von der staatlichen Weimarer Filmprüfung auf die Freiwillige Selbstkontrolle der Filmwirtschaft in der Bundesrepublik?, Trier 2006, S. 121–251; Klaus Petersen: Zensur in der Weimarer Republik, Stuttgart 1995, S. 50–56

23 Konrad Lange: Das Kino in Gegenwart und Zukunft, Stuttgart 1920, S. 39
24 Filmprüfstelle Berlin, Nr. B.22102, 3.4.1929, http://www.difarchiv.deutsches-filminstitut.de/zengut/df2tb778z3.pdf; Film-Oberprüfstelle, Nr. O.00246, 13.4.1929, http://www.difarchiv.deutsches-filminstitut.de/zengut/df2tb778z3.pdf
25 Vgl. Heide Schlüpmann: Unheimlichkeit des Blicks: Das Drama des frühen deutschen Kinos, Basel 1990, S. 221–227
26 Vgl. Gabriele Kilchenstein: Frühe Filmzensur, a. a. O., S. 235 f.
27 Film-Oberprüfstelle, Nr. O.00386, 17.9.1924, http://www.difarchiv.deutsches-filminstitut.de/zengut/df2tb641z.pdf
28 Walther Plugge: Tätigkeitsbericht der Spitzenorganisation der Deutschen Filmindustrie e. V., Berlin 1928, S. 7 u. S. 108
29 Vgl. hierzu auch den Beitrag von Ioana Crăciun in diesem Band
30 K. C.: »Filmskandal – Kulturskandal«, in: Berliner Volkszeitung, Nr. 220, 12.5.1931. Vgl. Leo Hirsch: »Fritz Lang: M«, in: Berliner Tageblatt, Nr. 221, 12.5.1931; Heinz Pol: »Fritz Langs Film vom Kindermörder«, in: Vossische Zeitung, Nr. 113, 13.5.1931; O. H.: »Filmzensur – hoffnungslos!«, in: Vossische Zeitung, Nr. 121, 22.5.1931
31 Hans Siemsen: »Für die Todesstrafe!«, in: 8-Uhr-Abendblatt, Nr. 109, 12.5.1931
32 Zitiert nach Tölle: »M. Tonfilm von Fritz Lang«, in: Arbeiterbühne und Film 18 (1930), Nr. 6, S. 27 f.
33 Vgl. Malte Hagener (Hg.): Geschlecht in Fesseln. Sexualität zwischen Aufklärung und Ausbeutung im Weimarer Kino 1918–1933, München 2000
34 Vgl. Jürgen Kasten: »Dramatische Instinkte und das Spektakel der Aufklärung. Richard Oswalds Filme der 10er-Jahre«, in: Jürgen Kasten / Armin Loacker (Hg.): Richard Oswald. Kino zwischen Spektakel, Aufklärung und Unterhaltung, Wien 2005, S. 15–140
35 Zu dem Fall vgl. James Steakley: »Anders als die Andern«. Ein Film und seine Geschichte, Hamburg 2007; Kai Nowak: Projektionen der Moral, a. a. O., S. 96–128
36 B. E. Lüthge: »Anders als die Andern«, in: Film-Kurier, Nr. 1, 31.5.1919
37 Kieler Neueste Nachrichten, 7.9.1919, gedruckt in: »Aus der Bewegung«, in: Jahrbuch für sexuelle Zwischenstufen 19 (1919/20), Nr. 1/2
38 Georg Herzberg: »Der Himmel auf Erden«, in: Film-Kurier, Nr. 174, 26.7.1927; Leo Hirsch: »Der Himmel auf Erden«, in: Berliner Tageblatt, Nr. 358, 31.7.1927; Fritz Olimsky: »Der Himmel auf Erden«, in: Berliner Börsen-Zeitung, 31.7.1927
39 Vgl. Ursula von Keitz: Im Schatten des Gesetzes. Schwangerschaftskonflikt und Reproduktion im deutschsprachigen Film 1918–1933, Marburg 2005, S. 317–349
40 Film-Oberprüfstelle, Nr. O.00872, 9.8.1930, http://www.difarchiv.deutsches-filminstitut.de/zengut/df2tb263z1.pdf; Film-Oberprüfstelle, Nr. O.01156, 2.12.1930, http://www.difarchiv.deutsches-filminstitut.de/zengut/df2tb263z2.pdf
41 Vgl. Ursula von Keitz: Im Schatten des Gesetzes, a. a. O., S. 280–316; Kai Nowak: Projektionen der Moral, a. a. O., S. 164–185
42 Film-Oberprüfstelle, Nr. O.2029, 18.3.1931, http://www.difarchiv.deutsches-filminstitut.de/zengut/df2tb174z1.pdf
43 Vgl. u. a. »Das unhaltbare Filmverbot«, in: B.Z. am Mittag, Nr. 59, 11.3.1931; G.: »Der Zensur-Skandal«, in: Tempo, Nr. 66, 19.3.1931; »Entscheidungsgründe sind wohlfeil«, in: Licht-Bild-Bühne, Nr. 67, 19.3.1931
44 »Zensur in Hochbetrieb«, in: Berliner Tageblatt, Nr. 133, 19.3.1931; »Der Fall Seeger«, in: Licht-Bild-Bühne, Nr. 70, 23.3.1931
45 »Zensur-Blamage in Sachen Granowsky-Film«, in: B.Z. am Mittag, Nr. 86, 14.4.1931; Heinz Pol: »Zensur im Kreise«, in: Vossische Zeitung, Nr. 90, 15.4.1931
46 Hans Feld: »Alexej Granowskys Tonfilm ›Das Lied vom Leben‹«, in: Film-Kurier, Nr. 96, 25.4.1931; Lucy von Jacobi: »Das Lied vom Leben«, in: Tempo, Nr. 96, 25.4.1931
47 Georg F. Salmony: »Der Granowsky-Film ›Das Lied vom Leben‹«, in: B.Z. am Mittag, Nr. 96, 25.4.1931
48 »Das Lied vom Leben«, in: Berliner Lokal-Anzeiger, Nr. 195, 25.4.1931
49 Vgl. Thomas J. Saunders: »German Diplomacy and the War Film in the 1920s«, in: Karel Dibbets / Bert Hogenkamp (Hg.): Film and the First World War, Amsterdam 1995, S. 213–222; Kai Nowak: Projektionen der Moral, a. a. O., S. 198–264
50 Vgl. u. a. Modris Eksteins: »War, Memory, and Politics. The Fate of the Film ALL QUIET ON THE WESTERN FRONT«, in: Central European History 13 (1980), S. 60–82; Kai Nowak: »Die Politik des Filmskandals. Die kommunikativen Folgen des Skandals um den Film IM WESTEN NICHTS NEUES (USA 1930)«, in: Hans-Peter Becht / Carsten Kretschmann / Wolfram Pyta (Hg.): Politik, Kommunikation und Kultur in der Weimarer Republik, Heidelberg 2009, S. 161–178
51 Vgl. hierzu den Beitrag von Jörg Schöning in diesem Band
52 Vgl. Kai Nowak: Projektionen der Moral, a. a. O., S. 397–454
53 »Skandal im Phöbus-Palast«, in: Münchner Neueste Nachrichten, Nr. 24, 25.1.1930
54 »Überfallkommando in der ›Kleinen Konditorei‹«, in: Kinematograph, Nr. 21, 25.1.1930; Waldemar Lydor: »In einer kleinen Konditorei«, in: Reichsfilmblatt, Nr. 4, 25.1.1930; »Kino-Skandal in München!«, in: Film-Kurier, Nr. 23, 25.1.1930; »In einer kleinen Konditorei …«, in: Berliner Volks Zeitung, Nr. 36, 22.1.1930
55 Vgl. Kai Nowak: Projektionen der Moral, a. a. O., S. 473 f.

Anhang

Autor/-innen und Herausgeber/-innen

■ Seite 238/239:
Szenenfoto aus
DER KAMPF UMS
MATTERHORN
(1928, Regie: Mario
Bonnard, Nunzio
Malasomma)

Connie Betz

Filmwissenschaftlerin. Programmkoordinatorin und Co-Kuratorin der filmhistorischen Programme der Internationalen Filmfestspiele Berlin in der Deutschen Kinemathek – Museum für Film und Fernsehen, Berlin. Davor Lehrbeauftragte für Filmgeschichte an der Berliner Hochschule für Technik und Wirtschaft HTW (Studienschwerpunkt Restaurierung Foto/Film/Datenträger) und Wissenschaftliche Mitarbeiterin im EU-Projekt »Exotisches Europa – Reisen ins frühe Kino«. Autorin und (Co-)Herausgeberin u. a. von *Glorious Technicolor* (hg. mit Rainer Rother und Annika Schaefer, Berlin 2015), *Ästhetik der Schatten. Filmisches Licht 1915–1950* (hg. mit Julia Pattis und Rainer Rother, Marburg 2014), *Karsten Witte: Schriften zum Kino. Westeuropa, Japan, Afrika nach 1945* (hg. mit Bernhard Groß, Berlin 2011), *Exotisches Europa – Reisen ins frühe Kino* (Mitherausgeberin der DVD-Edition und Begleitpublikation, Berlin 2000).

Jutta Brückner

Autorin, Regisseurin und Produzentin, 1941 in Düsseldorf geboren. Studium der Politischen Wissenschaften, Geschichte und Philosophie, 1973 Promotion. Ab 1972 Drehbuchautorin für TV-Serien und Kinofilme, so als Co-Autorin für Volker Schlöndorffs DER FANGSCHUSS (1976) und Ula Stöckls EINE FRAU MIT VERANTWORTUNG (1972). Daneben schrieb Jutta Brückner filmtheoretische Texte, Hörspiele, Essays und Theatertexte. 1975 entstand ihr erster eigener Film TUE RECHT UND SCHEUE NIEMAND, dem zahlreiche Spiel-, Dokumentar- und essayistische Filme folgten. Von 1984 bis 2006 war sie Professorin für narrativen Film an der Hochschule der Künste Berlin, 2009 Direktorin der Sektion Film- und Medienkunst der Akademie der Künste Berlin. Ihre Filme wurden vielfach national und international ausgezeichnet, für ihr Gesamtwerk erhielt sie den »Tribute for outstanding achievement in the art of film« des Filmfestivals Denver (USA).

Dietrich Brüggemann

Geboren 1976 in München. Aufgewachsen an verschiedenen Orten. Musik seit 1985. Fotografie seit 1989. Texte seit 1993. Filme seit 1997. 1997/98 ein Semester Theaterwissenschaft. 1998 bis 2000 Arbeit am Set. 2000 bis 2006 Regiestudium in Babelsberg. Filme seitdem als Autor, Regisseur und oft auch Komponist: NEUN SZENEN (2006), RENN, WENN DU KANNST (2010), 3 ZIMMER KÜCHE BAD (2012), KREUZWEG (2014), HEIL (2015), TATORT: STAU (2017), TATORT: MUROT UND DAS MURMELTIER (2018). Nebenher: 1999 bis 2012 viele Texte für das Filmmagazin *Schnitt*, seit 2009 Begleitung und Zerlegung von Stummfilmen mit der Gruppe 43CHARACTERS. 2010 bis 2017 Musikvideos für Thees Uhlmann, Kettcar, Tim Neuhaus, Gisbert zu Knyphausen, Judith Holofernes und andere. 2017 Debüt als Theaterautor und -regisseur mit *Vater* am Deutschen Theater, Berlin.

Ioana Crăciun

Professorin für deutsche Literatur- und Kulturgeschichte an der Universität Bukarest. Zu ihren wissenschaftlichen Buchpublikationen in deutscher Sprache gehören *Mystik und Erotik in Christian Morgensterns Galgenliedern* (1988), *Die Politisierung des antiken Mythos in der deutschsprachigen Gegenwartsliteratur* (2000),

Historische Dichtergestalten im zeitgenössischen deutschen Drama (2008) und *Die Dekonstruktion des Bürgerlichen im Stummfilm der Weimarer Republik* (2015). Ihre beiden Lyrikbände in deutscher Sprache, *Krochen alle Dinge ins Wort zurück* und *Wortakrobat ohne Netz. Gedichte und Tuschezeichnungen* wurden in Bukarest veröffentlicht. Ihr Theaterstück *Rîul de bîlci* (Der Jahrmarktfluss) wurde im Frühjahr 2005 im Bukarester Theatrum mundi uraufgeführt.

Karin Herbst-Meßlinger

Filmwissenschaftlerin, Redakteurin der Deutschen Kinemathek – Museum für Film und Fernsehen, Berlin. Studium der Literatur-, Theater- und Filmwissenschaft in Berlin, Wissenschaftliche Mitarbeit an der Technischen Universität Berlin und an der Berlin-Brandenburgischen Akademie der Wissenschaften. Veröffentlichungen zur Filmgeschichte, darunter *Der Erste Weltkrieg im Film* (hg. mit Rainer Rother, 2009), *Herbert Ihering. Filmkritiker* (hg. von Rolf Aurich und Wolfgang Jacobsen, 2010) sowie *F. W. Murnaus TABU – Die Edition der Outtakes* (mit Bernd Eichhorn und Martin Koerber, 2013). Lehraufträge am Seminar für Filmwissenschaft der Freien Universität Berlin.

Tobias Nagl

Professor für Filmwissenschaft am Department of English and Writing Studies der University of Western Ontario in London, Ontario (Kanada). Studium der Philosophie, Literatur- und Medien-/Filmwissenschaft in Hamburg und Bloomington (USA). Forschungsschwerpunkte: Filmgeschichte, Filmtheorie, Postkolonialismus, Rassismus, Kritische Theorie, Kultur der Weimarer Republik, Kunstgeschichte, Avantgardefilm. Tätigkeiten als Film- und Musikkritiker, Kurator und Redakteur, unter anderem für die *Berliner Zeitung*, *Szene Hamburg*, *taz*, *Spex*, *epd film* und *konkret*. Letzte Buchveröffentlichungen: *European Visions: Small Cinemas in Transition* (2015, zusammen mit Janelle Blankenship) und *Die unheimliche Maschine: Rasse und Repräsentation im Weimarer Kino* (2009).

Kai Nowak

Historiker, Wissenschaftlicher Mitarbeiter am Historischen Seminar der Universität Leipzig. 2014 Promotion an der Justus-Liebig-Universität Gießen mit einer Arbeit über Filmskandale, zurzeit Forschungsprojekt zur Geschichte der Straßenverkehrserziehung im 20. Jahrhundert. Aktuelle Veröffentlichungen: *Projektionen der Moral. Filmskandale in der Weimarer Republik* (2015); »Der Schock der Authentizität. Der Filmskandal um AFRICA ADDIO (1966) und antikolonialer Protest in der Bundesrepublik«, in: *WerkstattGeschichte*, 24 (2015), Nr. 69; »Kino, Filmzensur und Regionalismus in der Weimarer Republik«, in: *Informationen zur modernen Stadtgeschichte*, 47 (2016), Nr. 1.

Ulrike Ottinger

1942 in Konstanz geboren, lebte von 1962 bis 1968 als Malerin und Fotografin in Paris. 1966 schrieb sie ihr erstes Drehbuch, »Die mongolische Doppelschublade«. 1969 gründete sie in Konstanz den Filmclub »Visuell«, den sie bis 1972 leitete. Seit 1973 lebt sie in Berlin. Seither realisierte sie mehr als zwanzig Filme, darunter CHINA. DIE KÜNSTE – DER ALLTAG (1986), JOHANNA D'ARC OF MONGOLIA (1989), TAIGA. EINE REISE INS NÖRDLICHE LAND DER MONGOLEN (1992), EXIL SHANGHAI (1997), SÜDOSTPASSAGE (2002), 12 STÜHLE (2004), PRATER (2007), DIE KOREANISCHE HOCHZEITSTRUHE (2008), UNTER SCHNEE (2011) und CHAMISSOS SCHATTEN (2016). Außerdem ist Ulrike Ottinger als Theater- und Opernregisseurin tätig. Ihre Filme, ihre fotografischen Arbeiten und ihr malerisches Werk sind international auf Festivals und in Kunstausstellungen vertreten.

Rainer Rother
Filmwissenschaftler. Seit 2006 Künstlerischer Direktor der Deutschen Kinemathek – Museum für Film und Fernsehen, Berlin, und Leiter der filmhistorischen Sektion der Internationalen Filmfestspiele Berlin. Studium der Germanistik und Geschichte in Hannover mit anschließender Promotion. Von 1991 bis 2006 Leiter des Zeughauskinos des Deutschen Historischen Museums, Berlin. Kurator von Ausstellungen und Filmreihen, darunter »Die Ufa 1917–1945. Das deutsche Bildimperium« (1992/93) und »Geschichtsort Olympiagelände 1909 – 1936 – 2006« (2006). Seit 2001 Mitglied der Auswahlkommission für den Wettbewerb der Berlinale. Autor und Herausgeber zahlreicher Publikationen zu Themen der Film- und Mediengeschichte, darunter *Deutschland 1966* (hg. mit Connie Betz und Julia Pattis, 2016), *Linientreu und populär. Das Ufa-Imperium 1933–1945* (hg. mit Vera Thomas, 2017) sowie *Die Ufa – Geschichte einer Marke* (hg. mit Peter Mänz und Klaudia Wick, 2017).

Annika Schaefer
Filmwissenschaftlerin und Wissenschaftliche Mitarbeiterin der Deutschen Kinemathek – Museum für Film und Fernsehen, Berlin. Dort Tätigkeiten als Redakteurin und als Co-Kuratorin zweier Retrospektiven der Internationalen Filmfestspiele Berlin (2015, 2017). Doktorandin im Bereich Medienwissenschaft an der Filmuniversität Babelsberg »Konrad Wolf«. Forschungsschwerpunkt: Inszenierung von Arbeitern und Arbeit im nationalsozialistischen Spielfilm. Zuvor Mitarbeiterin im Archiv der sozialen Demokratie der Friedrich-Ebert-Stiftung, Bonn. Co-Autorin und Mitherausgeberin von *Glorious Technicolor* (hg. mit Connie Betz und Rainer Rother, 2015) und *Future Imperfect. Science · Fiction · Film* (hg. mit Rainer Rother, 2017). Letzte Veröffentlichung: »Das neue Deutschland schaffen. Zur Inszenierung von Arbeit und Arbeitern im NS-Spielfilm«, erschienen in: *Linientreu und populär. Das Ufa-Imperium 1933–1945* (hg. von Rainer Rother und Vera Thomas, 2017).

Jörg Schöning
Seit 1984 Redakteur von *CineGraph – Lexikon zum deutschsprachigen Film* (hg. von Hans-Michael Bock). Mitherausgeber der CineGraphPublikationen, auch Redakteur einzelner Bände, darunter *Reinhold Schünzel. Schauspieler und Regisseur* (1989), *Triviale Tropen. Exotische Reise- und Abenteuerfilme aus Deutschland 1919–1939* (1997), *Bewegte See. Maritimes Kino 1912–1957* (2007) und *Reinhold Schünzel. Schauspieler und Regisseur (revisited)* (2009). Mitarbeiter der Internationalen Stummfilmtage Bonn. Seit 2009 Leiter der Retrospektive der Nordischen Filmtage Lübeck. Nach langjähriger Mitarbeit am Katalog der Berlinale seit 2013 Mitarbeiter der von der Deutschen Kinemathek organisierten Retrospektive der Internationalen Filmfestspiele Berlin. Jörg Schöning lebt in Hamburg.

Philipp Stiasny

Filmhistoriker, Wissenschaftlicher Mitarbeiter am Filmmuseum Potsdam und an der Filmuniversität Babelsberg »Konrad Wolf«. Studium der Germanistik, der Neueren Geschichte und der Kunstgeschichte in Freiburg, Edinburgh und Berlin, anschließend Promotion. Redakteur der Zeitschrift *Filmblatt*, Vorstandsmitglied von CineGraph Babelsberg e. V. und Kurator von Filmreihen. Zahlreiche Veröffentlichungen zur deutschen Filmgeschichte. Autor von *Das Kino und der Krieg. Deutschland 1914–1929* (2009). Philipp Stiasny lebt in Berlin.

Thomas Tode

Lebt in Hamburg als freier Filmemacher, Kurator und Publizist. Forscht und lehrt zum Essayfilm, zur sowjetischen Avantgarde und zum politischen Dokumentarfilm. Kurator von Filmretrospektiven, Ausstellungen, DVD-Editionen. Zu seinen Publikationen zählen *Johan van der Keuken: Abenteuer eines Auges* (1987 und 1992), *Chris Marker – Filmessayist* (1997), *Dziga Vertov: Die Vertov-Sammlung im Österreichischen Filmmuseum* (2006), *Linkes Kino: Altösterreicher in der Weimarer Republik* (2018). Filme (zuletzt): HAFENSTRABE IM FLUSS (2010); DAS GROßE SPIEL: ARCHÄOLOGIE UND POLITIK (2011); DREAMS REWIRED – MOBILISIERUNG DER TRÄUME (2015).

Andres Veiel

Der Regisseur und Autor Andres Veiel gilt als einer der profiliertesten Vertreter einer politisch engagierten Kunst. Besonderes Merkmal seiner Arbeitsweise ist die intensive, teilweise mehrjährige Recherche als Grundlage für seine Projekte. Seine Theaterstücke *Der Kick* (2006) und *Das Himbeerreich* (2013) wurden vielfach übersetzt und weltweit an mehr als hundert Bühnen aufgeführt. Für seine Filme WINTERNACHTSTRAUM (1991), BALAGAN (1993), DIE ÜBERLEBENDEN (1996), BLACK BOX BRD (2001), DIE SPIELWÜTIGEN (2004), DER KICK (2006), WER WENN NICHT WIR (2011) hat er mehr als vierzig Auszeichnungen erhalten, darunter den Europäischen Filmpreis und mehrfach den Deutschen Filmpreis. Mit seinem Film BEUYS wurde er 2017 in den Wettbewerb der Berlinale eingeladen.

Wim Wenders

Geboren 1945, wurde Wim Wenders als einer der Vorreiter des Neuen Deutschen Films der 1970er-Jahre international bekannt. Er gilt als einer der wichtigsten Vertreter des deutschen Kinos der Gegenwart. Neben vielfach preisgekrönten Spielfilmen wie PARIS, TEXAS (1984), DER HIMMEL ÜBER BERLIN (1987) und THE MILLION DOLLAR HOTEL (2000) umfasst sein Werk als Drehbuchautor, Regisseur, Produzent, Fotograf und Autor auch zahlreiche Dokumentarfilme, von denen drei für einen Oscar nominiert wurden. Außerdem konzipierte Wim Wenders zahlreiche Fotoausstellungen, Bildbände, Filmbücher und Textsammlungen. 2012 gründete er gemeinsam mit seiner Frau Donata Wenders die Wim Wenders Stiftung in Düsseldorf, deren Zweck die Förderung von Kunst und Kultur ist: durch Verbreitung, Pflege und Erhalt des Werkes von Wenders sowie durch Nachwuchsförderung im Bereich innovativer filmischer Erzählkunst.

Personenregister

A
Abbott, Robert S. 174, 177
Abraham, Paul 98
Acház-Duisberg, Karl-Ludwig 105, 106, 107
Adalbert, Max 108
Aitken, Robbie 177
Albers, Hans 175
Albu, Ruth 222
Aldor, Bernd 21
Alexandrow, Grigori 189
Alexeieff, Alexandre 205
Allen, Willy 174
Allgeier, Sepp 11, 136, 168, 177
Alten, Ferdinand von 19, 21
Altnöder, Sonja 236
Ames, Eric 176
Ander, Charlotte 98
Andersen, Pablo Dominguez 177
Andra, Fern 21
Andrejew, Andrej 103
Anna Karina 87
Arendt, Ekkehard 32
Arna, Lissy 31, 32, 34, 46
Arnaud, Victor 163
Arnold, Sir Edwin 170
Aron, Robert 189
Asagaroff, Georg 68
Aurich, Rolf 207
Auriol, Jean George 189
Ayres, Lew 232

B
Baker, Josephine 172
Balázs, Béla 123, 171, 177, 189
Balhaus, Carl 141, 142
Ball, Hugo 192
Balogh, Gyula 29
Balzac, Honoré de 50, 65, 68, 69
Bard, Maria 66
Barmat, Julius 236
Barrie, Nigel 50, 56, 58
Barrymore, Lionel 71
Bartning, Ursula 67, 110
Bartosch, Bertholt 201, 204, 207
Basse, Wilfried 188, 196, 197, 200, 202, 203, 207
Baudin, Antoine 206
Bauer, Gerhard 41
Baumbach, Sibylle 236
Baumgarten, Ruth 41, 143, 176, 236
Bebel, August 111, 113
Becht, Hans-Peter 237
Bécu, Marie-Jeanne, Comtesse du Barry 17
Beethoven, Ludwig van 44
Behn, Manfred 176
Behnken, Brian D. 177
Behrendt, Hans 23, 24, 122
Beinhorn, Elly 167
Belach, Helga 41
Bell, Karina 23
Benjamin, Walter 172, 177, 188, 206
Benkwitz, Gustav 176
Berber, Anita 216, 224
Berger, Friedrich 21
Berger, Ludwig 98
Bergmann-Michel, Ella 10, 201, 203, 204, 209, 210, 211, 212, 213
Bering, Vitus 184
Bernhardt, Curtis (eigentlich: Kurt Bernhardt) 25, 38, 41, 107
Betz, Connie 7
Binz, Gerrit 236
Blücher, Gebhard Leberecht von 37
Blum, Albrecht Viktor 191
Blum, Robert 194
Blütecher, Alf 146, 147, 149
Bock, Hans-Michael 207
Böhme, Margarete 123, 136, 140
Bohnen, Michael 155
Boese, Carl 9, 33, 34, 51, 52, 152, 171, 222
Boese, Carl-Heinz 146

Bollerey, Franziska 207
Bolten-Baeckers, Heinrich 108
Bonaparte, Napoléon 31, 37, 38, 44
Bonnard, Mario 8, 11, 105, 107
Bordwell, David 161, 176
Borneman, Ernest 204, 207
Bösch, Frank 217, 236
Bouissounouse, Janine 189
Brandlmeier, Thomas 154, 176, 177
Brecht, Bertolt 50, 72, 188
Brecht, Christoph 68, 73
Bresson, Robert 161
Brody, Louis (auch: Lewis Brody oder Lovis Brody) 84, 171, 173, 174, 175, 177
Brooks, Louise 136, 138, 139
Brückner, August 169
Brückner, Jutta 10, 209
Brüggemann, Dietrich 10, 113, 115
Bücher, Karl 101, 113
Buchowetzki, Dimitri 18, 19, 20
Burg, Eugen 73
Burkhardt, Steffen 236

C
Campbell, Joan 113
Carlsen, Fanny 104
Carrel, Anton 11
Carroll, Nancy 70, 71
Carter, Louise 71
Cavalcanti, Alberto 189
Chamisso, Adelbert von 184
Chaplin, Charles 207
Charell, Erik 39, 40
Chmara, Grigori 36
Christians, Mady 36
Clair, René 190, 191, 213
Clewing, Carl 52
Cooper, Merian C. 167
Cosandey, Roland 206
Crăciun, Ioana 10, 121, 237
Cserépy, Arsen von 233
Czech, Erich 185

D
Dagover, Lil 8, 9, 171, 199
Dähne, Chris 207
Dalsheim, Friedrich 169
Danton, Georges 13, 23
Davis, Catherine 204
Davringhausen, Heinrich Maria 55
Delaunay-Terk, Sonia 183
Delius, Fritz 50, 56, 58
Delmont, Joseph 21
Desmoulins, Camille 24
Desni, Xenia 55, 56, 57
Devereux, Robert, 2nd Earl of Essex 147
Devi, Seeta 171
Dibbets, Karel 237
Diessl, Gustav 108, 109
Dieterle, Regina 185
Dieterle, Wilhelm 103
Dietrich, Willy 99
Dix, Otto 55, 116, 117
Domeier, Norman 236
Domgraf-Fassbaender, Willi 34
Dörner, Andreas 234
Douglas, Tom 70
Dreyer, Carl Theodor 227
Dudow, Slatan 92, 93, 94, 197, 204, 207, 212
Duisberg, Carl 105
Dumas, Alexandre 155
Dupont, E. A. 171, 172
Durus, Alfred 206

E
Ebert, Friedrich 19
Edthofer, Anton 98, 100
Egede-Nissen, Aud 52
Eggeling, Viking 192, 193, 207
Eggerth, Marta 97, 98
Ehmann, Antje 207
Eichberg, Richard 8, 9, 76, 77, 82, 84, 85, 86, 87, 172, 173, 227, 228
Eichendorff, Joseph von 111

Eisenstein, Sergej M. 26, 27, 29, 189, 197, 234
Eisler, Hanns 97, 194
Ekman, Gösta 21, 23
Eksteins, Modris 237
Elisabeth I. 147
Elsaesser, Thomas 17, 41, 207
Engel, Erich 111
Engelbert, Manfred 41
Engelmann, Andrews 138
Englisch, Lucie 111
Ermler, Friedrich 73
Eskildsen, Ute 206
Evans, Montgomery 189
Exner, Robert 62, 63, 73
Eyck, Toni van 142, 222
Eyth, Max 105

F
Falk, Norbert (auch: Fred Orbing) 17
Falkenstein, Julius 66
Fanck, Arnold 11, 168
Fanon, Frantz 165, 177
Feld, Hans 109, 113, 237
Fenneker, Josef 23, 225, 228
Ferra, Margot 231
Feyder, Jacques 123, 191
Figdor, Karl 154
Fischer, Adolf 94, 97
Flaherty, Robert J. 167, 168, 213
Föhl, Axel 207
Fontane, Theodor 140
Ford, Henry 183
Forst, Willi 90, 97
Förster, Birte 41
Forster, Georg 41, 17
Forster, Rudolf 36, 111
Forster, Therese 41
Fourier, Charles 109
Frank, Leonhard 50, 62, 63, 72, 73
Franken, Mannus 189
Frankfurter, Richard O. 206
Franklin, Joan 206
Franklin, Robert 206
Freund, Karl 175
Friedrich II. 233, 234
Fritsch, Willy 40, 90, 97
Frizot, Michel 207
Froelich, Carl 32, 33

Fröhlich, Gustav 61, 62, 63, 65, 76, 78, 79, 81, 108, 124
Fuechtner, Veronika 177
Fuglsang, Frederik 103
Führer, Karl Christian 236
Fuhrmann, Wolfgang 176

G
Gabin, Jean 107
Gad, Urban 10, 126
Gance, Abel 173
Gandert, Gero 113, 206
Garbo, Greta 181
Garden, Viola 106, 107
Garncarz, Joseph 236
Gärtner, Heinrich 97
Gaupp, Robert 236
Gautama, Siddhartha 170
Gay, Peter 113, 207
Gebühr, Otto 31, 52, 234
Gehrts, Meg 163
George, Heinrich 76, 82, 83, 84, 85, 87, 172, 173
Gerhardt, Karl 154, 176
Gerron, Kurt 117, 118, 119, 138, 173
Gert, Valeska 138
Geyer, Martin H. 236
Giménez Caballero, Ernesto 189
Gliese, Rochus 111, 201
Glück, Konrad 73
Goebbels, Joseph 33, 235
Goergen, Jeanpaul 157, 206, 207
Goethe, Johann Wolfgang von 44
Goetz, Carl 148
Goetz, Curt (eigentlich: Kurt Walter Götz) 24, 25, 125, 126
Goetzke, Bernhard 36, 129, 140
Goth, Rolf von 142
Grabes, Herbert 236
Graeff, Werner 194, 203
Granowsky, Alexis 230, 231, 232, 237
Grimm, Hans 165
Grimm, Jacob 111
Grimm, Wilhelm 111
Gronostay, Walter 194, 195
Großer, Alfred 132
Grosz, George 21, 26, 27, 41, 55, 101, 116, 117, 192, 206

Grünbaum, Fritz 66
Gründgens, Gustaf 23, 32, 111, 223
Grune, Karl 124
Gunning, Tom 157
Guter, Johannes 9, 50, 55, 56, 57, 58, 59, 174
Guye, Robert 189

H
Haarmann, Fritz 221, 222
Haas, Willy 19, 26, 41, 104, 174, 177
Habermas, Rebekka 263
Hagenbeck, John 156, 176
Hagener, Malte 206, 237
Haggard, Henry Rider 155, 158
Hake, Sabine 41
Halle, Randall 236
Halmay, Tibor von 118
Hansen, Max 111
Hanson, Lars 61, 62, 63, 64, 65, 78, 79, 81
Harbou, Thea von 76, 124, 126, 175
Harder, Marie 92, 94, 95
Harlan, Veit 31, 175
Hartl, Karl 110, 111
Hartley, Hal 161
Hartmann, Paul 107
Harvey, Lilian 40, 77, 112
Hasselmann, Karl 46, 127, 131
Hauff, Wilhelm 111
Hauptmann, Gerhart 26, 27, 103
Haus, Andreas 207
Haushofer, Karl 165, 177
Hausmann, Raoul 206
Heartfield, John 192, 206
Hedin, Sven 283
Hegemann, Werner 37, 41
Heiland, Heinz Karl 170
Heilborn-Körbitz, Luise 32, 44, 127
Helm, Brigitte 109, 111, 124, 125, 175
Hemmleb, Maria 213
Hérault de Séchelles, Marie-Jean 19, 20, 21
Herbst-Meßlinger, Karin 7
Hercher, Jutta 213
Herzberg, Georg 32, 41, 237

Herzfelde, Wieland 192
Herzog, Rudolf 72
Herzog, Werner 161
Heß, Rudolf 197
Hessling, Catherine 201
Heuberger, Edmund 154
Higo, Hiroshi 189
Hildebrand, Hilde 227
Hindemith, Paul 194
Hindenburg, Paul von 13, 14, 31, 37
Hirsch, Leo 237
Hirschfeld, Gerhard 72, 206
Hirschfeld-Mack, Ludwig 206
Hitler, Adolf 14, 37, 39, 216
Hochbaum, Werner 9, 28, 29
Hoelz, Max 26
Hoesch, Eduard 141
Hoffmann, Justin 207
Hofacker, Marion von 207
Hogenkamp, Bert 237
Hollaender, Friedrich 232
Holmes, Phillips 70, 71
Holz, Artur 154
Homolka, Oskar 26
Hondrich, Karl Otto 236
Honegger, Arthur 204
Horak, Jan-Christopher 176, 206
Hörbiger, Paul 84, 112
Hugenberg, Alfred 34, 36
Huillet, Danièle 161
Husen, Mohamed 175

I
Ihering, Herbert 25
Ingram, Rex 232
Isaacs, Jack 189
Isenberg, Noah 176
Ivens, Joris 204, 210, 213

J
Jackson, Madge 174
Jacobi, Lucy von 137
Jacobini, Diomira 21, 23
Jacobs, Lewis 177
Jacobsen, Wolfgang 206, 207, 236
Jacoby, Georg 173, 206
Jäger, Ernst 98, 113

Jäger, Wieland 113
Jakowlew, Alexander J. 166
Jameson, Fredric 158
Jannings, Emil 8, 18, 19, 95
Janson, Victor 97, 98
Jeannelle, Jean-Louis 207
Jehle, Josef 72
Jessel, Anna 41
Jessel, Leon 40
Jessner, Leopold 72
Jørgensen, Christen 23
Jugo, Jenny 111
Jung, Uli 72
Jünger, Ernst 105
Jutzi, Piel (auch: Phil Jutzi) 91, 92, 93, 123, 212

K
Kaes, Anton 53, 54, 71, 72, 152, 176, 206, 236
Kaiser-Heyl, Wilhelm 147
Kaiser-Titz, Erich 147
Kako, Zanmu 170
Kalbus, Oskar 37, 41
Kandinsky, Wassily 206
Kändler, Klaus 206
Kant, Immanuel 44
Kanturek, Otto 118, 119
Karg, Stefanie 41
Karma, Josef 146, 149
Karolewski, Helga 207
Kasten, Jürgen 237
Kaufman, Boris 206
Kaufmann, Max 25
Keitz, Ursula von 237
Keller, Gottfried 140
Kemp, Paul 223
Kessler, Harry Graf 192
Kester, Bernadette 73
Keun, Irmgard 165
Kid, Mary 82, 84, 85
Kilchenstein, Gabriele 236, 237
Kiliani, Richard 192
Kimmich, Max W. 175
King, Henry 119
Kinski, Klaus 161
Kinz, Franziska 138
Kiss, Edmund 116

Kittler, Friedrich 100, 113
Klee, Paul 207
Klein, Annika 236
Klein, James 174
Klein, Joseph 176
Klein-Rogge, Rudolf 126
Kleye, Herbert 207
Klotz, Marcia 152, 176
Koch, Carl 201, 207
Kocka, Jürgen 113
Koebner, Thomas 236
Kohler, Arnold 189
Köhler, Marga 18
Kohlrausch, Martin 236
Koller, Wolfgang 41
Kolpé, Max 97
Kolumbus, Christoph 185
Korda, Alexander 123
Körner, Theodor 33
Kortner, Fritz 23, 77
Kosterlitz, Hermann 9, 113
Kowal-Samborski, Iwan 105, 106
Kracauer, Siegfried 17, 18, 40, 41, 77, 91, 100, 113, 122, 143, 158, 176, 201, 207, 216, 236
Krafft, Uwe Jens 176
Kräly, Hanns 17
Kranz, Kurt 203
Krauß, Werner 8, 19, 36, 66, 68, 126, 161
Kraußneck, Arthur 104
Kreimeier, Klaus 207, 236
Kretschmann, Carsten 237
Kreutz, Wilhelm 41
Kreutzberg, Lola 169
Krull, Germaine 203, 207
Krumeich, Gerd 72
Kuball, Michael 185
Kuenzli, Rudolf E. 207
Kupfer, Margarete 128
Kürten, Peter 222

L
Laemmle, Carl 233
Lafargue, Paul 109, 113
Lamprecht, Gerhard 9, 10, 11, 31, 32, 35, 36, 43, 44, 45, 46, 47, 122, 126, 127, 128, 129, 131, 132, 133, 134, 135, 140, 143

Land, Robert 122
Lang, Fritz 44, 76, 77, 101, 102, 124, 125, 126, 134, 139, 140, 146, 148, 154, 173, 175, 222, 223, 237
Lange, Britta 206
Lange, Konrad 220, 237
L'Arronge, Adolph 108
Leander, Zarah 175
Lederer, Franz (auch: Francis Lederer) 109, 117, 118, 119
Lee, Robert E. 31
Léger, Fernand 190, 191
Lelewer, Hermann 72
Lenauer, Jean 189
Leni, Paul 72, 174
Leonard, Robert L. 15
Leonhard, Rudolf 136, 140
Lerski, Helmar 107, 160
Lessing, Gotthold Ephraim 199
Lettinger, Rudolf 46
Lettow-Vorbeck, Paul von 164
Levien, Max 193
Lévy-Bruhl, Lucien 168
Liebknecht, Karl 192
Liedtke, Harry 14, 17
Lind, Georgia 222
Lingen, Theo 223
Loacker, Armin 73, 237
Loiperdinger, Martin 236
Loos, Theodor 24, 62
Lorre, Peter 222, 223
Lubitsch, Ernst 9, 14, 15, 16, 17, 18, 29, 33, 41, 70, 71, 77, 125, 126, 154, 173, 227, 236
Ludwig II. 233
Ludwig XV. 17
Ludwig, Ralph 122, 128, 132
Luise Prinzessin zu Mecklenburg (bekannt als Königin Luise von Preußen) 33, 41
Lüthge, B. E. 14, 41, 237
Lützow, Ludwig Adolf Wilhelm von 31, 33
Luxemburg, Rosa 192
Lydor, Waldemar 237

M
Maase, Kaspar 113
Mack, Max 44, 122
Mader, Friedrich Wilhelm 158
Maillart, Ella 183
Malasomma, Nunzio 11
Mandrot, Hélène de 206
Mann, Heinrich 126
Mann, Thomas 44
Manstetten, Fritz 51, 72
Mänz, Peter 236
Maraun, Frank (eigentlich: Erwin Goelz) 73, 91, 113
Marion, Oskar 147, 148
Marquardt, Axel 41
Martin, Paul 90, 96, 98, 112
Marx, Karl 109
Maß, Sandra 176
Masereel, Frans 204, 207
Masset, Alfred 189
Matejko, Theo 96, 155
Mauch, Karl 176
Maugé, André R. 189
Max Maximilian 128
May, Joe 8, 9, 10, 61, 63, 64, 73, 76, 77, 78, 79, 81, 109, 116, 117, 118, 119, 135, 136, 152, 153, 154, 155, 156, 157, 158, 159, 173, 176
May, Mia 117, 153, 154, 155, 158
McCarthy, Margaret 136
Mecklenburg, Adolf Friedrich zu 169
Mehring, Franz 26
Mehring, Walter 232
Meinert, Rudolf 29, 31
Meisel, Edmund 197, 204
Metzner, Ernö 104, 200, 202, 220, 221
Michaëlis, Sophus 21
Mierendorff, Hans 155
Milestone, Lewis 232
Milhaud, Darius 194
Millöcker, Carl 17
Minzenti, Maria 147, 149
Misch, Margot 122, 128, 131, 132
Moholy-Nagy, László 190, 191, 203, 205, 206, 207, 213
Moholy-Nagy, Sibyl 206
Molo, Walter von 33
Monaco, Paul 236

Montagu, Ivor 189
Morel, Sybill 159
Morewski, Avrom 56
Moritz, Peer 207
Morus, Thomas 90, 112, 113
Mosheim, Grete 98, 100, 230
Mosse, George L. 227
Moussinac, Léon 189
Mozart, Wolfgang Amadeus 147
Mühlenweg, Fritz 183
Müller, Carl Friedrich 161
Müller, Renate 227
Müller, Robert 160
Müller, Rolf 222
Münsterberg, Hugo 236
Murnau, Friedrich Wilhelm 44, 52, 53, 56, 77, 95, 125, 126, 139, 140, 180
Murray, Bruce A. 41

N
Nagl, Tobias 10, 72, 151, 176, 177
Nagy, Käthe von 116, 117, 118
Negri, Pola 14, 16, 17, 18, 41
Neidhart, August 41
Neumann, Walter 72
Nielsen, Asta 126
Nietzsche, Friedrich Wilhelm 140
Noa, Manfred 50, 60, 199
Noldan, Svend 192, 207
Noll Brinckmann, Christine 206
Nowak, Kai 215, 236, 237
Nünning, Ansgar 236

O
Obal, Max 72
Odemar, Fritz 223, 227
Offenbach, Jacques 17
Olimsky, Fritz 29, 34, 41, 111, 113, 237
Osten, Franz (eigentlich: Franz Ostermayr) 170, 171, 177
Ostermayr, Peter 170
Oswald, Richard 8, 10, 31, 69, 70, 98, 99, 100, 122, 123, 140, 141, 142, 143, 198, 216, 224, 225, 226, 237
Oswalda, Ossi 18, 125, 126
Ottinger, Ulrike 10, 179
Ozon, François 73

P
Pabst, Georg Wilhelm 11, 77, 104, 105, 108, 109, 123, 126, 136, 137, 138, 139, 140
Papen, Franz von 34
Parker, Claire 205
Parlo, Dita 62, 63, 64, 76, 81
Patalas, Enno 41
Paul, Heinz 37
Perret, Roger 185
Peters, Carl 158
Petersen, Agnes 70
Petersen, Klaus 236
Petro, Patrice 177
Petzet, Wolfgang 236
Pewas, Peter 203
Pfeffer, Gulla 169
Picabia, Francis 190, 191
Pinschewer, Julius 200
Pinthus, Kurt 32, 41
Piscator, Erwin 192, 207
Plugge, Walther 237
Pöch, Rudolf 158
Poe, Edgar Allan 198
Pohl, Burkhard 41
Poirier, Léon 166
Pol, Heinz 113, 237
Polini, Bella (eigentlich: Bella Habdank von Skoroszewska) 21
Pommer, Erich 8, 61
Porten, Henny 8, 32, 33, 41, 72
Pötter, Fritz 31
Prager, Wilhelm 174
Prampolini, Enrico 189
Preminger, Otto 69
Prinzler, Hans Helmut 41, 206, 236
Pudowkin, Wsewolod 26, 27
Putti, Lya de 125
Pyta, Wolfram 237

R
Raff, Friedrich 140
Rai, Himansu 170, 171
Raimann, Rudolf 72
Ralph, Hanna 56, 59, 147, 160
Rasp, Fritz 136, 141, 175
Rathsack, Heinz 41
Ray, Man 191

Reinert, Robert 8, 11, 154, 159, 160, 161, 176
Reinhardt, Max 18
Reiniger, Lotte 199, 200, 201, 207
Renoir, Jean 191, 201, 207
Renz, Irina 72
Richter, Egmont 24
Richter, Ellen 167
Richter, Hans 188, 189, 190, 191, 192, 193, 194, 195, 206, 207
Riefenstahl, Leni 11
Riess, Curt 77
Rikli, Martin 164, 165
Rilla, Walter 21
Rimbaud, Arthur 160
Rina, Ita 141, 142
Ritter, Gerhard 113
Roberts, Ralph Arthur 118
Robespierre, Maximilien de 19, 23
Rogowski, Christian 176, 177, 236
Rosenfeld, Fritz 189
Rosenfeld, Herbert 140
Rosenhaft, Eve 177
Rosenstock, Martin 177
Ross, Colin 152, 165, 166, 167
Rostand, Maurice 70
Rothauser, Eduard 132
Rother, Rainer 7, 236
Rotmil, Jacek (auch: Jacques Rotmil) 113
Röttger, Hedwig 72
Röttger, Kurt 113
Runitsch, Ossip 19
Ruttmann, Walther 8, 100, 101, 116, 124, 181, 189, 202

S
Sablotzki, Max 94
Sagan, Leontine 122, 123, 227
Sahl, Hans 113
Salieri, Antonio 147
Salmony, Georg F. 73, 232, 237
Sandberg, Anders Wilhelm 21, 23
Sanders-Brahms, Helma 18, 41
Sartoris, Alberto 189
Saunders, Thomas J. 237
Schacht, Roland 60, 72
Schaefer, Annika 7, 9, 89
Schiemann, Swenja 207

Schill, Ferdinand von 31
Schiller, Friedrich von 24, 25, 174
Schirmann, Alexander 18
Schirokauer, Alfred 11, 228, 229
Schleicher, Kurt von 37
Schlüpmann, Heide 159, 176, 237
Schmalhausen, Otto 192
Schmidt, Georg 189
Schmidt, Kurt 206
Schmidt, Patrick 236
Schmidtbonn, Wilhelm 72
Schmitt, Alexandra 91, 93, 95, 118
Schneeberger, Hans 11
Schnell, Georg Heinrich 24
Schnitzer, Franse 177
Schoedsack, Ernest B. 167
Schoenberner, Gerhard 31, 41
Schoenborn, Lilli 92, 94, 128
Schomburgk, Hans 163, 164, 169
Schön, Margarete 126
Schöning, Jörg 9, 13, 113, 154, 176, 237
Schöning, Udo 41
Schönpflug, Daniel 41
Schreck, Max 52, 53, 147
Schreyer, Lothar 206
Schröder, Greta 52
Schubart, Christian Friedrich Daniel 24
Schulz-Neudamm, Heinz 137
Schumann, Robert 71, 161
Schünzel, Reinhold 11, 123, 216, 226, 227, 228, 229
Schur, Willi 111
Schürmer, Anna 236
Schwab, Lothar 41
Schwarzenbach, Annemarie 183, 185
Schwerdtfeger, Kurt 203
Schwitters, Kurt 213
Seeger, Ernst 231, 236, 237
Segalen, Victor 160, 176
Seidel, Ina 50, 72
Seitz sen., Franz 8, 9, 10, 146, 147, 149
Seligmann, Paul 206
Shen, Quinna 177
Siebert, Ilse 207
Siegfried, Detlef 207

Siemsen, Hans 222, 237
Silberman, Marc 41
Simon, Stella F. 193
Simons, Walter 19
Sinsheimer, Hermann 73
Siodmak, Robert 111
Söderström, Carl-Axel 10, 166, 167, 180, 181, 182, 183, 184, 185
Solf, Wilhelm 163
Sön Ling, Nien 171
Speicher, Stephan 41
Spengler, Oswald 105, 113
Spielberg, Steven 76
Stam, Mart 211
Steakley, James 237
Stein, Franz 46
Stein, Gertrude 133
Steinbacher, Sybille 236
Steiner, Ines 73
Steinhoff, Hans 108
Steinke, Martin 163
Steinorth, Karl 206
Steinrück, Albert 21, 26
Steller, Georg Wilhelm 184
Stemmle, Robert A. 91
Sterler, Hermine 129
Stevenson, Robert Louis 198
Stiasny, Philipp 9, 49, 73, 113
Stiller, Mauritz 181
Stinnes, Clärenore 10, 166, 167, 180, 181, 182, 183, 184, 185
Stinnes, Hugo 181, 182
Stöber, Rudolf 176
Stobrawa, Ilse 105
Stoddard, Lothrop 152
Stölzl, Philipp 10, 145
Strasser, Alex 200
Straub, Jean-Marie 61
Strauss, Richard 72
Stresemann, Gustav 23, 182

Stüwe, Hans 26, 70
Sudermann, Hermann 31, 32, 44, 47
Sussin, Mathilde 98
Szakall, Szöke 116, 118
Sze, Henry 155, 171

T
Tarkowskij, Andrej 213
Tarr, Béla 80
Templin, Christina 236
Tennyson, Alfred 50
Theimer, Gretl 118
Thiele, Hertha 94, 97
Thiele, Wilhelm 98
Thimig, Helene 98, 227
Thimig, Hermann 66
Tiedtke, Jakob 98
Tintner, Hans 229, 230
Tissé, Eduard 189, 230
Tobing Rony, Fatimah 177
Tode, Thomas 10, 187, 206, 207
Toller, Ernst 50, 72
Trautschold, Ilse 91
Trenker, Luis 38, 107
Trevor, Jack 31, 32, 45, 46, 108, 109
Trotha, Hans Dietrich von 164
Tshuchiya, Moichiro 189
Turoff, Nico 109

U
Ucicky, Gustav 36, 66, 67, 68, 72, 73, 233, 234
Ulmer, Edgar G. 111
Ulrich, Bernd 72
Umlauff, Johannes 156, 176

V
Vallentin, Hermann 24, 94
Vallentin, Maxim 197
Vasold, Manfred 72
Veidt, Conrad 8, 36, 40, 123, 160, 198, 199, 226

Veiel, Andres 9, 43
Velde, Henry van de 210
Verebes, Ernö 98
Vertov, Dziga 206
Villiers, François 207
Villinger, Bernhard 168
Vischer, Adolf Lukas 62, 63, 73
Volk, Stefan 236
Vollbrecht, Karl 104
Vollmoeller, Karl Gustav 82
Vorms, Pierre 207

W
Wachsmuth, Fee 122, 127, 128, 134, 154
Wagner, Elsa 132
Walk, Cynthia 177
Wallach, Kerry 73
Wallburg, Otto 36, 118, 119
Walter, Fritz 107, 113
Waltershausen, Wolfgang von 72
Walther, Hertha von 103
Walther-Fein, Rudolf 72
Wang, Yiman 171, 177
Wangenheim, Gustav von 52
Wassermann, Jakob 10, 50, 72
Weber, Marianne 113
Weber, Max 92, 113
Wedekind, Frank 122, 123, 127, 136, 140, 143
Wegenast, Ullrich 207
Wegener, Paul 26, 37, 60, 61, 103, 152
Weill, Kurt 194
Weinmann, Friedrich 103
Wenders, Wim 9, 75
Wendhausen, Fritz 73
Wendt, Ernst 174
Wendt, Simon 177
Weninger, Emmerich 122
Whymper, Edward 11

Wick, Klaudia 236
Wickham, Christopher J. 41
Wiene, Conrad 174
Wiene, Robert 146, 159, 174, 199
Wilde, Richard 73
Wildenthal, Laura 176
Wilder, Billy 76, 77, 97
Wilhelm II. 19, 20, 24, 44, 108, 136, 154, 157, 236
Winkler, Heinrich August 113
Winterstein, Eduard von 159
Witte, Karsten 41, 143, 176, 236
Wohlbrück, Adolf 227
Wohlmuth, Robert 235
Wolf, Friedrich 229
Wolff, Willi 167
Wolfrum, Edgar 41
Wollenberg, Hans 32, 36, 41
Wolowski, Kurt von 222
Wong, Anna May 76, 77, 82, 83, 84, 85, 86, 87, 171, 172, 173, 177
Wörner, Hilde 18
Wottrich, Erika 207
Wurmser, Ernst 100
Wurzer, Georg 73

Y
Yva (eigentlich: Else Neuländer-Simon) 173, 174

Z
Zeller, Wolfgang 169, 181
Zelnik, Friedrich 26, 27, 102, 103, 218
Zielke, Willy 197, 203
Zierold, Martin 236
Zille, Heinrich 44, 91, 113, 123
Zilzer, Wolfgang 222
Zimmermann, Holmes 93, 94
Zuckmayer, Carl 25

■ Szenenfoto aus
DER KAMPF UMS MATTERHORN
(1928, Regie: Mario Bonnard,
Nunzio Malasomma)

Filmregister

A

Abbruch und Aufbau. Eine Reportage vom Bauplatz 188
Abwege 11, 108, 109, 113
Achtung Australien! Achtung Asien! 165
Aguirre, der Zorn Gottes 161
Alexanderplatz überrumpelt 203
Alles dreht sich, alles bewegt sich! 194
All Quiet on the Western Front (dt.: Im Westen nichts Neues) 231, 232, 233, 237
Am Rande der Sahara 164, 165
Anders als die Andern 123, 226, 227, 237
Arm wie eine Kirchenmaus 98, 99, 100
Asphalt 135
Autour de Brazzaville 207
A Yank in the R.A.F. 119

B

Ballet mécanique 190, 191
Barcarole 200
Berlin. Die Sinfonie der Großstadt 8, 100, 101, 116, 124, 202
Boykott (auch: Primanerehre) 122
Broken Lullaby (auch: The Man I Killed, dt.: Der Mann, den sein Gewissen trieb) 70, 71, 73
Bronenosez Potemkin (dt.: Panzerkreuzer Potemkin) 27, 29, 197, 234, 235
Brüder 28, 29
Buddenbrooks 44
Buschmann spricht in den Phonographen 158
Bushido – Das eiserne Gesetz 170

C

Chang. A Drama of the Wilderness 176
Christian Wahnschaffe, Teil 1: Weltbrand 10
Christian Wahnschaffe, Teil 2: Die Flucht aus dem goldenen Kerker 10
Colin Ross mit dem Kurbelkasten um die Erde 165, 166
Cyankali 229, 230

D

Danton (1921) 18, 19, 20, 21
Danton (1931) 23, 24
Das Abenteuer einer schönen Frau 113
Das blaue Licht 11
Das Blaue vom Himmel 97, 98, 100, 103
Das Cabinet des Dr. Caligari 80, 146, 159, 160, 176, 199, 216
Das Floß der Toten 9, 51, 52, 72
Das Flötenkonzert von Sanssouci 233, 234
Das Geheimnis der Marquise 200
Das Geheimnis von Bombay 154, 159
Das Grabmal einer großen Liebe 170
Das indische Grabmal (2-teilig, engl.: The Indian Tomb) 152, 154, 157, 159, 171, 173, 176
Das Lied vom Leben 230, 231, 232, 237
Das rote Sprachrohr 197
Das Sonnenland Südwest-Afrika 164
Das Tagebuch einer Verlorenen 224, 225
Das Turiner Pferd 80
Der Favorit der Königin 9, 10, 145, 146, 147, 148, 149
Der Film im Dienste der Kriminalpolizei 221
Der Flug um den Erdball (2-teilig) 167
Der Fürst von Pappenheim 227, 228
Der Himmel auf Erden 11, 227, 228, 237
Der Kampf der Tertia 122
Der Kampf ums Matterhorn 11
Der Katzensteg (1915) 44
Der Katzensteg (1927) 9, 31, 32, 43, 44, 45, 46, 47
Der kleine Muck 174
Der Kongress tanzt 39, 40
Der Kriminalfall in Hannover 221
Der Läufer von Marathon 171
Der letzte Mann 95, 216
Der Mann aus dem Jenseits. Feldgrau 50, 60, 72, 73
Der Medicus 149
Der Raub in den Sudu-Bergen 123
Der Rebell 38, 39
Der schwarze Husar 35, 36
Der Tunnel 107
Der Turm des Schweigens 9, 50, 55, 56, 57, 58, 59, 60, 62, 72
Deutschland – zwischen gestern und heute 196, 197, 203
Dida Ibsens Geschichte. Ein Finale zum »Tagebuch einer Verlorenen« von Margarete Böhme 224
Die Augen der Mumie Ma 154
Die Boxerbraut 174
Die Büchse der Pandora 77, 216
Die Drei von der Tankstelle 98, 113
Die elf Schill'schen Offiziere 29, 31
Die Entdeckung Deutschlands 206
Die Gräfin von Monte Christo 110, 111
Die große Liebe (auch: Revolutionshochzeit) 21, 23
Die große Liebe 69, 73
Die heiligen drei Brunnen 105, 107
Die Heimkehr des Odysseus 72
Die Herrin der Welt (8-teilig) 153, 154, 155, 156, 157, 158, 159, 160, 171, 173, 176,
Die Herrin der Welt, Teil 1: Die Freundin des gelben Mannes 155
Die Insel der Dämonen 169
Die Jagd nach dem Glück 201
Die Jagd nach dem Tode (4-teilig) 154, 157, 159
Die Leuchte Asiens 170, 171, 177
Die Liebe der Jeanne Ney 77
Die Nibelungen, 1. Teil: Siegfried 148, Die Nibelungen, 2. Teil: Kriemhilds Rache 126, 148
Die Prostitution 224
Die Prostitution, 1. Teil: Das gelbe Haus 216
Die Rache der Afrikanerin 174
Die Räuberbande 122
Die rote Marianne (auch: Abgründe der Liebe) 21
Die schwarze Schmach 152
Die Sonne Asiens 154, 171
Die Spinnen (2-teilig) 154, 159
Die Straße 124
Die Tänzerin von Sanssouci 218
Die Toten kehren wieder. Enoch Arden 72
Die Unehelichen. Eine Kindertragödie 10, 11, 46, 122, 126, 127, 128, 129, 130, 131, 132, 134, 135, 140, 143
Die Verrufenen (auch: Der Fünfte Stand) 44, 46, 134, 143,
Die Verschwörung zu Genua 174, 177
Die Wahrheit. Ein Film von dem Leidensweg des Deutschen Arbeiters 197, 203
Die Weber 26, 27, 41, 102, 103
Die weiße Göttin der Wangora 163
Dr. Bessels Verwandlung 69, 70, 73

E

Ein blonder Traum 90, 96, 97, 98, 112
Eine Weiße unter Kannibalen 163
Engelein 126
Enthusiasmus 206
Entr'acte 190, 191
Erwerbslose kochen für Erwerbslose 211
Es bleibt in der Familie 44

F
Faust. Eine deutsche Volkssage 126, 140
Filmstudie 188, 192, 193
Fischfang in der Rhön 10, 212, 213
Fliegende Händler in Frankfurt am Main 203, 204, 211
Forty Years of Experiment 207
Frantz 73
Frauennot – Frauenglück 230, 231
Fridericus Rex (4-teilig) 233
Friedrich Schiller – Eine Dichterjugend 24, 25, 41
Frühlings Erwachen. Eine Kindertragödie 10, 122, 140, 141, 142, 143

G
Geheimnisse einer Seele 126
Genuine 174
Germanin 175
Geschminkte Jugend 222
Das Gesetz der Mine 173
Der Golem, wie er in die Welt kam 162
Graf Chagron 73
Grass 167
Großstadtschmetterling 172
Großstadt-Zigeuner 203, 206
Grotesken im Schnee 200

H
Hai-Tang 172
Harakiri 154, 159
Heia Safari 164
Heimkehr 9, 61, 63, 64, 65, 73, 75, 76, 77, 78, 79, 81
Hintertreppe 72

I
Ich bei Tag und Du bei Nacht 98
Ich hatt' einen Kameraden 174
Ich möchte kein Mann sein 227, 125, 126
Ihre Majestät die Liebe 9, 10, 109, 113, 115, 116, 117, 118
Il partit pour un long voyage 204
Im Auto durch zwei Welten 10, 166, 167, 179, 180, 181, 183, 184, 185
Im Deutschen Sudan 163
In einer kleinen Konditorei 235, 237

J
Joe Deebs (Serie ab 1915) 173
Jud Süß 175

K
Kameradschaft 11, 104, 105
Kolberg 31
Kuhle Wampe oder Wem gehört die Welt? 92, 93, 95, 94, 97, 197, 212

L
L'Amitié noire 207
L'Idee (dt.: Die Idee) 201, 204, 207
La Croisière noire 166, 167
La Roue 173
La route Paris-Nice 204
Lohnbuchhalter Kremke 92, 94, 95, 113
Luise, Königin von Preußen 32, 33
Lützows wilde verwegene Jagd 31

M
M 222, 223, 224
Madame Dubarry 9, 14, 15, 16, 17, 18, 41
Madame Récamier. Des großen Talma letzte Liebe 21, 41
Madame wünscht keine Kinder 123
Mädchen in Uniform 122, 136, 227
Mann für Mann 91
Mare Nostrum 232
Markt in Berlin 200, 202
Marschall Vorwärts 37, 41
Mat (dt.: Die Mutter) 27
Mein Herz schlägt Blau – Ella Bergmann-Michel 213
Mein Leopold (1919) 108
Mein Leopold (1924) 108
Mein Leopold (1931) 108
Melodie der Welt 181
Menschen am Sonntag 111, 216
Menschen im Busch. Ein Afrika-Tonfilm 169, 170
Menschen untereinander 46
Mensch ohne Namen 66, 67, 68, 69, 73
Mensch und Tier im Urwald 163
Metropolis 77, 101, 102, 124, 125, 134, 139, 140, 146, 175, 216,
Michael 227
Milak, der Grönlandjäger 168
Mit Elly Beinhorn zu den Deutschen in Südwest-Afrika 167
Moana 167, 177
Morgen beginnt das Leben 9
Mutter Krausens Fahrt ins Glück 91, 92, 94, 95, 113, 123, 212

N
Nanook of the North (dt.: Nanook, der Eskimo) 167, 168
Nathan der Weise 199
Nerven 160
Nosferatu 52, 53, 54, 56, 61, 62, 69, 72, 216
Nuri, der Elephant 169

O
Oberst Chabert 73
Oblomok imperii (dt.: Der Mann, der das Gedächtnis verlor) 73
Opium 11, 154, 159, 160, 161

P
Phantom 152
Piccadilly 172
Polizeibericht Überfall 200, 202, 220, 221
Präludium 192

S
Samba, der Held des Urwalds 169
Schicksalswürfel 170
Schiffe und Menschen 171
Schinderhannes 25, 26
Schuhpalast Pinkus 18
Seifenblasen / Bulles de Savon 204
Song. Die Liebe eines armen Menschenkindes (auch: Schmutziges Geld, engl.: Show Life, auch: Wasted Love) 9, 76, 77, 82, 172, 173
So weit die Füße tragen 77, 78
Spione 77
Sprengbagger 1010 105, 106, 113
Staats-Sekretär Dr. Solf in den Kolonien 163
Stark Love 177
Stuart Webbs (Serie ab 1914) 154
Sumurun 154
Sunrise 77

T
Tagebuch einer Verlorenen 123, 136, 137, 138, 139, 140
The Four Horsemen of the Apocalypse 232
The Jazz Singer 85
The Strange Death of Adolf Hitler 77
Theodor Körner 33, 34, 41
Theresienstadt. Ein Dokumentarfilm aus dem jüdischen Siedlungsgebiet 119

U
Um's tägliche Brot. Hunger in Waldenburg 92, 93, 94, 103
Unheimliche Geschichten 198

V
Verirrte Jugend 222
Veritas vincit 154
Viktor und Viktoria 227
Visages d'enfants (dt.: Kindergesichter) 123
Vormittags-Spuk 193

W
Wahlkampf 1932 (auch: Letzte Wahl) 203, 212, 213
Wer nimmt die Liebe ernst? 111
Wo wohnen alte Leute? 10 211, 210

Y
Yorck 36

Z
Zum Schneegipfel Afrikas 164

Bildnachweis

Quellen

Bundesarchiv – Filmarchiv 60, 137
Sammlung Cinémathèque suisse, alle Rechte vorbehalten 189
Deutsche Kinemathek – Fotoarchiv 12, 16–18, 19 (links), 20, 24, 25, 27, 28, 32–34, 37–39, 42, 46 (oben), 47, 51, 53, 64, 68, 70, 71, 74, 76, 78 (unten), 79, 80 (unten), 81, 83–88, 91–94, 97, 101, 102, 106, 108, 111, 112, 114, 116–120, 124–129, 131, 132, 134, 135, 138, 141–143, 150, 153, 156–158, 160, 164–166, 168, 169, 172, 173, 175, 190–196, 198–202, 204, 205, 214, 217, 218, 220–224, 226, 227, 230–232, 234
Deutsche Kinemathek – Grafikarchiv 15, 30, 35, 67, 69, 99, 105, 122, 155, 162
Deutsche Kinemathek – Personenarchiv 104, 144, 149
Deutsche Kinemathek – Sammlung Josef Fenneker 22, 225, 228
Deutsche Kinemathek – Schriftgutarchiv 45, 95, 96, 123, 146, 147
Deutsches Filminstitut, Frankfurt am Main 19 (rechts), 29, 46 (unten), 61, 63, 78 (oben), 80 (oben), 110, 161, 170, 171, 229, 238/239, 249
EYE Film Instituut Nederland 186
Filmmuseum München 139
Friedrich-Wilhelm-Murnau-Stiftung, Wiesbaden 6, 48, 54, 55, 57–59
taglicht media GmbH 178, 180, 184
Michael Kuball, Clärenore Söderström: Söderströms Photo-Tagebuch 1927–1929. Die erste Autofahrt einer Frau um die Welt. Frankfurt am Main 1981 167, 181–183, 185
Tobias Nagl 174
Screenshots 98, 100, 103, 107, 203, 210–213

Copyrights

© + Foto Alex Binder 76 (rechts)
© Deutsche Kinemathek 101, 124, 129, 131, 132, 134, 135
© Deutsche Kinemathek – Hans G. Casparius 220, 221
© Deutsche Kinemathek – Horst von Harbou 39, 68, 102, 125, 175, 223
© + Foto Jéchel Feldstein-Imbert 189
© + Foto Heinrich Gärtner 83–87, 172, 173
© Hans Richter Estate 186, 192–195
© + Foto Willi Klitzke 88, 112
© + Foto Walter Limot / Lichtenstein 42, 222
© + Foto Walter Limot / Lichtenstein, Rudolf Krabe 32, 46, 47
© Sünke Michel 203, 204, 208, 210–213
© Praesens-Film AG 104
© + Foto Alexander Schmoll 119 (rechts)
© Stadt Bocholt (Stadtmuseum Bocholt / Josef Fenneker) 22, 225, 228
© ullstein bild 233
© + Foto Yva (Else Neuländer-Simon) 174

Trotz intensiver Recherchen war es uns nicht in allen Fällen möglich, die Rechteinhaber von Abbildungen ausfindig zu machen. Sollten berechtigte Rechtsansprüche bestehen, so bitten wir die Rechteinhaber, sich bei der Deutschen Kinemathek – Museum für Film und Fernsehen zu melden.

Dank

Unser besonderer Dank gilt dem Förderkreis des Museums für Film und Fernsehen, der diese Publikation mit seiner finanziellen Unterstützung ermöglicht hat.

Wir bedanken uns zudem herzlich bei allen, die das Entstehen dieses Bandes mit ihrem Engagement und Wissen sowie mit zahlreichen Materialien unterstützt haben:

British Film Institute, London
Bryony Dixon, Nicola Gallani
Bundesarchiv – Filmarchiv, Berlin
Undine Beier, Dirk Förstner, Karl Griep, Babette Heusterberg, Ute Klawitter, Stephanie Müller, Annika Souhr-Könighaus
Cinémathèque suisse, Lausanne
Thomas Bissegger, Frédéric Maire
Deutsches Filminstitut, Frankfurt
Anke Mebold, André Mieles, Hans-Peter Reichmann, Michael Schurig, Martin Stieber, Thomas Worschech
Deutsches Historisches Museum, Zeughauskino, Berlin
Jörg Frieß, Cathrin Schupke
EYE International, Amsterdam
Marleen Labijt
Filmarchiv Austria, Wien
Susanne Rocca
Filmmuseum München
Stefan Drößler, Stephanie Hausmann, Gerhard Ullmann
Friedrich-Wilhelm-Murnau-Stiftung, Wiesbaden
Patricia Heckert, Anne Siegmayer, Marcel Steinlein, Ernst Szebedits, Anke Wilkening
Internationale Filmfestspiele Berlin
Kathrin Schafroth, Alexander Steffen
taglicht media Film- und Fernsehproduktion
Uli Veith

Ralf Dittrich, Tobias Haupts, Sophia Hoffinger, Anton Kaes, André Limot, Sünke Michel, Jörg Schöning, Michael Wedel, Maxi Zimmermann

Unser Dank gilt außerdem allen Mitarbeiterinnen und Mitarbeitern der Deutschen Kinemathek – Museum für Film und Fernsehen, Berlin.